# 臺灣史研究名家論集

## （三編）

尹章義　林滿紅　林翠鳳

武之璋　孟祥瀚　洪健榮

張崑振　張勝彥　戚嘉林

許世融　連心豪　葉乃齊

趙祐志　賴志彰　闞正宗

蘭臺出版社

# 作者簡介（依姓氏筆劃排序）

尹章義　社團法人臺灣史研究會理事長、財團法人福祿基金會董事、財團法人兩岸關係文教基金會執行長。中國文化大學民國 106 年退休教授，輔仁大學民國 94 年退休教授，東吳、臺大兼課。出版專書 42 種（含地方志 16 種）論文 358 篇（含英文 54 篇），屢獲佳評凡四百餘則。

赫哲人，世居武昌小東門外營盤（駐防），六歲隨父母自海南島轉進來臺，住臺中水湳，空小肄業，四民國校、省二中、市一中畢業，輔仁大學學士，臺灣大學碩士，住臺北新店。

林滿紅　專攻歷史學，國立臺灣大學歷史學系學士與碩士、國立臺灣師範大學歷史研究所博士、美國哈佛大學歷史與東亞語文研究所博士；1990 年之後擔任中央研究院近代史研究所研究員與國立臺灣師範大學歷史學系教授，2008-2010 年間曾任中華民國國史館館長，2015 年迄今擔任中央研究院與陽明醫學大學合開人文講座課程兼任教授，2021 年轉任中央研究院近代史研究所兼任研究員；研究課題包括：近代中國或臺灣的口岸貿易與腹地變遷、晚清的鴉片觀與國內供應、十九世紀中國與世界的白銀牽繫、亞太商貿網絡與臺灣商人（1860─1961）、亞太歷史與條約：臺海，東海與南海等。

林翠鳳　臺灣彰化人。國立中山大學中文研究所博士，國立臺中科技大學應用中文系教授。曾任國立臺中科技大學應用中文系主任。主要研究方向：臺灣文學、民俗信仰等。著作：《陳肇興及其陶村詩稿之研究》《黃金川集》《鄭坤五及其文學研究》《施梅樵及其漢詩研究》等專書。主編《臺灣旅遊文學論文集》《宗教皈依科儀彙編》等十餘種。擔任《田中鎮志》《大里市史》《媽祖文化志》《登瀛書院簡史》等史志單元編纂。已發表期刊論文數百篇。

武之璋　河南孟縣（現孟州市）人，1942 年生，1949 年七歲隨父母赴台，淡江大學外文系畢業，曾經營紡織、營造業多年，從商期間自修經濟學，常發表財經論文，為當局重視，曾擔任台北市界貿易中心常務董事、行政院經濟改革委員會務顧問，多次參與台灣財經政策討論，後從商場退休，專心治學，範圍遍及中國近代史、台灣史及儒家學說，曾經出版《二二八真相解密》、《策馬入林》、《中庸研究》、《解剖民進黨》、《台灣光復日產接收研究》、《二二八真相與謊言》、《原來李敖騙了你》、《武之璋論史》、《外省人的故事》等書，近年

致力兩岸和平統一，強力反對民進黨文化台獨，並組織「藍天行動聯盟」，從文化、思想各方面與民進黨展激烈戰鬥。

孟祥瀚　國立中興大學歷史學系兼任副教授，國立臺灣師範大學歷史系博士，曾任臺灣古文書學會理事長。研究領域為臺灣區域史、臺灣原住民史、台灣方志學與台灣古文書研究等。主要關注議題在於清代與日治時期國家力量對於地方與族群發展的影響，如清末至日治初期，國家政策對於東台灣發展的形塑，清代封山禁令下番界政策對於中台灣東側番界開發的影響等。方志與古文書的研究，則是企圖透過在地生活的豐富紀錄，以思考與探討台灣基層社會運作的實際面貌。本書所收各篇，大致回應了上述的學思歷程。

洪健榮　臺灣臺南市人，籍貫澎湖縣。省立臺南一中畢業，輔仁大學歷史學系學士、清華大學歷史碩士、臺灣師範大學歷史博士。曾任僑生大學先修班、臺師大歷史學系、明志科大通識教育中心、中央大學歷史研究所、臺北科大通識教育中心、輔大歷史學系兼任教師、國立故宮博物院圖書文獻處助理研究員，現職國立臺北大學歷史學系教授兼海山學研究中心主任。主要研究領域為臺灣社會文化史、臺灣方志學、臺灣區域史、臺灣族群史，著有《龍渡滄海：清代臺灣社會的風水習俗》、《西學與儒學的交融：晚明士紳熊人霖《地緯》中的世界地理書寫》，發表相關學術論文五十餘篇，另曾主編《五股志》、《延平鄉志》、《新屋鄉志》、《續修五股鄉志》、《續修新竹縣志卷九‧人物志》。

張崑振　1970 年生於台北木柵，成大建築系畢業，成大建築博士，現任北科大建築系副教授，兼文化部、台北市及地方政府文資委員。曾擔任北科大創意設計學士班創班主任 2005-2008、北科大建築系主任 2016-2019。專長為建築史與理論、傳統建築與風土、遺產與都市保存，二十多年來一直從事台灣文化資產的保存、修復研究工作，主持六十餘件古蹟、聚落、文化景觀、產業遺產、遺址等類型文化資產調查研究計畫，近年也擔任古蹟修復設計及再利用策展工作。近年著有 2020《再尋冷戰軌跡-臺糖南北平行預備線文化資產價值研究》、2016《找尋曾經艱困的時代輪廓》、2015《傳家—新埔宗祠的故事》、2015《關渡宮—宮廟與文化景觀》等書。

張勝彥　臺灣大學歷史學學士、碩士，日本京都大學博士。先後任東海大學歷史系教授、日本京都大學文學部外國人招聘教授、中央大學歷史研究所教授兼所長、日本私立關西大學經濟學部外國人招聘教授、臺北大學歷史系教授兼民俗藝術研究所所長、及人文學院院長等教職。此外曾任臺灣歷史學會會長、內政部古蹟評鑑小組委員、臺中

縣志總編纂、續修臺中縣志總編纂、續修臺北縣志總編纂等職。現為臺北大學兼任教授、續修新竹縣志總編纂。已出版之學術著作有《南投開拓史》、《清代臺灣廳縣制度之研究》、《認識臺灣（歷史篇）》、《臺灣開發史》、《台中市史》、《臺灣史》等著作。

戚嘉林　**Dr. Chi Chia-lin**，中國統一聯盟前主席，1951 年生於台灣（原籍湖北沔陽/仙桃），輔仁大學商學士、中國文化大學經濟研究所碩士、南非首都比勒陀利亞大學（University of Pretoria）國際關係學博士。台灣外事人員特考及格，任職駐外單位、退休后曾任中國統一聯盟主席、並在世新大學授課。現為《祖國》雜誌發行人兼社長，社團法人台灣史研究會理事長，著有《台灣史》《台灣二二八大揭秘》《李登輝兩岸政策十二年》《台灣史問與答》《謝南光-從台灣民眾黨到中國共產黨》，及主編《坎坷復興路》等書。

許世融　雲林縣口湖鄉人，1966 年生，臺灣師範大學歷史學系博士，現任臺中教育大學區域與社會發展學系副教授兼系主任。先後於嘉義農專、國空大、建國科大、清華大學歷史研究所擔任兼任講師、助理教授；陸續進行過科技部諸多專題研究案。2011-2013 年並參與京都大學經濟學部堀和生教授主持的「東アジア高度成長の史的研究－連論から東アジア論へ－」跨國研究計畫。主要學術專長：臺灣經濟史、社會史、族群史等。博士論文〈關稅與兩岸貿易（1895-1945）〉曾獲得彭明敏文教基金會臺灣研究最佳博士論文獎。

連心豪　福建省仙遊縣人，1954 年 3 月生於安溪縣文廟廖厝館，旋移居泉州市區。廈門大學歷史學碩士，歷任廈門大學歷史學系教授，廈門大學中國海關史研究中心主任，福建省連橫文化研究院院長，福建省文史研究館研究館員，中國海關博物館顧問。專攻中國近代海關史，兼治閩臺關係史、閩南民間信仰與譜牒學。著有《近代中國的走私與海關緝私》、《水客走水》、《中國海關與對外貿易》，主編《閩南民間信仰》、《福建連氏志》、《仙遊鳳阿阿頭連氏譜牒》等書。

葉乃齊　1960 年出生於嘉義。1982 年自文化大學建築系畢業，1987-1989 年曾就讀於台灣大學土木研究所交通乙組，1989 年曾於文化大學造園景觀系兼任執教，1990-1993 年服務於行政院文建會，從事古蹟保存業務。1993 年就讀台灣大學建築與城鄉研究所博士班，2002 年 7 月獲台大城鄉所博士學位，曾擔任南亞技術學院建築系專任助理教授及華梵大學建築學系專任助理教授。2005 年 8 月接任華梵大學建築學系主任、所長，於 2008 年 1 月卸任。曾參與王鴻楷教授主持之研究案有《澎湖天后宮之彩繪》等五案。及夏鑄九教授主

持之研究案有《新竹縣三級古蹟新埔褒忠亭整修計畫》等七案。專業研究規劃案有近二十五本著作，個人代表著作有博士論文《台灣傳統營造技術的變遷初探--清代至日本殖民時期》，碩論《古蹟保存論述之形成—光復後台灣古蹟保存運動》及近百篇論文與著述。

趙佑志　1968 年，臺北人，臺灣師範大學歷史系學士、碩士、博士。現任新北高中教師兼任學務主任、清華大學歷史研究所兼任助理教授、真理大學人文與資訊學系兼任助理教授、淡江大學師培中心兼任助理教授，曾參與《沙鹿鎮志》、《梧棲鎮志》、《桃園市志》、《續修臺北縣志》、《高中歷史教科書》的編纂。著有：《日據時期臺灣商工會的發展(1895—1937)》、《日人在臺企業菁英的社會網絡(1895—1945)》、《續修臺北縣志》卷八文教志、〈躍上國際舞臺—清季中國參加萬國博覽會之研究〉等近百篇論文。

賴志彰　臺灣彰化人，逢甲建築系學士，國立臺灣大學建築與城鄉研究所碩、博士，長期參與文化資產保存工作，從最早的內政部到目前幾個市縣的文化資產諮詢委員，深入研究霧峰林家的歷史與建築，研究臺灣地方民居（包括新北、桃園、苗栗、臺中縣、彰化、嘉義市等），碩博士論文攢研臺中市的都市歷史，研究過新莊迴龍樂生療養院、臺灣古地圖、佳冬蕭宅、彰化縣志的公共藝術與工藝篇等。目前服務於國立臺南大學文化與自然資源學系臺灣文化碩士班，擔任副教授，指導超過 180 篇以上的碩士論文。

闞正宗　1961 年出生於臺灣嘉義，成功大學歷史學博士。1985 年起年從事新聞編採工作，進而主持佛教出版社、雜誌社。長年從事佛教寺院及文物的田野調查，二十餘年間完成有關佛寺、人物田野調查專著、合著十餘冊。1996 年起先後出版《臺灣佛寺導遊》九冊、《臺灣佛教一百年》、《臺灣佛寺的信仰與文化》、《重讀臺灣佛教——戰後臺灣佛教（正續編）》、《臺灣佛教史論》、《中國佛教會在臺灣——漢傳佛教的延續與開展》、《臺灣日治時期佛教發展與皇民化運動——「皇國佛教」的歷史進程（1895-1945）》、《臺灣佛教的殖民與後殖民》、《臺灣觀音信仰的「本土」與「外來」》等學術著作。除臺灣佛教史研究之外，研究領域尚延伸至臺灣宗教、中、臺、日三邊佛教交涉、日本文化等研究領域。曾任法鼓佛教學院、玄奘大學宗教研究所兼任助理教授，現任佛光大學佛教學系副教授。

# 《臺灣史研究名家論集》——總序

　　《臺灣史研究名家論集》即將印行，忝為這套叢刊的主編，依出書慣例不得不說幾句應景話兒。

　　這十幾年我個人習慣於每學期末，打完成績上網登錄後，抱著輕鬆心情前往探訪學長杜潔祥兄，一則敘敘舊，問問半年近況，二則聊聊兩岸出版情況，三則學界動態及學思心得。聊著聊著，不覺日沉西下，興盡而歸，期待半年後再見。大約三年前的見面閒聊，偶然談出了一個新企劃。潔祥兄自從離開佛光大學教職後，「我從江湖來，重回江湖去」（潔祥自況），創辦花木蘭出版社，專門將臺灣近六十年的博碩士論文，有計畫的分類出版，洋洋灑灑已有數十套，近年出書量及速度，幾乎平均一日一本，全年高達三百本以上，煞是驚人。而其選書之嚴謹，校對之仔細，書刊之精美，更是博得學界、業界的稱讚，而海峽對岸也稱許他為「出版家」，而不是「出版商」。這一大套叢刊中有一套《臺灣歷史文化叢刊》，是我當初建議提出的構想，不料獲得彼首肯，出版以來，反應不惡。但是出書者均是時下的年輕一輩博、碩士生，而他們的老師，老一輩的名師呢？是否也該蒐集整理編輯出版？

　　看似偶然的想法，卻也是必然要去做的一件出版大事。臺灣史研究的發展過程，套句許雪姬教授的名言「由鮮學經顯學到險學」，她擔心的理由有三：一、大陸學界有關臺灣史的任務性研究，都有步步進逼本地臺灣史研究的趨勢，加上廈大培養一大批三年即可拿到博士學位的臺灣學生，人數眾多，會導致臺灣本土訓練的學生找工作更加雪上加霜；二、學門上歷史系有被社會科學、文學瓜分，入侵之虞；三、在研究上被跨界研究擠壓下，史家最重要的技藝——史料的考訂，最後受到影響，變成以理代証，被跨學科的專史研究壓迫得難以喘氣。另外，中研院臺史所林玉茹也有同樣憂慮，提出五大問題：一、是臺灣史研究受到統獨思想的影響；二、學術成熟度仍不夠，一批缺乏專業性的人可以跨行教授臺灣史，或是隨時轉戰研究臺灣史；三、是研究人力不足，尤其地方文史工作者，大多學術訓練不足，基礎條件有限，甚至有偽造史料

或創造歷史的情形，他們研究成果未受到學術檢驗，卻廣為流通；四、史料收集整理問題，文獻資料躍居成「市場商品」，竟成天價；五、方法問題，研究者對於田野訪查或口述歷史必須心存警覺和批判性。

　　十數年過去了，這些現象與憂慮仍然存在，臺灣史學界仍然充滿「焦慮與自信」，這些焦慮不是上文引用的表面問題，骨子裡頭真正怕的是生存危機、價值危機、信仰危機，除此外，還有一種「高平庸化」的危機。平心而論，臺灣史的研究，不論就主題、架構、觀點、書寫、理論、方法等等。整體而言，已達國際級高水準，整個研究已是爛熟，不免凝固形成一僵硬範式，很難創新突破而造成「高平庸化」的危機現象。而「高平庸化」的結果又導致格局小、瑣碎化、重複化的現象，君不見近十年博碩士論文題目多半類似，其中固然也有因不同學門有所創見者，也不乏有精闢的論述成果，但遺憾的是多數內容雷同，資料重複，學生作品如此；學者的著述也高明不到哪裡，調研案雖多，題材同，資料同，析論也大同小異。於是乎只有盡量挖掘更多史料，出版更多古文書，做為研究創新之新材料，不過似新實舊，對臺灣史學研究的深入化反而轉成格局小、理論重複、結論重疊，只是堆砌層累的套語陳腔，好友臺師大潘朝陽教授，曾諷喻地說：「早晚會出現一本研究羅斯福路水溝蓋的博士論文」，誠哉斯言，其言雖苛，卻是一句對這現象極佳註腳。至於受統獨意識形態影響下的著作，更不值得一提。這種種現狀，實在令人沮喪、悲觀，此即焦慮之由來。

　　職是之故，面對臺灣史這一「高平庸化」的瓶頸，要如何掙脫困境呢？個人的想法有二：一是嚴守學術規範予以審查評價，不必考慮史學之外的政治立場、意識形態、身分認同等；二是返回原點，重尋典範。於是個人動了念頭，很想將老一輩的著作重新整理，出版成套書，此一構想，獲得潔祥兄的支持，兩人初步商談，訂下幾條原則，一、收入此套叢書者以五十歲（含）以上為主；二、是史家、行家、專家，不必限制為學者，或在大專院校、研究機構者；三、論文集由個人自選代表作，求舊作不排除新作；四、此套書為長期計畫，篩選四、五十位名家代表

作，分成數輯分年出版，每輯以二十位為原則；五、每本書字數以二十萬字為原則，書刊排列起來，也整齊美觀。商談一有結論，我迅即初步擬定名單，一一聯絡邀稿，卻不料潔祥兄卻因某些原因而放棄出版，變成我極尷尬之局面，已向人約稿了，卻不出版了。之後拿著企劃書向兩家出版社商談，均被婉拒，在已絕望之下，幸得蘭臺出版社盧瑞琴女史遞出橄欖枝，願意出版，才解決困局。但又因財力、人力、市場的考慮，只能每輯以十人為主，這下又出現新困擾，已約的二十幾位名家如何交代如何篩選？兩人多次商討之下，盧女史不計盈虧，終於同意擴大為十五位，並不篩選，以來稿先後及編排作業為原則，後來者編入續輯。

　　我個人深信史學畢竟是一門成果和經驗累積的學科，只有不斷累積掌握前賢的著作，溫故知新，才可以引發更新的問題意識，拓展更新的方法、理論，才能使歷史有更寬宏更深入的研究。面對已成書的樣稿，我內心實有感發，充滿欣喜、熟悉、親切、遺憾、失落種種複雜感想。我個人只是斗膽出面邀請同道之師長友朋，共襄盛舉，任憑諸位自行選擇其可傳世、可存者，編輯成書，公諸同好。總之，這套叢書是名家半生著述精華所在，精彩可期，將是臺灣史研究的一座豐功碑及里程碑，可以藏諸名山，垂範後世，開啓門徑，臺灣史的未來新方向即孕育在這套叢書中。展視書稿，披卷流連，略綴數語以說明叢刊的成書經過，及對臺灣史的一些想法、期待與焦慮。

卓克華

2016.2.22 元宵　於三書樓

# 《臺灣史研究名家論集》——推薦序

《臺灣史研究名家論集》這套書本身就是一種臺灣史研究。其性質與意義，可以我擬編的另一套書來做說明。

相對於大陸，臺灣學界個性勝於群性，好處是彰顯個人興趣、自由精神；缺點是不夠關注該學科的整體發展，很少人去寫年鑑、綜述、概括、該學科的資料彙編或大型學人論著總集。

所以我們很容易掌握大陸各學科的研究發展狀況，對臺灣則不然。比如哲學、文學、社會學、政治學都各有哪些學派、名家、主要著作，研究史又如何等等，個中人也常弄不清楚，僅熟悉自己身邊幾個學校、機構或團體而已。

本來名家最該做這種事，但誰也不願意做綜述、概括這等沒甚創見的勞動；編名家論集嘛，既抬舉了別人，又掛一漏萬得罪人，何必呢？

我在學生書局時，編過一些學科綜述，頗嘗甘苦。到大陸以後，也曾想在人文與社會學科中，每學科選二十位名家，做成論文集，以整體呈現臺灣二十世紀下半葉的學術成果，遷延至今，終於未成。所以我看卓克華兄編成的這套《臺灣史研究名家論集》特有會心、特深感慨。

正如他所說，現在許多學科都面臨大陸同行的參與，事實上也是巨大的壓力。大陸人數眾多，自成脈絡。臺灣如果併入其數量統計中去，當然立刻被淹沒了。他們在許多研究成果綜述中，被視野和資料所限，也常不會特別關注臺灣。因此我們自己的當代學術史梳理就特別重要、格外迫切。

《臺灣史研究名家論集》從這個意義上說，本身就是一種臺灣學術史的建構。所選諸名家、各篇代表作，足以呈現臺灣史這個學科的具體內容與發展軌跡。

這些名家，與我同時代，其文章寫作之因緣和發表時之情境，讀來歷歷在目，尤深感慨。

因為「臺灣史」這個學科在臺灣頗有特殊性。

很多人說戒嚴時期如何如何打壓臺灣史研究，故臺灣史尟有人問

津；後來又如何如何以臺灣史、臺灣文學史為突破口，讓臺灣史研究變成了顯學。克華總序中提到有人說臺灣史從「鮮學變成顯學」，然後又受政治影響，成了險學，就是這個意思。

但其實，說早年打壓臺灣史，不是政治觀點影響下的說詞嗎？卷帙浩繁的《臺灣風物月刊》、《臺北文獻季刊》、《臺灣文獻季刊》、臺灣銀行《臺灣文獻叢刊》等等是什麼？《臺灣文獻季刊》底下，十六種縣市文獻，總計就有四億多字，怎麼顯示五十年代到八十年代中期政府打壓了臺灣史的資料與研究？我就讀的淡江大學，就有臺灣史課程，圖書館也有專門臺灣史料室，我們大學生每年參加臺灣史蹟源流會的夏令營，更是十分熱門。我大學以後參與鄉土調查、縣誌編撰、族譜研究，所感受的暖心與熱情，實在不能跟批評戒嚴時期如何如何打壓臺灣史研究的說詞對應起來。

反之，對於高談本土性、愛臺灣、反殖民的朋友所揭櫫的臺灣史研究，我卻常看到壓迫和不寬容。所以，他們談臺灣文學時，我發現他們想建立的只是「我們的文學史」。我辦大學時，要申辦任何一個系所都千難萬難，得提前一兩年準備師資課程資料及方向計畫去送審；可是教育部長卻一紙公文下來，大開後門，讓各校趕快開辦臺灣史系所。我們辦客家研討會，客家委員會甚至會直接告訴我某教授觀點與他們不合，不能讓他上臺。同樣，教師在報端發表了他們不喜歡的言論，各機關也常來文關切……。這時，我才知道有一個幽靈，在監看著臺灣史研究群體。

說這些，是要提醒本叢刊的讀者：無論臺灣史有沒有被政治化，克華所選的這些名家，大抵都表現了政治泥沼中難得的學術品格，勤懇平實地在做研究。論文中七邑不驚，而實際上外邊風雨交加。史學名家之所以是名家，原因正要由此體會。

但也由於如此，故其論文多以資料梳理、史實考證見長。從目前的史學潮流來看，這不免有點「古意盎然」。他們這一輩人，對現時臺灣史研究新風氣的不滿或擔憂，例如跨學科、理論麾指史料、臺灣史不盡

為史學系師生所從事之領域等等，其實就由於他們古意了。

　　古意，當然有過時的含義；但在臺灣，此語與老實、實在同意。用於臺灣史研究，更應做後者理解。實證性史學，在很多地方都顯得老舊，理論根基也已動搖，但在臺灣史這個研究典範還有待建立，假史料、亂解讀，政治干擾又無所不在的地方，卻還是基本功或學術底線。老一輩的名家論述，之所以常讀常新，仍值得後進取法，亦由於此，特予鄭重推薦。



　　　　　　　　　　　　　　　　　　　　龔鵬程

# 《臺灣史研究名家論集》——推薦序

　　臺灣，在許多大陸人看來是一個地域相對狹小、自然資源有限、物產不夠豐富、人口不夠眾多且孤懸於海外的一個島嶼之地。對於這座寶島的歷史文化、社會風貌、民間風俗以及人文地貌等方面的情況知之甚少。然而，當你靜下心來耐心地閱讀由臺灣蘭臺出版社出版的《臺灣史研究名家論集》（已出版三編）之後，你一定會改變你對臺灣這個神奇島嶼的認知。

　　《臺灣史研究名家論集》到目前為止，已經輯錄了近五十名研究臺灣史的專家近千萬字的有關臺灣史的研究成果。這些研究成果大都以臺灣這塊獨特的地域空間為載體，以發生在這塊神奇土地上的歷史事件、人物故事、社會變遷、宗教信仰、民間習俗、行政建制、地方史志、家族姓氏、外族入侵、殖民統治、風水習俗以及建築歷史等等為研究內容，幾乎囊括了臺灣的自然與社會生活的方方面面。例如，尹章義的《臺灣移民開發史上與客家人相關的幾個謎題》，林滿紅的《清末臺灣與我國大陸之貿易型態比較（1860-1894）》，林翠鳳教授的《臺灣傳統書院的興衰歷程》，武之璋先生的《從純史學的角度重新檢視二二八》，洪健榮的《明鄭治臺前後風水習俗在臺灣社會的傳佈》，張崑振的《清代臺灣地方誌所載官祀建築之時代意義》，張勝彥的《臺灣古名考》，戚嘉林的《荷人據台殖民真相及其本質之探討》，許世融的《日治時期彰化地區的港口變化與商貿網絡》，連心豪的《日本據臺時期對中國的毒品禍害》，葉乃齊的《臺灣古蹟保存技術發展的一個梗概》，趙佑志的《日治時期臺灣的商工會與商業經營手法的革新(1895—1937)》，賴志彰的《台灣客家研究概論—建築篇》，闞正宗的《清代治臺初期的佛教（1685-1717）——以《蓉洲詩文稿選集》、《東寧政事集》為中心……

　　上述各類具體的臺灣史研究，給讀者全面、深刻、細緻、準確地瞭解臺灣、認知臺灣、理解臺灣、並關注臺灣未來的發展，提供了「法國年鑒學派」所說的「全面的歷史」資料和「完整的歷史」座標。這套叢書給世人描摹出一幅幅臺灣社會、文化、經濟、生態以及島民心態變遷

的風俗畫。它們既是臺灣社會的編年史、也是臺灣的時代變遷史，還是臺灣社會風俗與政治文化的演變史。

《臺灣史研究名家論集》在史學研究方法上借鑒了法國年鑒學派以及其他現代史學流派的諸多新的研究方法，給讀者提供了新的研究視角，使得史學研究能夠從更加廣闊、更加豐富的空間與視角上獲取歷史對人類的啟示。《臺灣史研究名家論集》的許多研究成果，印證了中國大陸著名歷史學家章開沅先生對史學研究價值的一種「詩意化」的論斷，章開沅先生曾經說過，「**從某種意義上說，史學應當是一個沉思著的作者在追撫今夕、感慨人生時的心靈獨白。史學研究的學術的價值不僅在於它能夠舒緩地展示每一個民族精神的文化源流，還在於它達到一定境界時，能夠闡揚人類生存的終極意義，並超越時代、維繫人類精神與不墮……**」

閱讀《臺灣史研究名家論集》，能夠讓讀者深切感受到任何一個有限的物理空間都能夠創造出無限的精神世界，只要這塊空間上的主人永遠懷揣著不斷創造的理想與激情。我記得一位名叫唐諾（謝材俊）的臺灣作家曾經說過，由於中國近代歷史的風雲際會，使得臺灣成為一個十分獨特的歷史位置。「**在很長一段時間裡，臺灣是把一個大國的靈魂藏在臺灣這個小小的身體裡面……**」，的確，近代以來的臺灣，在某種程度上來講成就驚人。它誕生過許多一流的人文學者、一流的史學家、一流的詩人、一流的電影家、一流的科學家。它曾經是「亞洲四小龍」之一。

臺灣之所以能夠取得如此驚人的文化成就，離不開諸如《臺灣史研究名家論集》裡的這些史學研究名家和**臺灣蘭臺出版社**這樣的文化機構以及**一大批「睜眼看世界」的仁人志士們**持之以恆的辛勤耕耘和不畏艱辛的探索。是這些勇敢的探尋者**在看得見的地域有限物理空間拓展並創造出了豐富多彩的浩瀚精神宇宙。**

為此，我真誠地向廣大讀者推薦《臺灣史研究名家論集》這套叢書。

王國華　2021 年 6 月 7 日於北京

# 《臺灣史研究名家論集》──編後記

　　我在〈二編後記〉中曾慨嘆道，編此《論集》有三難：邀稿難、交稿難、成書難。在《三編》成書過程中依然如此，甚且更加嚴重，意外狀況頻頻發生，先是新冠肺炎疫情耽誤了近一年，而若干作者交稿、校稿拖拖拉拉，也有作者電腦檔案錯亂的種種問題，也有作者三校不足，而四校，五校，每次校對又增補一些資料，大費周章，一再重新整理，諸如此類狀況，整個編輯作業延誤了近一年，不得已情商《四編》的作者，將其著作提前補入《三編》出版，承蒙這些作者的同意，才解決部分問題。

　　如今面對著《三編》的清樣，心中無限感慨，原計畫在我個人退休前將《臺灣史研究名家論集》四輯編輯出版完成，而我將於今年（2021）七月底退休，才勉強出版了《三編》，看來又要耗費二年歲月才能出版《四編》，前後至少花了十年才能夠完成心願，十年，人生有多少個十年？！也只能自我安慰，至少我為臺灣史學界整理了乙套名家鉅作，留下一套經典。

卓克華　　于三書樓

2021.6.7

# 林滿紅

# 臺灣史研究名家論集

蘭臺出版社

# 目　錄

# 臺灣經貿史的跨時地、跨面向、跨領域回顧

——作者序

林滿紅

　　這本書收錄我 8 篇已出版著作，每項著作原出版資訊，註於各篇起始處。這些著作發表時間自 1978 年延伸至 2006 年。因為都已出版了一段時間，這次收入此書時，都經過修改。這 8 篇著作，就出版形式而言，有 2 篇論文、2 篇研究回顧、2 篇書評、2 篇重要史料指南。就所涵蓋的時間而言，有從古史到臺灣當代歷史者 3 篇，置於本書綜論部分，另有分別集中談清末臺灣者 3 篇、談日治時期臺灣者 1 篇、談中華民國時期臺灣者 1 篇，本書分別將它們收入其所討論的時代單元。這 8 篇著作，如果要一言以概之，可說是：臺灣經貿史的一個跨時地、跨面向、跨領域回顧。

　　對外貿易是臺灣歷史重要的一環。位於東亞之中的臺灣或中華民國，其 1904 至 1990 年之貿易依存度，與東亞之中的日本、大韓民國（南韓）、中國或中華人民共和國比較起來，一直最高，其 1980 年之依存度尚高達 95.5%。[1]

　　有關臺灣的商貿歷史，較具通史性質者，有《臺灣省通志稿》與《臺灣省通志》，以及黃福才、薛化元等的相關著作。[2]這些著作大抵都就臺灣本地敘述其商貿歷史的發展，這本書如果要與這些著作提出區隔，那

---

1　Kazuo Hori, "East Asia Between the Two World Wars-Industrialization of Japan and its Ex-Colonies, "*The Kyoto University Economic Review*, 64: 2 (Whole No. 137) (October 1994), pp. 1-22

2　林熊祥、李騰嶽監修，林恭平纂修，臺灣省文獻委員會編纂組編校，《臺灣省通志稿》，卷四‧經濟志商業篇（臺北：臺灣省文獻委員會，1958）；張炳楠監修，李汝和主修，林恭平原修，張奮前增修，陳世慶整修，《臺灣省通志》，卷四‧經濟志商業篇（全三冊）（臺北：臺灣省文獻委員會，1970）；黃福才，《臺灣商業史》（南昌：江西人民出版社，1990）；薛化元等編纂，《台灣貿易史》（臺北：外貿協會，2008）；黃福才、黃旻敏，《台灣商業史》（南昌：江西人民出版社，2017）。

也許是在這本書跨時地、跨面向、跨領域回顧的性質。

　　跨時地是指會將臺灣某一個時段的發展放在更長的時間或更廣闊的空間框架下討論其背景與影響。以本書第一篇綜論的〈臺灣商業經營的中國傳承與蛻變—以近四十年臺灣相關研究為基礎之省察〉來說，將同樣在日本的殖民統治下，臺灣的草根商人較朝鮮的草根商人更有力量，推源於日本在臺灣的農業政策使從仰韶文明以來約七千年中國的小農經濟得以開展；這也影響：戰後臺灣，1981 年的中小企業占企業數99%，占就業人數 62%，占總產值 41%；1985 年，臺灣的出口總額有90%由其出口。

　　薛化元等所編《臺灣貿易史》綜述臺灣史前時期或南島語族時期對外或島內貿易的考古與歷史研究，很值得參考。有關 17 世紀以前的漢人在臺貿易，連雅堂所著《臺灣通史》曾載及：「當宋之時，漢人已至北港貿易」。[3]清乾隆年間臺灣海防同知朱景英所著《海東札記》曾指出：「臺地多用宋錢⋯⋯余往北路，家僮於笨港（即今北港）海泥中得錢數百」，[4]或為連雅堂之所本。但中國傳統，在大多數期間，即使換了朝代，舊朝的錢仍可在新朝的市面流通。[5]朱景英此條資料未明言此等宋錢乃宋代即留置北港一帶，或於宋代以後始留置於此。成書於 1225 年的宋代記載—《諸番志》提到：「其地（臺灣）無他奇貨，尤好剽掠，商賈不通」。[6]可見即使到了宋代，臺灣本島貿易，並不發達。之後於 16 世紀中葉漸有貿易崛興，由本書綜論第三篇的〈評介赤嶺守著《琉球王國》〉，其實可以說明臺灣這種情形的背景。

　　西元 3 世紀前夕，因黑潮暖流，臺灣與琉球都是木薯科、芋科作物由菲律賓，以及小米屬作物由東南亞向北傳播日本的重要通路。但在西元 3 世紀之後，其他亞洲的重要文化交流路線崛起，臺灣與琉球孤立於

3　連雅堂，《臺灣通史》，卷25〈商務志〉（臺北：古亭書局藏版，1918），頁705。

4　朱景英，《海東札記》（乾隆三十八年〔1773〕年刊），卷4，頁4B–5A。原始資料藏於哈佛燕京圖書館，轉引自中國哲學書電子化計劃，https://ctext.org/zh，2021年5月6日檢閱。

5　林滿紅，《銀線》（臺北：臺大出版中心，2016年二版），頁30。

6　曹永和，《臺灣早期歷史研究》（臺北：聯經出版事業公司，1979），頁6。

國際舞臺之外約千年之久。[7]

　　琉球約在中國的唐朝時期，曾向日本納貢。宋明之間，琉球與日本、朝鮮、中國都有商貿往來。當明朝以平定倭寇為條件，要求日本建立朝貢貿易而未獲允諾之後，因為琉球列島正是倭寇可以泊船之地，明朝轉而與琉球於 1372 年建立朝貢貿易關係，以有效地取代倭寇與中國的地方勢力合作進行的貿易，琉球王國因而是日本、東南亞、朝鮮與中國貿易的重要中介。臺灣直到大約 1540 年，「日本銀—中國絲」的貿易興起之後才有顯著的變化。中國人如汪直等所領導的倭寇取代了日本人領導的倭寇，以掌握這個新的商機。西班牙所屬菲律賓興起的美洲銀貿易，也為私商提供利基。華人海商、荷商、西商紛紛以臺灣為根據地發展臺灣與日本、中國大陸、東南亞乃至歐洲的多角貿易，[8]臺灣逐漸取代琉球在東亞的中介地位。[9]也因在中國的中古與近古時期，琉球在東亞的重要性大於臺灣，此一評介也相當程度參與釐清爭議百年的《隋書流求國傳》的「流求」是琉球還是臺灣的問題。

　　同時異地的比較，也在跨時地研究的範疇。納入本書第二篇清末時期的〈清末臺灣與中國大陸之貿易型態比較（1860-1894）〉一文指出 1860-1894 年間臺灣相對中國大陸貿易快速發展的內容及其背後因素。納入本書第三篇日治時期的〈日本統治時期臺灣經濟史研究之綜合評介〉指出安定相對戰亂、農業創新的有無相當影響 20 世紀上半葉臺灣與中國在很多共同社會基礎上的不同發展。此文也指出臺灣發展類型為先農業後工業，日本為農工並進，印度則為先工後農。此文的跨地比較，也包括：日本明治時期稅收以田賦為主，臺灣在為其殖民地時期，稅收以專賣收入及砂糖消費稅為主；財政支出，臺灣以事業費為主，中國以軍費為主；日治時期的臺灣每人出口值高於同是日本殖民地的朝鮮；臺

---

7　曹永和〈環中國海域交流史上的臺灣和日本〉，《臺灣風物》，卷41期1（1991年3月），頁22。原文為〈環シナ海域交流史における台湾と日本〉，收入箭內健次編，《鎖国日本と国際交流》，卷上（東京：吉川弘文館，1988），頁613-639。

8　參見林滿紅，《晚近史學與兩岸思維》（臺北：麥田出版社，2002），頁244-256、265-266。

9　參見林滿紅，〈東亞海域上的琉球與臺灣〉，收入林滿紅，《獵巫、叫魂與臺灣定位：兼論釣魚臺、南海歸屬問題》（臺北：黎明文化出版公司，2017），頁100-108。

灣與同時期及之後中國的土地改革有科學農業是否先行發展的根本不
同。

　　跨面向研究是指本書不只談臺灣商貿史，也談臺灣經濟的其他面
向，及商貿與其他歷史面向的環環相扣關係。置於本書第二篇綜論的〈評
介陳紹馨著《臺灣的人口變遷與社會變遷》〉，除由其大作摘述由 17 世
紀到 1960 年代臺灣的人口變遷與社會變遷之外，此評介也凸顯陳著對
1920 年代的臺灣有如下的重要觀察：在 1920 年臺灣本地人的抗日活動
平息，1920 年全臺交通系統、警政系統、公醫系統完備，全臺在蓬萊
米等農業品種改良，生活條件改善，瘧疾、天花、鼠疫、霍亂等傳染病
去除，更有生命願景的基礎上，除了人口大增以外，現代社團組織如婦
女會、工商會等逐漸取代傳統的民間組織，藝文活動如現代美術、舞蹈、
話劇等也逐漸取代傳統的藝文活動。

　　納入本書第二篇清末時期的〈貿易與清末臺灣經濟社會變遷〉，除
引經濟理論摘述《茶、糖、樟腦業與清末臺灣社會經濟變遷》一書的重
點之外，也指出這三項出口產業協助化減臺灣長期以來的族群械鬥，也
幫忙增建書院以提振儒家文化。〈日本統治時期臺灣經濟史研究之綜合
評介〉一文所觸及的經濟還包括貨幣、物價、警察與經濟、米糖關係、
不同階段經濟發展重點、臺灣與南洋、中國大陸、日本的經濟關係等等。

　　跨領域研究另一方面是指向其他社會科學學習。前舉陳紹馨的大
作，已讓我們瞭解歷史學可以由社會學學到很多。〈日本統治時期臺灣
經濟史研究之綜合評介〉所介紹 G. W. Barclay 所說臺灣在 1945 年以前
大多數的人還是住在 2 萬人以下的鄉鎮裡。陳紹馨指出 1960 年代之後
臺灣才有臺北大都會的形成。這都是有關臺灣空間歷史變化的重要掌
握。〈臺灣商業經營的中國傳承與蛻變—以近四十年臺灣相關研究為基
礎之省察〉有關臺灣當代商業經營部分，除歷史學門之外，也向社會、
企管、人類、心理、法律和政治等學門有所學習。此文強調宗教在傳統
商業經營中的重要性，甚而影響至今，則受到人類學的啟發。

　　除〈貿易與清末臺灣經濟社會變遷〉與〈清末臺灣與中國大陸之貿

易型態比較（1860-1894）〉引介頗多貿易與經濟發展利弊得失的經濟理論之外，〈日本統治時期臺灣經濟史研究之綜合評介〉更細說以階段性制度史研究法、一般性制度史研究法及計量經濟研究法研究日本統治時期臺灣經濟史的利弊得失，也由各研究法中學取這段歷史的重點。

　　有感於當代臺灣研究大多由社會科學家著手，但多少是受美國的影響，當代臺灣的社會科學家很多不重視歷史，不重視質化研究，〈臺灣所藏中華民國經濟檔案介紹〉一文表面上是介紹經濟檔案，實則那些包括政府部門與非政府部門的重要檔案，其他社會科學家們都可參用。以利用所介紹檔案而寫的《美援與臺灣的職業教育》、《美援與台灣之森林保育（1950-1965）—美國與中華民國政府關係之個案研究》、《亞太政治經濟結構下的臺日鳳罐貿易（1950-1972）》為例，其意義絕不只限於歷史學門本身。藉由史學與社會科學的更有效結合，臺灣的當代研究希望能更加堅實。歷史學門常說：「所有的歷史都是當代史」，在當代研究堅實之後，歷史學相信也能更加堅實。

　　本書插入 21 張圖片，也提供索引，希望能勾勒本書若干重點。

　　本書編排過程，曾得墜如敏小姐、蔡蓉茹小姐、黃亦晨先生、王禹誠先生協助，墜小姐更是加了很多班奧援，書中所收各文涉及經濟理論與經濟計算的部分有外子梁啟源先生幫忙。本書所收入各文在原先出版時都曾得到原出版單位很多的支持。中央研究院近代史研究所在我延長服務屆滿之後給予兼任研究員的優渥研究環境，使我得以從事此書的修改與整編工作。於此一併致謝。書中錯誤也請各界不吝指正。

第一篇　綜論

# 臺灣商業經營的中國傳承與蛻變
## ——以近四十年臺灣相關研究為基礎之省察 *

## 一、前言

在本文之中,「商業」固然是以從事商品交易的服務業為主,但有時也包括為市場而生產的農業或工業;「商業經營」則包括資金籌措或人事管理等的內部經營,以及如社會觀感、對市場的因應、與其他商業組織或政府關係等的外部經營。

在經濟發展的過程中,社會、市場與國家分別所扮演的角色,一直是學界關心的課題。社會指長期存在而在「習焉而不察」的情況下影響人們行為的力量;市場指貿易地區與貿易品的供需關係;國家固然包括領土、政府、人民與主權,但當提及國家與社會、市場之關係時,常指在固定領土行使主權的政府。由於商業是經濟發展的重要環節,因此有關商業經營史的研究,也可從這三方面切入了解。商業經營的傳承,指商業受社會影響而較持續的一些行為;而商業經營的蛻變則往往是市場或國家影響下的變遷。本文將在臺灣商業經營的中國傳承部分分析社會與商業的關係,在臺灣商業經營的蛻變部分指出市場或國家對商業發展的影響。

以往有關臺灣商業經營的中國傳承與蛻變的討論甚為少見,當前臺灣的歷史學界傾向認為如果進行此一課題,當由個別商家的內部經營如何傳承與蛻變著手。本文則擬以近 40 年來臺灣的相關研究為基礎,就臺灣商業經營的整體來觀察其中國傳承與蛻變。由個別商家的內部經營來看傳承與蛻變,將難以看出一些整體結構性的變遷,如小農小商經濟在中國傳統經濟中的大量發展如何為中小商人在臺灣商業發展中扮演重要

---

* 本文修改自林滿紅出版於黃富三、翁佳音主編,《臺灣商業傳統論文集》(臺北:中央研究院臺灣史研究所籌備處,1999),頁 3-44 之論文。

角色奠基，也難看出一個在臺灣白手起家的商家如何從中國文化的母體
而非只是其祖先，獲取商業經營的參考依據，個別商家的生命歷程與臺
灣整體的生命歷程也因此有所不同。

臺灣商業經營指涉的時間主要是 17 世紀漢人開始顯著增加來到臺灣
本島之後。

介於兩岸之間而轄屬臺灣的澎湖列島，漢人移入較早。在以帆船為
主要航海工具的宋元時期，澎湖是中國大陸沿海人民出海捕魚謀生的一
個避風站。來到澎湖的漁民有部分即定居下來。宋元時期，澎湖且因「編
戶甚蕃」，而成為福建晉江縣轄下的一個行政區。元代時，澎湖島民以
漁、鹽產品易換中國大陸的糧食及生活用品。根據顧祖禹的《讀史方輿
紀要》，已有「貿易至者，歲常數十艘」的景況。但到明洪武年間因沿
海倭寇、海盜頻繁，除朝貢貿易之外，人民出海貿易一律禁止。澎湖居
民也就在這個政策之下盡被遷回中國大陸，原來設於澎湖的巡檢司亦告
裁廢。[1] 但因為這段期間海上漁、貿活動已成為中國東南沿海人民的一種
生活依託，所以中國大陸和臺灣間的商貿往來並未停止。人口被明太祖
遷空的澎湖島，在明代被葡萄牙人稱為漁夫島（Pescadores），即表示仍
有漁民進駐。[2] 除澎湖群島在宋代已有漢人移民以外，漢人主要在西元
1600 年左右才大舉移入臺灣本島。

在 16 世紀的 60 到 80 年代，有以林道乾、林鳳等為首的大規模海上
武裝集團進駐臺灣。他們可以聚眾五千到萬人，擁船一百，以臺灣為基
地，與柬埔寨及呂宋貿易。[3] 這些海上武裝集團旋為明朝政府所弭平，但
因其進駐臺灣，也引起明朝政府對臺灣的注意。[4] 不過，即使 1587 年明政
府解除海禁，1589 年福建巡撫不限定到臺灣的船隻數目，但當年往返於

1　曹永和，《臺灣早期歷史研究》（臺北：聯經出版事業公司，1979），頁 8；黃福才、黃旻敏，
　《台灣商業史》（南昌：江西人民出版社，2017），頁 6-7。

2　黃福才、黃旻敏，《台灣商業史》，頁 7

3　林仁川，《明末清初私人海上貿易》，頁 108-110；黃福才，《臺灣商業史》（南昌：江西人
　民出版社，1990），頁 8-10。

4　黃福才，《臺灣商業史》，頁 10。

兩岸間的船隻才「有四、五隻或七、八隻不等」。[5]至 1600 年左右，往來兩岸的船隻則增至三、四百艘，[6]而後漢人陸續增加來臺。故 1600 年左右是漢人來臺之重要起點。

當荷蘭人占領臺灣的 1624 年至 1661 年，臺灣的漢人人口由 1,000 人增為 3 萬人。[7]17 世紀後期，更增加到 20 萬人。[8]在 19 世紀後期之前，漢人移民尚未進入深山墾居，與高山原住民並無太多接觸，所接觸的主要是平埔族，該族人口，從 17 世紀至 1920 年代其大多被漢化時，維持在 4 萬人至 6 萬人之間。[9]高山原住民的人口，1906 年時，為 113,163 人，如以此數字與平埔族人口相加，在 17 世紀時仍多於漢人相加，在 17 世紀末以前原住民人口仍多於漢人。故 17 世紀末也是在臺漢人由少數族群轉為多數的轉折年代。

高山原住民分成諸多少有往來的部族，且當其於 19 世紀下半葉與漢人有較直接接觸時，漢人人口已居於絕對多數。從 1683 年至 1860 年的 177 年間，漢人人口增加為十倍，達到 200 萬。1895 年時，臺灣漢人增加為 250 萬，1945 年時為 600 萬。[10]現在則約為 2,300 萬。1949 年前後由中國大陸移入臺灣的人口約 130 萬，占臺灣漢人總人口的 12.2%。[11]其餘 87.8% 的臺灣漢人祖先，是在 1895 年日本占領臺灣之前由中國大陸移入。[12]1906 年時高山原住民人口占臺灣總人口的 3.6%。從 1945 年至 1961 年，高山原住民人口由 88,735 人，增加至 116,465 人。1961 年之後再增

5　黃福才，《臺灣商業史》，頁 11。

6　曹永和，《臺灣早期歷史研究》，頁 10。

7　江樹生，〈荷據時期臺灣的漢人人口變遷〉，「媽祖信仰國際學術研討會」，雲林：財團法人北港朝天宮董事會、臺灣省文獻委員會，1996 年 8 月 12-14 日。

8　陳紹馨，《臺灣的人口變遷與社會變遷》（臺北：聯經出版事業公司，1979），頁 18、29；*British Parliamentary Papers: Embassy and Consular Commercial Reports*, in Area Studies Series, China (Shannon, Ireland: Irish University Press, 1971), Vol. 6, p. 116.

9　詹素娟，〈清代臺灣平埔族與漢人關係之探討〉，收入中央研究院近代史研究所編，《近代中國區域史研討會論文集》（臺北：中央研究院近代史研究所，1986），頁 218。

10　陳紹馨，《臺灣的人口變遷與社會變遷》，頁 19、29；*British Parliamentary Papers: Embassy and Consular Commercial Reports*, in Area Studies Series, China, Vol. 6, p. 116

11　臺灣省文獻委員會，《臺灣省通誌》，卷 2〈人民誌・人口篇〉，冊 3（臺北：臺灣省文獻委員會，1970），頁 262。

12　臺灣總督府，《臺灣在籍漢民族舊慣別調查》（臺北：臺灣時報發行所，1928）。

至 162,031 人，占臺灣總人口的 2.5%。[13] 中國傳承仍為臺灣商業經營的重要文化母體。

在這四百年間，其實也有荷蘭或其他西方的影響，舉例而言，黃叔璥的《臺海使槎錄》指出清朝延續荷蘭東印度公司在臺灣所實施的招標辦法，官員喊出各原住民部落繳納餉銀的多寡，一直喊到有商人願意接受的額度，願意接受最後得標額度納餉的商人可以壟斷與該社所有往來的生意：

> 贌社之稅，在紅夷即有之。其法每年五月初二日，主計諸官集於公所；願贌眾商，亦至其地。將各社港餉銀之數，高呼於上，商人願認則報名承應；不應者減其數而再呼，至有人承應而止。隨即取商人姓名及所認餉額，書之於冊，取具街市鋪戶保領。就商徵收，分為四季。商人既認之後，率其夥伴至社貿易。凡番之所有，與番之所需，皆出於商人之手；外此無敢買，亦無敢賣。……臺灣南北番社，以捕鹿為業。贌社之商，以貨物與番民貿易；肉則作脯發賣，皮則交官折餉。[14]

又如中央研究院臺灣史研究所李佩蓁助研究員的最新研究，根據臺灣總督府檔案，指出清末與高雄巨商陳福謙一起經商的二弟陳北學 1916 年的資產，70%是股票，而匯豐銀行股票就占 48%。[15]

西方影響，乃至原住民對漢人商業管理的影響有待日後更多的探討，本文將先討論中國傳承與蛻變部分。

所謂臺灣的相關研究，是指 1960 年代以來，臺灣有關中國大陸（1600-1949）、臺灣以及海外（1600 年迄今）華商之研究。這些相關研究，主要來自歷史、社會、企管和政治等學門，人類及心理學界也有若干論述。就數量而言，以學位論文居多，不少學位論文雖只是碩士論文，

---

13  臺灣省文獻委員會，《臺灣省通誌》，卷 2〈人民誌・人口篇〉，冊 2，頁 157；冊 4，頁 351-352。

14  黃叔璥，《臺海使槎錄（地理類）》，卷 8〈番俗雜記 社餉〉，臺灣歷史文獻叢刊（南投：臺灣省文獻委員會，1996），頁 164。

15  李佩蓁，〈清末臺灣行商的多角投資—以陳邦記為例〉，「清代的商業與商道學術研討會」，臺北：中央研究院近代史研究所、明清研究推動委員會，2020 年 12 月 15 日，頁 7。

但已具備專書的規模並極具啟發性。[16] 除學位論文以外，中央研究院的研究人員及各大學的教師也有相關的研究著作。[17]

　　筆者之所以只以臺灣相關研究為基礎來省察臺灣商業經營的中國傳承與蛻變，是因曾應美國俄亥俄州 Akron 大學所辦「中國商業史研究的解釋趨勢與前瞻」會議之邀，負責撰寫臺灣學界對此問題的解釋趨勢；其他國家對此問題的研究情況，則由另外的學者負責。由於在 Akron 大

16　學位論文方面，在社會學的領域當中，由於高承恕和韓格理（Gary Hamilton）的影響，東海大學社會研究所有一系列關於當代臺灣企業的研究。清華大學社會人類學研究所關於此一課題的興趣，可視為東海的分支；在企管學的領域當中，臺灣大學、臺灣工業技術學院、中山大學、東海大學企管研究所的研究生也有個別的當代研究；在歷史學的領域當中，徐泓在臺大曾指導晚明和清代早期的相關論文，李國祁、呂實強、張朋園、林明德和陳三井在師大，劉翠溶在臺大和師大，王樹槐在東海和師大，以及林滿紅在師大和中正曾指導清代中國、日治或戰後臺灣的相關論文。某些學生的學位論文，會影響其他學生論文題目的選擇。例如，探討臺灣的開港貿易及其對社會經濟的影響的一篇碩士論文寫出之後，接著有關於九江、汕頭、重慶、芝罘、天津和大連的類似研究，其中有頗多商業經營史方面的探討。中央研究院近代史研究所的中國現代化區域研究與哈佛畢業的劉翠溶討論漢口的對外貿易的著作，對這些論文的產生也有相當的影響。以上各領域的學位論文部分已出版成書或發表成單篇論文，多數則以原論文存放在國家圖書館或政治大學社會科學資料中心。1960 至 1990 年間完成之學位論文摘要目前可在國家圖書館或各大學圖書館查詢。1990 年代以後，國家圖書館亦開始建置網路版論文摘要及全文查詢系統，稱為「臺灣博碩士論文知識加值系統」，本文所揭論文摘要甚至正文皆可於系統取得。學位論文方面，在社會學的領域當中，由於高承恕和韓格理（Gary Hamilton）的影響，東海大學社會研究所有一系列關於當代臺灣企業的研究。清華大學社會人類學研究所關於此一課題的興趣，可視為東海的分支；在企管學的領域當中，臺灣大學、臺灣工業技術學院、中山大學、東海大學企管研究所的研究生也有個別的當代研究；在歷史學的領域當中，徐泓在臺大曾指導晚明和清代早期的相關論文，李國祁、呂實強、張朋園、林明德和陳三井在師大，劉翠溶在臺大和師大，王樹槐在東海和師大，以及林滿紅在師大和中正曾指導清代中國、日治或戰後臺灣的相關論文。某些學生的學位論文，會影響其他學生論文題目的選擇。例如，探討臺灣的開港貿易及其對社會經濟的影響的一篇碩士論文寫出之後，接著有關於九江、汕頭、重慶、芝罘、天津和大連的類似研究，其中有頗多商業經營史方面的探討。中央研究院近代史研究所的中國現代化區域研究與哈佛畢業的劉翠溶討論漢口的對外貿易的著作，對這些論文的產生也有相當的影響。以上各領域的學位論文部分已出版成書或發表成單篇論文，多數則以原論文存放在國家圖書館或政治大學社會科學資料中心。1960 至 1990 年間完成之學位論文摘要目前可在國家圖書館或各大學圖書館查詢。1990 年代以後，國家圖書館亦開始建置網路版論文摘要及全文查詢系統，稱為「臺灣博碩士論文知識加值系統」，本文所揭論文摘要甚至正文皆可於系統取得。

17　這方面的研究計劃或研究成果，頗多曾獲國科會獎助。國科會獎助的研究成果，《國科會研究年報》刊有其摘要。此外，經由網路或透過在和平東路的國科會科技資料中心，也可付費查閱獲獎計劃或成果之摘要。中央研究院的近代史、經濟、中山人文社會科學等研究所，以及聯經出版公司曾出版相關的歷史性著作。人間、稻鄉、業強、五南等出版社以及中央研究院的民族學研究所則有相關的當代研究出版。

學所發表的論文係以英文寫作；且筆者在此文處理了約 100 多份的研究
成果，並分析其解釋趨勢之後，針對中央研究院臺灣史研究所籌備處所
召開的「臺灣商業傳統會議」，頗可進一步思考這些歷史解釋中的環環
相扣關係，以探索臺灣商業經營的中國傳承與蛻變，因此而有此中文之
作。[18]

　　這個研究在沒有任何贊助的基礎上，即使個人盡心費力思索，總有
不足之處，以現有研究為基礎之省察必然可因繼起之研究而有所調整。
但有關資本主義的興起與發展是世界各國人文社會科學之一重要探討課
題。如韋伯（Max Weber）所說，現代科學而不是商業才是資本主義發展
的先決條件，但商業是資本主義中的重要環節。[19]由於臺灣的現代科學乃
由外國引進，而臺灣的商業則有相當多的本土根源，藉此較為整體性的
臺灣商業經營史的研究，希望能略窺臺灣在資本主義發展過程中，本土
文化與外來因素一些重要的互動軌跡。

# 二、中國傳承

## （一）家族企業源遠流長

　　家族企業是指單一家族擁有一半以上資產的企業。由單一家族主導
某一企業是常被提到的中國商業經營特色。1973 年，臺灣從事出口的中
小企業之中有 82％是家族企業。[20]1995 年時，在臺灣的 97 個企業集團之

18　筆者 1995 年 10 月 27-29 日在 Akron 大學發表之論文為 "Interpretative Trends in Taiwan Scholarship on Chinese Business History: 1600 to the present." 目前已出版如下：Robert Gardella, Jane K. Leonard, and Andrea McElderry, eds., *Chinese Business History: Interpretative Trends and Priorities for the Future* (New York: M. E. Sharpe, 1998), pp. 65-94. 亦收入 *Chinese Studies in History*, 31:3-4 (Spring-Summer 1988), pp. 65-94. 在準備此文的過程中，承蒙宋惠中及趙祐志兩位先生協助初步的略譯，在中央研究院臺灣史研究所籌備處所召開的「臺灣商業傳統會議」發表之後，亦曾在中央研究院近代史研究所學術討論會上獲得謝國興、邱澎生、黃克武及其他諸多同仁的寶貴意見，特此致謝。

19　Max Weber, *The Protestant Ethic and the Spirit of Capitalism*, translated by Talcott Parsons (New York: Charles Scribner's Sons, 1958, With Anthony Giddons' introduction, George Allen & Unwin Ltd., 1976), pp. 17-27.

20　林繡紅、陳萃英，〈家族企業的活路在那裡〉，《現代管理月刊》，期 126（1987 年 7 月），

中，有 86.6％的董事長與總經理屬於同一個家族。已開發國家如日本、德國與美國，也都有家族企業。三井、三菱、克洛勃、杜邦、福特、洛克菲勒等都是著名的例子。[21] 臺灣與已開發國家的家族企業之基本差異，在於所有權與經營權的分離與否。臺灣的企業主經常兼任中、高階層的管理者，而在已開發國家，企業主大多委託家族以外的專業經理人來從事中、高階層的管理。[22]

由於所有權與經營權的高度結合，臺灣的家族企業，在面對經營者不夠專業化以及繼承者未必有經營能力的問題時，一方面越來越注意制度化的管理，另一方面則愈來愈注意繼承者的教育與訓練。集團企業逐漸以市場調查、帳目的電腦化以及加強研發等等制度性的管理來取代個人式的管理。企業的少東常攻讀企管的博士或碩士學位，並回到自己的企業由基層做起。女婿也常受到重用。[23] 以 1978 年與 1985 年加以比較，臺灣的集團企業雇用家族以外專業經理人的比率已由 10％增為 24％，但日本則由 1900 年之 20％，1930 年之 25％，增為 1965 年之 94％。[24] 可見臺灣的家族企業雖已往制度化的方向邁進，但與像日本這樣的已開發國家仍有極大差距。

分析上述臺灣與已開發國家在家族企業方面的差異原因，與中國特殊的家族延展觀念有關。日本與中國一樣，都有家族延展的觀念，但有些不同。日本的家族延展觀念強調維繫和擴大祖先的家業，如財產、威

頁 27

21　徐慶雲，〈家族企業的繼承問題—國內家族企業繼承人的培育〉（臺北：國立臺灣大學商學研究所碩士論文，1992），頁 2；范揚富，〈家族企業管理承續之研究〉（臺北：國立臺灣工業技術學院工程技術研究所工業管理組碩士論文，1986），頁 3；齊濤，〈從日本看家族與企業經營〉，《天下雜誌》，期 20（1983 年 1 月），頁 59。

22　陳明璋，〈家族文化與企業管理〉，《企銀季刊》，卷 8 期 1（1984 年 7 月），頁 33；Alfred Chandler 著，重武譯，《看得見的手—美國企業的管理革命》（*The Visible Hand*）（北京：商務印書館，1987），頁 580、590。

23　王炎仁，〈企業成長演變策略—臺塑企業之探討〉（臺北：國立臺灣大學商學研究所碩士論文，1994），頁 68-70、2-83；張憲正，〈臺塑企業經營分析管理模式之研究〉（臺中：東海大學企業管理研究所碩士論文，1994），頁 1、3。有關戰後臺灣家族企業，本文曾參考張湘玲同學 1995 年師大中國經濟史相關學期報告，謹此致謝。

24　劉祥人，〈家族企業邁向專業化經營之研究〉（臺北：國立臺灣工業技術學院工程技術研究所工業管理組碩士論文，1986），頁 122。

望和企業等，中國則更注重骨肉的綿延。[25] 中國注重骨肉綿延的觀念與祖先崇拜的信仰互為表裏。中國人的祖先崇拜信仰可遠溯至約七千年前的仰韶文明，商、周時期只行之於貴族階級，到東周封建逐漸崩潰之時，轉為全民之共同信仰。中國在仰韶文明時期，開始孕育家庭小農與簡單手工業，往後的中國，固然也有官府、寺院乃至民間所經營之較大型農工商業，但家族經營的農工商業一直占極大比重。[26] 家族擁有並經營商業，是由傳統中國延展至當代臺灣之一項深遠傳承。

## （二）合夥：中國企業重要的集資與管理方式

相對於家族擁有並由家族經營的家族企業，傳統中國也有由數家合資、合營或委託經理經營的合夥制度。清代臺北盆地的土地開發、[27] 清末臺南糖產、[28] 當代臺灣的臺南幫，[29] 都可以看到合夥制度在臺灣的開展。

合夥制度，根據到目前為止的研究，是始於宋代。[30] 此一制度在 19 世紀下半葉及 20 世紀的中國東北非常普遍。1930 年代吉林、錦州和營口的商店有 67% 是透過合夥方式集資。[31] 四川的錢莊，亦以合資經營居多。[32]

中國的合夥集資成員並不像 Max Weber 所說之僅限於家族成員之

---

25  Man-houng Lin, "The Perpetuation of Bloodline Versus Family Property: A Crucial Factor for the Different Demographic Dynamics of Pre-industrial China and Japan," 收入中央研究院近代史研究所編，《中國現代化論文集》（臺北：中央研究院近代史研究所，1991），頁 165-208。

26  林滿紅，〈中國傳統經濟的特徵〉，《人文及社會科學教學通訊》，卷 2 期 5（1992 年 2 月），頁 71-74、81-84、90-91。

27  溫振華，〈清代臺北盆地經濟社會的演變〉（臺北：國立臺灣師範大學歷史研究所碩士論文，1978），頁 66-67。

28  林滿紅，《茶、糖、樟腦業與臺灣之社會經濟變遷（1860～1895）》，臺灣研究叢刊（臺北：聯經出版事業股份有限公司，1997 初版，2008 入刷），頁 119-120

29  謝國興，《企業發展與台灣經驗—台南幫的個案研究》（臺北：中央研究院近代史研究所，1994），頁 65-106（第 2 章）、215-238（第 5 章）。

30  邱澎生，〈商人團體與社會變遷—清代蘇州的會館公所與商會〉（臺北：國立臺灣大學歷史研究所博士論文，1995），頁 29。

31  雷慧兒，〈東北的豆貨貿易（一九〇七 - 一九三一年）〉（臺北：國立臺灣師範大學歷史研究所碩士論文，1980），頁 83。1981 年以原論文題目出版，列於國立臺灣師範大學歷史研究所專刊（7）。

32  張淑芬，〈近代四川盆地對外貿易與工商業變遷（1873-1919）〉（臺北：國立臺灣師範大學歷史研究所碩十論文，1982），頁 101。

內。[33] 許多在汕頭的錢莊是由同族的人所共同投資，[34] 但在臺灣則有不同族群或不同家族的股東合夥開墾。[35] 中國東北的合夥組織，有同族、同鄉合夥者，也有不同鄉、不同族合夥者。[36] 四川錢莊的合資者，有不同支系的族人，也有來自本地或外縣、外省之投資者。[37]

　　合夥企業由於常委託經理人經營，有其風險，出資人常提出資本而轉投資於其他企業，因此開閉頻繁。合夥企業之利潤分配方式亦不利於再投資。根據 1930 年之調查，在吉林、錦州、營口之 33 種營業中，流動資本利息是公積金利息之 7 倍；且在 82% 的利潤分配給投資者之後，僅有 18% 的利潤留存企業之內。[38] 此意味著合夥制度有不利於長期和大規模投資的一面。

　　由於以上調查來自經濟恐慌時期，也有可能是因商業之特殊不穩定所使然，因此似不能遽下論斷謂合夥制度不利於長期和大規模投資。另外由中國東北的聯號或當代臺灣臺南幫的情形來看，合夥制與長期和大規模投資並不相違。[39]

　　中國東北的聯號是由諸多分殊的合夥商業組織聯合組成。財東（出資者）與經理依其資本或勞力的貢獻度分配利潤，其利潤分配原則載諸稱為「紅帳」的契約書。若企業發展順遂，財東與經理可聯合其他商店的財東與經理另組聯號。新的聯號可從事其他行業或設於其他地方。因此一位富有的財東可能同時投資於油坊、雜貨及錢莊。分支的聯號有的

---

33　Max Weber, *The Religion of China* (New York: The Free Press, 1951), pp. 95-96.

34　范毅軍，〈對外貿易與韓江流域的經濟變遷（1867-1931）〉（臺北：國立臺灣師範大學歷史研究所碩士論文，1981），頁 41。

35　溫振華，〈清代臺北盆地經濟社會的演變〉，頁 66-67。

36　李和承，〈清末民初東北民族資本中聯號的研究（一八六〇-一九三一）〉（臺北：國立臺灣師範大學歷史研究所碩士論文，1982），頁 71-73。

37　張淑芬，〈近代四川盆地對外貿易與工商業變遷〉，頁 101。

38　雷慧兒，〈東北的豆貨貿易（一九〇七-一九三一年）〉，頁 84。

39　東北聯號見：李和承，〈清末民初東北民族資本中聯號的研究（一八六〇-一九三一）〉；臺南幫見：Ichiro Numazaki, "Networks and Partnership: The Social Organization of the Chinese Business Elite in Taiwan," (Ph. D. thesis of Michigan State University, 1992), pp. 117-124; 謝國興，《企業發展與台灣經驗—台南幫的個案研究》，頁 65-106（第 2 章）、215-238（第 5 章）。

帳目獨立於主店之外（聯東不聯財），有的與主店共有帳目（聯東聯財）。聯號不僅是一個貨物流通的網絡，也是一個資金流通的網絡，其較便宜的資金成本也可保證較低的商品售價。[40]

中國東北最早設立的聯號是 1664 年在奉天設立的絲房——「天合利」。該商號 1744 年在法庫縣設立「天合永」雜貨鋪分號；1833 年在奉天另設立「天合東」絲房；光緒年間（1875-1908）在長春設立「天合洪」、「天合慶」兩間雜貨鋪；1880 年在吉林設「春合昶」雜貨鋪；1897 年在綏化設「天合彩」雜貨鋪；1901 年在哈爾濱設立「天合泰」雜貨鋪。至 1925 年，根據滿鐵的調查，中國東北已有 597 個聯號組織。[41]

1995 年前後臺灣臺南幫的合夥制與中國東北由 17 世紀延伸到 20 世紀的聯號制頗為類似。臺南幫的形成始自合夥，合夥人常在發展新事業時繼續合作；同時合夥人開創自己的事業時，也常常沒有離開他出身的企業。在臺南幫的相關企業中，董事會只決定大的發展方向，企業的總經理享有人事與財政的自主權。[42]

臺南幫是 1995 年時臺灣前十大企業集團之一。相較於臺灣的其他九大企業集團主要是由單一家族所掌控，臺南幫採用合夥制，固然不表示合夥制是一個強勢的商業傳統，但至少證明這個傳統與現代並不牴觸。[43]

此外，即使今日已經演變為現代公司的臺灣企業，仍可發現很多與

---

40　李和承，〈清末民初東北民族資本中聯號的研究（一八六〇-一九三一）〉，頁 40-57。

41　李和承，〈清末民初東北民族資本中聯號的研究（一八六〇-一九三一）〉，頁 41-43。

42　謝國興，《企業發展與台灣經驗—台南幫的個案研究》，頁 215-238（第 5 章）。

43　臺南幫在臺灣十大企業中採用合夥制特別成功，連帶產生一個問題：商業的合夥制是否與移墾時代的土地所有型態有所關聯？在移墾時期，臺南北部較多小地主，而少大地主。可參見郭雲萍，〈國家與社會之間的嘉南大圳（1920-1945）〉（嘉義：國立中正大學歷史學研究所碩士論文，1995），頁 124-125。在清代時，臺南北部從事蔗糖加工的資本，其積累方式與高雄地區不同。高雄有濃厚的獨占性質，由大資本家提供資本，農民大多只是勞工。臺南則是合夥的模式，或由 2 至 5 位富農合資經營，或由 20 多位蔗農合股經營。參見林滿紅，《茶、糖、樟腦業與臺灣之社會經濟變遷（1860～1895）》，頁 119-120。而就合夥制之顯著存在於新墾地的滿洲地區的 200 年老店之中，以及當代臺灣兼營紡織、水泥、建築、銀行、投資公司、24 小時便利商店的現代企業之中，也令人思考：合夥制是否為移墾時期較平等的土地分配制的長期延續？

以往合夥相似的作法。例如股東間非常重視親密或信任關係，股東間理念不合或利益衝突時以「退股」來解決，「暗股」的存在使自己不出名而純以他人名義出資，股東將閒錢存放於公司孳生利息，股東與公司相互借錢周轉資金，或公司債權人要求負責經營的股東個人負連帶保證責任等等。這些行為，有的根本違反現今法律規定。例如，中華民國公司法第十五條，即明文禁止公司資金之借貸於股東，但是人民緣於長久以來固有的合股習慣，還是照做。[44]

### （三）中小商人活躍於各層級的商業舞臺

強調骨肉綿延更勝於家業綿延的家族綿延觀念，使中國企業的雇員往往不如日本企業的雇員忠誠，中國企業的壽命也往往較日本或美國的企業為短；[45] 加上，合夥制下的集資者可能分去大部分利潤而使企業規模難以擴大，兩者都可以用來解釋中小企業在中國社會的顯著存在。

在傳統中國，即使是長程貿易商也多為中小商人。各地的會館多為來自同一省分的商人聯合組成，這些商人頗多從事長程貿易。蘇州商人會館中的商人捐款，捐銀 6 兩至 66 兩者有 15 家，捐銀 1 兩至 5 兩者有 210 家，這表示會館商人多為中小商人。[46]

從事國際貿易活動的華商頗多也是中小商人。1850 年由金門前往長崎拓展臺灣、中國及日本貿易的泰益號，是由 6、7 名福建同鄉以 7,000 墨西哥銀元合夥開設，店東由合夥人之一擔任，雇工約有 10 名。[47] 日治時

---

44　王泰升，〈台灣企業組織法之初探與省思——以合股之變遷為中心〉，收入賴英照教授 50 歲生日祝賀論文集編輯委員會編，《商法專論——賴英照教授五十歲生日祝賀論文集》（臺北：月旦出版社，1995），頁 87-88。

45　范揚富，〈家族企業管理承續之研究〉，頁 88-91；天下雜誌編輯部，〈中日繼承關係比較——為什麼「富不過三代」？〉，《天下雜誌》，期 63（1986 年 8 月），頁 35；林大均譯，〈日本企業家族主義〉，《勞工之友》，期 457（1989 年 1 月），頁 24-27、期 458（1989 年 2 月），頁 30-31。

46　劉廣京，《經世思想與新興企業》（臺北：聯經出版公司，1990），頁 317。

47　朱德蘭，〈明治時期長崎華商泰昌號和泰益號國際貿易網絡之展開〉，《人文及社會科學集刊》，卷 7 期 2（1995 年 9 月），頁 53-75。

期泰益號與臺灣中小商人間之貿易遠多於其與在臺日本商人間之貿易。[48]
明清市鎮有時較行政中心從事更多國內與國際貿易，[49] 也可以是中小商人
從事長程貿易的一種證據。

　　中小規模的經濟組織在中國傳統中舉足輕重。即使是漢至六朝的莊
園經濟，亦不過是以約 1.5 頃的耕地，加上約 10 人的勞動力所組成。其
他朝代的每一農場，耕地面積約為 1 頃，勞動力約為 5 至 6 人。中國歷
史上雖有大地主，但其所擁有的土地常零散分布各地，單位耕地面積因
而狹小。中國歷代的大地主可能擁田數十頃，甚至千頃，但較之英、德、
俄等國地主之常擁田數萬頃，相對為少。中國也有大規模經濟組織，如
水車之用於大規模灌溉、棉紡、磨麥及榨油等生產活動。明清時期之棉
紡織業，即有百萬畝之大棉田供應棉花，大紡車畫夜可織紡百斤。中國
也有大規模的運河、道路與船隻。1800 年以前的中國擁有當時世界最大
的首都城市，但直至民國時期中國仍有 93% 的資源分布於集鎮地區。適
用於小規模交易的低值銅幣在中國貨幣史上之長期而大量使用，亦為中
小規模經濟組織在中國歷史上長期占優勢之一並行現象。[50]

　　戰後臺灣，以 1981 年的工商普查為例，中小企業占企業數 99%，占
就業人數 62%，占總產值 41%。中小企業是拓展臺灣外銷的開路先鋒，
以 1985 年為例，臺灣的出口總額有 90% 由其出口，[51] 這也顯示傳統中國
以中小規模為主的經濟組織在當代臺灣的持續存在。

　　由臺灣彰化、雲林移居臺北五分埔的成衣業者可看出傳統農民轉而
從事中小企業後的高度活力。他們的勤奮幾乎到了自我剝削的地步。他

---

48　朱德蘭，〈日治時期長崎華商泰益號與基隆批發行之間的貿易〉，收入張彬村、劉石吉主編，
　　《中國海洋發展史論文集》，輯 5（臺北：中央研究院中山人文社會科學研究所，1993），
　　頁 427-465。

49　劉石吉，〈明清時代江南地區的專業市鎮〉，《食貨月刊》，卷 8 期 6（1978 年 9 月），
　　頁 274-292、卷 8 期 7（1978 年 10 月），頁 326-337、卷 8 期 8（1978 年 11 月），頁 365-
　　380。

50　林滿紅，〈中國傳統經濟的特徵〉，頁 59-108。

51　古浦孝雄編著，雷彗英譯，《台灣的工業化—國際加工基地的形成》，人間台灣政治經濟叢
　　刊第 4 卷（臺北：人間出版社，1992），頁 3-5。

們常倚靠血緣、地緣關係獲致生產原料、資訊、資金與市場。這種傳統式的商業組織，1993 年時在加工業的發展過程中扮演重要角色，且有由鄉村移遷都市的現象。[52] 這種強調人際關係的中小規模經營方式也存在於現代大規模企業之中。一個大規模的企業，也有可能有若干是以傳統或小規模的方式經營的。但其員工之間的關係往往是人與事不分，以人際關係的成功來尋求滿足。相對於五分埔成衣業者的生命活力，此等大企業中的傳統部門員工，則不若強調就事論事以及工作表現與成效，而同是此大企業中的現代部門員工士氣高昂。[53]

### （四）政商關係密切

根據 1930 年代日本人在中國東北的調查，透過合夥集資成立的商號名稱，都與投資者的真實姓名有別，官員們尤其歡迎這樣的隱匿。[54] 傳統中國的官僚家庭有很多從事商業投資。明代嘉靖年間的士紳家庭曾與中小商人合作海上走私貿易。[55] 清代臺灣與福建的郊商頗多來自福建的官僚家庭，其中有四川總督、兩廣總督的家人成為眾郊之首。[56] 晚清江西九江的金融資本主要是官僚的私人投資。[57]1870 年汕頭一個富裕商店主要由包括提督在內的地方官僚認股開設。[58]19 世紀晚期中國的南幫票號為晚清中興名臣如李鴻章與左宗棠等的家人或幕友所開設。[59]

商人也透過各種方式影響官僚體系。明清時期有更多的士紳來自商

52　柯志明，《臺灣都市小型製造業的創業、經營與生產組織——以五分埔成衣製造業為案例的分析》（臺北：中央研究院民族學研究所，1993）。

53　楊國樞，〈現代性員工與傳統性員工的環境知覺、工作滿足及工作士氣〉，收入楊國樞、黃光國、莊仲仁主編，《中國式管理研討會論文集》（臺北：國立臺灣大學、中國時報，1984），頁 260-291。

54　雷慧兒，〈東北的豆貨貿易（一九〇七-一九三一年）〉，頁 83-84。

55　林麗月，〈閩南士紳與嘉靖年間的海上走私貿易〉，《臺灣師大歷史學報》，期 8（1980 年 5 月），頁 91-112。

56　林滿紅，〈清末大陸來臺郊商的興衰——臺灣史、中國史、世界史之一結合思考〉，《國家科學委員會研究彙刊：人文及社會科學》，卷 4 期 2（1994 年 7 月），頁 186-187。

57　謝世芬，〈九江貿易研究〉（臺北：國立臺灣大學歷史研究所碩士論文，1977），頁 184。

58　范毅軍，〈對外貿易與韓江流域的經濟變遷（1867-1931）〉，頁 39。

59　宋惠中，〈票商與晚清的官僚體系（1864-1911）〉（嘉義：國立中正大學歷史研究所碩士論文，1995），頁 32、35。

人家庭。[60]山西商人因為對清室入主中原及乾隆十全武功等軍事行動提供軍需,而獲享貿易特權。19世紀下半葉,票號常為官員代辦捐納以及存、放、匯兌他們的私人款項。[61]

在傳統商人與官僚體系的這些非正式的深層關係之外,也有其彼此之間的正式關係。以清代蘇州的會館公所為例,隨著16世紀以來長程貿易的擴張以及手工業的興起,有更多的會館公所由政府立案設立,其「聯鄉誼」與「辦善舉」的基本任務,可以協助政府管理都市外來人口以及解決都市貧窮問題。因此,清朝政府與商人團體間的正式關係事實上是日趨密切。[62]

但上述的正式關係比起非正式關係似乎來得薄弱,而且是政府有求於商人的關係,大部分的商人活動主要仍由商人自理。到了清初,商人團體也有了更多的自由空間。[63]

這種非正式關係較正式關係密切的官商關係,到了近代的中國大陸或臺灣,有多種變貌,本文將於「四、臺灣的蛻變(二)國家因素的影響」一節論及,但官商關係密切仍為當前臺灣商業的一種特色。

## (五)宗教是影響商業活動的重要力量

在傳統政府對商人的正式扶植或規範不多的背景之下,宗教相對地是影響傳統中國商業活動的重要力量。

近世中國宗教有逐漸肯定商業活動的思想推衍。中國古代的經世思想在六朝時轉而模糊。六朝時期世家大族支配知識,其所關注以考據之學與禮學為主,與社會較為脫節。中唐的禪宗率先倡導重整社會秩序,並企圖走入社會。儒家(尤其是陽明學派)和道教踵繼其後。這三個宗

---

60　余英時,《中國近世宗教倫理與商人精神》(臺北:聯經出版公司,1987),頁104-120。

61　宋惠中,〈票商與晚清的官僚體系(1864-1911)〉,頁35-49。

62　邱澎生,〈商人團體與社會變遷〉,頁239-240。

63　邱澎生,〈十八、十九世紀蘇州城的新興工商業團體〉(臺北:國立臺灣大學歷史研究所碩士論文,1988),頁43-45。

教共有的宗教倫理：勤勉、誠實、為善，因而擴散至一般大眾。三者的宗教知識傳播方式，也使明清時期商業書籍的刊印與閱讀成為可能。東家和伙計共有的宗教倫理，使東家得以對伙計採取較為嚴格的訓練。這些宗教所強調的家庭關係，也有助於維繫以家庭關係為基礎的中國商業組織。由於宗教肯定公益事業，商人從事此等事業，也易贏得社會尊敬。明代以前，只有學者、官僚的著作論及商人的重要性，明代以後，則有商人開始著書立說，說出他們自己的重要。[64]

在以上宗教教義之外，宗教儀節也可為商業活動提供動機與規範。做為清代從事陸臺貿易或島內貿易大批發商的郊商與宗教之間關係密切。郊首常稱「爐主」，成員常稱「爐下」（或「爐腳、爐丁」），爐指祭神用香爐。爐下需守郊規，在「緣簿」上登記住所、店號及所負擔經費數額。爐下常在媽祖或其他神明誕辰時聚會宴飲並討論郊內事務。[65]爐主由爐下在神前擲筊抽籤產生，必須負責提供祭祀的香火及酬神的戲劇。寺廟常為諸郊之辦公場所。諸郊於寺廟或會所內，置有公秤、公磅、公斗、公量，以為各行商交易秤量標準。[66]在日本領臺之初，僅有少數清代郊規形諸文字，[67]法律規定之少可能與宗教對商業活動有強大約束力互為因果。

在進入現代法治社會之後，宗教在提供行為規範方面，雖不若法律有約制性，但仍在提供動機與整合商業組織方面有所助益。日治時期臺北的大稻埕商人曾利用神明誕辰紀念活動促銷商品。[68]若干當代研究也認為宗教信仰有助於現代企業的經營。企業領袖的宗教信仰，不論是基督教、佛教或道教都強調誠實、守法、關心社會。此種企業的員工對企業常更有奉獻心，其內部也更能和諧。[69]

---

64　余英時，《中國近世宗教倫理與商人精神》，頁 121-135。

65　卓克華，《清代臺灣的商戰集團》（臺北：臺原出版社，1990），頁 58-59。

66　卓克華，《清代臺灣的商戰集團》，頁 141。

67　卓克華，《清代臺灣的商戰集團》，頁 58-86、144-152。

68　宋光宇，〈霞海城隍祭典與臺北大稻埕商業發展的關係〉，《中央研究院歷史語言研究所集刊》，卷 62 期 2（1993 年 4 月），頁 315-323。

69　黃雲龍、徐木蘭，〈企業高階主管宗教信仰對經營管理實務的影響〉，「企業組織、社會文化關係與文化慣行－華人社會的比較研究學術研討會」，臺北：中央研究院民族學研究所，

長榮海、空運董事長張榮發篤信一貫道，在臺灣、美國、東南亞均廣設道場，並親往講道；臺南製造制服的大衛公司將靈修、團契帶入員工生活，用基督教之財物共享觀念激勵員工將工作所得在公司納股，皆為現代企業在制度化經營之外的傳統潤滑劑。[70]

整體而言，民間信仰與戰後臺灣經濟同時成長，但在此傳統現象更加延伸的過程中也有些微變化。傳統時期的宗教與地方社區的連結較深，但現代以後，則較滿足個人心理所需。現代社會中更多的投機、競爭與空虛，提供宗教信仰更多的發展空間，例如，單一民間廟宇崇奉神明數目日增，即反映現代人多角經營以避風險的心態。[71]

以上所述臺灣商業經營中的中國傳承，包括：（1）由家族擁有並由家族經營的家族企業；（2）同族或不同族的人合資或合營或委託他人經營的合夥集資方式；（3）頗多中小規模的商業組織；（4）密切的官商關係；（5）宗教是影響商業活動的重要力量等項，究竟與其他的文化傳承有何異同，非本文所能嚴謹論述，本文只就臺灣相關研究指出臺灣的商業經營仍然留有上述的中國傳承。隨著明清之際漢人大量移墾臺灣以來，臺灣的商業經營，除或多或少延承以上傳統之外，也隨著市場與政權變遷而起變化。以上討論臺灣商業經營的中國傳承包括商業的內外部經營兩個層面，但在因市場與政權變遷而起變化的討論中，所直接涉及的是商業的外部經營，其牽涉內部經營的部分原較間接，加上相關研究較少，故以下兩節的討論以臺灣商業的外部經營為主，內部商業經營的蛻變僅偶而論及。

## 三、在臺灣的蛻變（一）：市場力量的牽引

本節有關市場與商業的討論，將分四段。第一、二段討論臺灣與中國大陸在 17 至 19 世紀上半葉，如何與世界經濟更加緊密關聯。第三、

1992 年 9 月 15-17 日，頁 15-17。

70　孫中英，〈把宗教帶進企業經營〉，《聯合報》，1996 年 12 月 2 日，版 19。

71　李亦園，〈臺灣民間宗教的現代趨勢──對彼得柏格教授東亞發展文化因素論的回應〉，收入黃紹倫編，《中國宗教倫理與現代化》（臺北：臺灣商務印書館，1992），頁 113-129。

四段討論日本的領臺如何造成往後百年臺灣貿易對象由以往之以中國大陸為主，轉而先以日本為主，而後以美日為主。貿易對象的如此轉變顯著地減少了臺灣與中國大陸的商業關聯，但前一階段的中國商業傳承或商業擴張則使臺灣本土商人趁勢崛興。

## 1. 17 至 19 世紀上半葉：臺灣、中國大陸與世界經濟更加緊密連結

銅錢主要是供應地方及零售貿易之用；銀主要是供長程及大宗貿易之用；紙幣兼供兩者之用。而明代以前，銅錢與紙幣主要由政府發行，銀幣主要由商人經國際貿易換取。所以當明清之際，中國使用的貨幣由政府發行的紙幣及低值的銅幣為主，轉為以高值且為民間商人掌控的銀幣為主，實已象徵著長程貿易商人的崛起。[72] 崛起於國際貿易之中的長程貿易商人，不單指涉中國商人，也包括 16 至 18 世紀東來之西方商人。

在中外商人之中，中國商人享有雄厚勢力值得注意。1661 年在臺灣的荷蘭東印度公司之所以輕易為鄭氏政權驅逐，是因為該公司在臺灣拓展商貿時，很多方面得倚仗鄭氏家族協助。[73] 這是 16 至 18 世紀華商在東亞水域占有貿易優勢的一個樣本。16 至 18 世紀東亞水域華商占有貿易優勢的理由有四：（1）歐洲對亞洲的商業需求大於亞洲對歐洲的商業需求；（2）外人難以打入中國市場；（3）此時西方人以帆船為主的航海技術，需倚靠華商在東亞水域的散居網，逐島補給或買賣物資；（4）華商小規模經營的高度效率。[74]

中國長程貿易商人之崛起於國際貿易之中，使中國大陸或臺灣的經濟更易受國際經濟的影響。就 18 到 19 世紀廣東行商的檔案看來，在 1760 至 1810 年代，廣東行商曾因貿易的順利而更加興盛；1820 至 1843

---

72　林滿紅，〈中國傳統經濟的特徵〉，頁 81。

73　曹永和，《臺灣早期歷史研究》，頁 375。

74　張彬村，〈十六至十八世紀華人在東亞水域的貿易優勢〉，收入張炎憲主編，《中國海洋發展史論文集》，輯 3（臺北：中央研究院中山人文社會科學研究所，1988），頁 345-368。關於 16 至 18 世紀歐洲對亞洲的商業需求大於亞洲對歐洲的商業需求一點，近人 Richard Von Glahn 曾由中國之迫切需要外來的白銀而提出不同的看法。

年間，廣東行商曾因清政府的過度需索而顯著衰微，唯獨潘家例外。[75] 但此一變化實有更深遠的世界經濟起伏的因素在。18 世紀以降的中國，因為倚賴拉丁美洲的白銀日深而與世界經濟更加緊密連結。18 世紀末葉，中國曾因世界銀供寬鬆而經濟繁榮；19 世紀初期，中國則因世界銀供緊縮而經濟衰頹。經濟繁榮時，帝國政府與商人均獲其利；經濟衰頹時，帝國政府與商人均蒙其害。在繁榮的年代，雖然商人對清朝政府捐輸或捐納頗多，負擔並不沈重；在衰頹的年代，雖然捐輸或捐納減少，仍不堪負荷。[76] 以往學者頗多認為往來貿易於臺灣與大陸間的郊商，在 1820 年代至 1895 年之間衰微，並將其歸因於中國傳統商業組織之不敵西方競爭。以往的論據實多建立在 19 世紀早期的證據上，而此時期也正是臺灣與中國大陸皆受到世界銀根緊縮經濟衰頹波及的時期。[77]

## 2. 19 世紀下半葉：西力東漸，本土商人更加強大

19 世紀晚期，尤其是 1850 至 1880 年代，郊商頗為榮興。在此期間，郊商增加了他們往返於兩岸之間的貨運量及舶板數量。此外，19 世紀下半葉世界市場的擴張也締造了臺灣的新型商人，買辦如李春生、陳福謙或豪紳如林維源、林朝棟等都直接因世界市場的擴張而崛起。而除了倚賴西方資本以外，臺灣的郊商更倚賴中國大陸的山西票號與錢莊提供資金。[78] 因此，臺灣的商業經營不僅直接由世界市場的擴張獲利，也可分享世界市場為中國大陸帶來的更多商機。

雖然西力東漸之後，中國有頗多對外貿易為外國商人所支配，但中

75　陳國棟，〈論清代中葉廣東行商經營不善的原因〉，《新史學》，卷 1 期 4（1990 年 12 月），頁 1-40；陳國棟，〈潘有度（潘啟官二世）——一位成功的洋行商人〉，收入張彬村、劉石吉主編，《中國海洋發展史論文集》，輯 5，頁 245-300。

76　林滿紅，〈中國的白銀外流與世界金銀減產（1814-1850）〉，收入吳劍雄主編，《中國海洋發展史論文集》，輯 4（臺北：中央研究院中山人文社會科學研究所，1991），頁 1-44；林滿紅，〈嘉道錢賤現象產生原因「錢多錢劣論」之商榷—海上發展深入影響近代中國之一事例〉，收入張彬村、劉石吉主編，《中國海洋發展史論文集》，輯 5，頁 357-426；林滿紅，〈世界經濟與近代中國農業—清人汪輝祖一段乾隆糧價記述之解析〉，收入中央研究院近代史研究所編，《近代中國農村經濟史論文集》（臺北：中央研究院近代史研究所，1989），頁 291-326。

77　林滿紅，〈清末大陸來臺郊商的興衰〉，頁 173-193。

78　林滿紅，〈清末大陸來臺郊商的興衰〉，頁 184-185。

國內部的區間貿易卻主要控制在本國商人手中。[79] 在外國商人當中，只有俄商與日商，因為努力學習中國的語言及習慣，而較不仰仗中國的買辦。俄國商人在江西購買茶磚，[80] 日本商人在中國東北、天津和四川販售棉織品，都可以超過中國商人。[81]

其他國家的商人在中國境內貿易時則常受制於中國商人。中國的度量衡缺乏固定的換算標準，不同的貨品有不同的佣金，使用不同的銀色，是外商進入中國從事區間貿易的一大限制。[82] 中國商人習慣於貸款給農民，外國商人則因不熟悉市場情況而不敢貿然嘗試。[83] 嚴格的行會保護則是外商的另一種阻礙，以汕頭和芝罘地區為例，商人若未得到行會准許而與外商接觸，將被抵制至其破產。[84]

本土商人還可能因為對本身社會的人際網絡較為熟悉而取得較便宜的資金。以中國東北的聯號制度為例，由於聯號的信用體系可以使其減少三分之一的資金成本，所以當 19 世紀晚期中國東北開放通商口岸之後，這些聯號可以和英國商人競爭，而投資於諸如鐵路、現代銀行和輪船公司等現代企業。在西方國家帶來更廣大的市場與便利的運輸工具之下，中國東北聯號的外貿網絡還擴展至大阪、橫濱、上海、山東和臺灣等地。[85]

到了 19 世紀，即使東亞世界提供給西方的主要是農產品，但農產品也可以有相當壟斷性的出口市場結構。例如，清末臺灣對美國的茶出口，因為美國消費者對臺灣烏龍茶的偏好，而壟斷性很高。[86] 而就整個清末中

79　林滿紅，〈口岸貿易與近代中國〉，收入中央研究院近代史研究所編，《近代中國區域史研討會論文集》，頁 892-895。

80　謝世芬，〈九江貿易研究〉，頁 106。

81　雷慧兒，〈東北的豆貨貿易（一九○七-一九三一年）〉，頁 158；劉素芬，〈煙臺貿易之研究〉（臺北：國立臺灣大學歷史研究所碩士論文，1982），頁 129。

82　張淑芬，〈近代四川盆地對外貿易與工商業變遷〉，頁 94。

83　李和承，〈清末民初東北民族資本中聯號的研究（一八六○-一九三一）〉，頁 60。

84　范毅軍，〈對外貿易與韓江流域的經濟變遷〉，頁 53；劉素芬，〈煙臺貿易之研究〉，頁 129。

85　李和承，〈清末民初東北民族資本中聯號的研究（一八六○～一九三一）〉，頁 121-140。

86　林滿紅，《茶、糖、樟腦業與臺灣之社會經濟變遷（1860～1895）》，頁 21。

國或臺灣而言,其貿易條件(進口品單價除以出口品單價之平均值)也沒有顯著惡化。[87]

墨菲(Rhoads Murphey)曾指出中國近代的通商口岸與內陸之間有所脫節,但鴉片戰爭前夕,中國區間貿易值約 3 億 8 千 7 百萬兩,此一數值至 1908 年已達 7 億 3 千萬兩。[88]可見中國區間貿易的擴展。

在海外及國內市場拓展之時,中國大部分在集鎮之中進行的經濟活動,距離國際市場或是國內較大的城市非常遙遠。能夠掌握市場訊息的商人,無論是傳統商人或新興商人,均可獲鉅利。在江西的茶葉市場,中間商可賺取 45-55% 的利潤,[89]中國東北大豆貿易的利潤高達 50%,[90]南臺灣的糖商則可獲得出口價值 55% 的利潤,此外另可在銀錢兌換中獲利。[91]晚清時期,頗多官督商辦企業資金來自買辦,[92]實因由於此。山西票商的資本在 1840 至 1905 年間也擴充了 10 倍。[93]1843 至 1937 年間上海錢莊與中小型的現代銀行同時滋長。[94]也在此長程貿易普遍擴張的背景之下,[95]19 世紀下半葉的臺灣郊商依然榮興,另有買辦或豪紳家族崛起。[96]

日本統治臺灣與朝鮮時,發現臺灣人比朝鮮人更加為市場需要而生產。同樣引進新的農作物品種,朝鮮人常需經濟警察強迫,才會採行;臺灣人則只要告以新品種將帶來更大好處即可。[97]為市場需要而生產的行

---

87　林滿紅,〈清末臺灣與中國大陸之貿易型態比較(1860-1894)〉,《臺灣師大歷史學報》,期 6(1978 年 6 月),頁 228。

88　林滿紅,〈清末社會流行吸食鴉片研究—供給面的分析(1773-1906)〉(臺北:國立臺灣師範大學歷史研究所博士論文,1985),頁 435。

89　謝世芬,〈九江貿易研究〉,頁 148。

90　雷慧兒,〈東北的豆貨貿易(一九〇七-一九三一年)〉,頁 155。

91　林滿紅,《茶、糖、樟腦業與臺灣之社會經濟變遷(1860～1895)》,頁 121-123。

92　林滿紅、呂實強,〈現代經濟的起步—清代的經濟發展〉,收入秦孝儀主編,《中華民國經濟發展史》,冊 1(臺北:近代中國出版社,1983),頁 16。

93　王業鍵,《中國近代貨幣與銀行的演進(1644-1937)》(臺北:中央研究院經濟研究所,1981),頁 64-71。

94　鄭亦芳,《上海錢莊(1843-1937)—中國傳統金融業的蛻變》(臺北:中央研究院三民主義研究所,1981),頁 12、216-220。

95　林滿紅,《茶、糖、樟腦業與臺灣之社會經濟變遷(1860～1895)》,頁 174-176。

96　林滿紅,《茶、糖、樟腦業與臺灣之社會經濟變遷(1860～1895)》,頁 174-176。

97　見本書,〈貿易與清末臺灣經濟社會變遷〉一文。

為，實為中國人所共有。1861 年當高效率的機器磨坊引進中國東北時，因為顧慮舊有的勞工與工具仍堪運用而未接受。但當日本與德國市場對中國東北豆貨大幅開放時，中國東北的大豆磨坊技術先後提升 3 次，以滿足市場所需。[98] 貨幣經濟在清代中國遠比日本殖民以前的朝鮮發達，[99]同為日本殖民地的臺灣與朝鮮的不同，實有清代中國與李氏朝鮮不同的成分在。

## 3. 日本領臺：轉移臺灣市場，臺灣本土商人趁勢崛起

臺灣自 17 世紀到 1895 年的約 300 年間，即使其間歷經荷治、鄭領兩個臺灣與中國大陸分治的時期及清末外商高度介入臺灣經濟活動時期，除了鄭氏領臺後期因受清初的海禁政策及明清鼎革之際的戰爭影響，陸臺貿易較為萎縮之外，中國大陸一直是臺灣的主要貿易對象（圖1.1.1）。但日治以後，臺灣的貿易對象由以中國為主轉而以日本為主。如扣除二次大戰期間因戰爭影響，臺灣與重慶政府統治的中國貿易中斷時期，就 1902 至 1937 年間的貿易額加以統計，臺灣對日本以外地區之貿易則為臺、中貿易之 4 倍，臺、日貿易又為臺灣對日本以外地區貿易之 4 倍，臺、日貿易亦為臺、中貿易之 16 倍。（圖 1.1.2）臺灣貿易對象在日治時期的這一急劇轉變，主要關鍵在於臺灣主權依馬關條約由清朝中國割讓日本（圖 1.1.3），日臺之間只須課國內稅，臺灣與中國之間則須課高額的國際關稅。加上日本政府對從事日臺貿易的日商有諸多津貼。原來從事陸臺貿易的郊商又因為與清朝的官僚體系有密切關聯，頗受 1911 年清廷傾覆之嚴重打擊。[100]

---

98　林滿紅，〈口岸貿易與近代中國〉，頁 903。

99　Carter J. Eckert, *Offspring of Empire: The Koch' ang Kims and the Colonial Origins of Korean Capitalism, 1876-1945* (Seattle: University of Washington Press, 1991)；趙祐志、蔡明達，〈紅太陽底下的「發展」—評介 Carter J. Eckert 著《OFFSRPING OF EMPIRE》並比較日本殖民時期臺灣和朝鮮的工業發展〉，《臺灣師大歷史學報》，期 21（1993 年 6 月），頁 229-256。該文曾描述日治以前朝鮮商業經濟之不發達。

100　林滿紅，〈臺灣資本與兩岸經貿關係—臺商拓展外貿經驗之一重要篇章〉，《臺灣經驗—歷史經濟篇》（臺北：東大圖書公司，1993），頁 69-71、102-106；林滿紅，〈經貿與政治、文化認同—日本領臺為兩岸長程關係投下的變數〉，收入林滿紅，《晚近史學與兩岸思維》（臺北：麥田出版社，2002），頁 288-292。

　　以日本為主要貿易對象之後,臺灣的生產以供應日本市場的農產品為主。再加上日本的擴張政策,北進一直重於南進,朝鮮則為日本北進的基地,其經濟發展以配合軍需發展的工業為主,不像臺灣之強調農業,因此 1911 至 1938 年間,朝鮮人口雖約為臺灣之 5 倍,但日本在朝鮮的農業投資占政府在該地投資之比例,約僅臺灣此一比例的一半。[101] 農業在臺灣大幅發展的結果,導致草根商人的崛起。1938 年,全臺約有 93 個商工會,共有會員 1 萬 3 千 5 百人,每一商工會的平均會員人數為 145 人,最大的商工會會員超過 800 人,並有 3 個全臺性的商工會聯合組織。約有 60% 的商工會設於人口少於 5 萬人的「街」(約當目前的鎮),超過 80% 的「街」曾設立商工會。商工會的大部分商人是米商或雜貨商一類的小型商人。

---

101　山本有造,《日本植民地經濟史研究》(日本:名古屋大學出版會,1992),頁 161。

圖 1.1.1 1870 年代與臺灣有帆船貿易往來的中國大陸港口

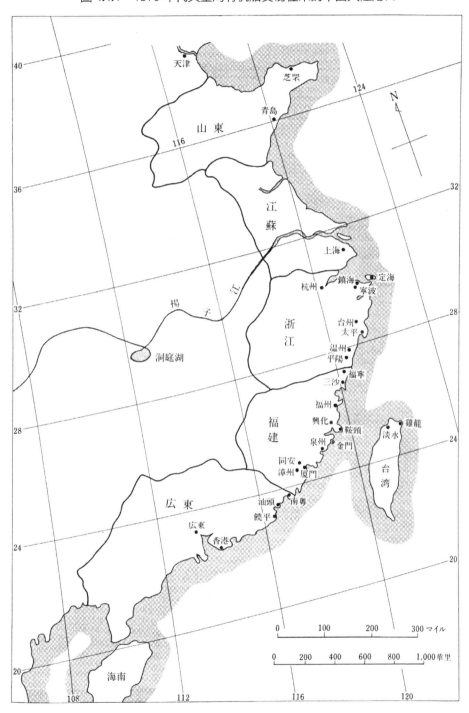

資料來源：濱下武志，《中国近代経済史研究 —— 清末海関財政と開港場市場圏 ——》，東京大學東洋文化研究所報告（東京：汲古書院，1989），頁 421。

圖 1.1.2　1937 年輪船、鐵路、公路連結日本本土與臺灣

說　明：原件為一組四幅之臺灣銀行宣傳明信片，由吉田初三郎繪製，京都祇園觀光社發行，株式會社臺灣銀行發行。1937 6 月 25 日臺灣軍司令部檢閱，1937 年 6 月 28 日第四四七號基隆要塞司令部許可。

資料來源：吉田初三郎繪，〈臺灣全島鳥瞰圖〉，1996 年覆刻。國立臺灣歷史博物館，〈吉田初三郎繪臺灣全島鳥瞰圖之一〉，2021 年 5 月 18 日檢閱。collections.nmth.gov.tw/CollectionContent.aspx?a=132&mo=2004.020.0030.0001，https:// collections.nmth.gov.tw/CollectionContent.aspx?a=132&mo=2004.020.0030.0001，2021 年 5 月 18 日檢閱。

圖 1.1.3　中日媾和條約（馬關條約）第二條漢和對照

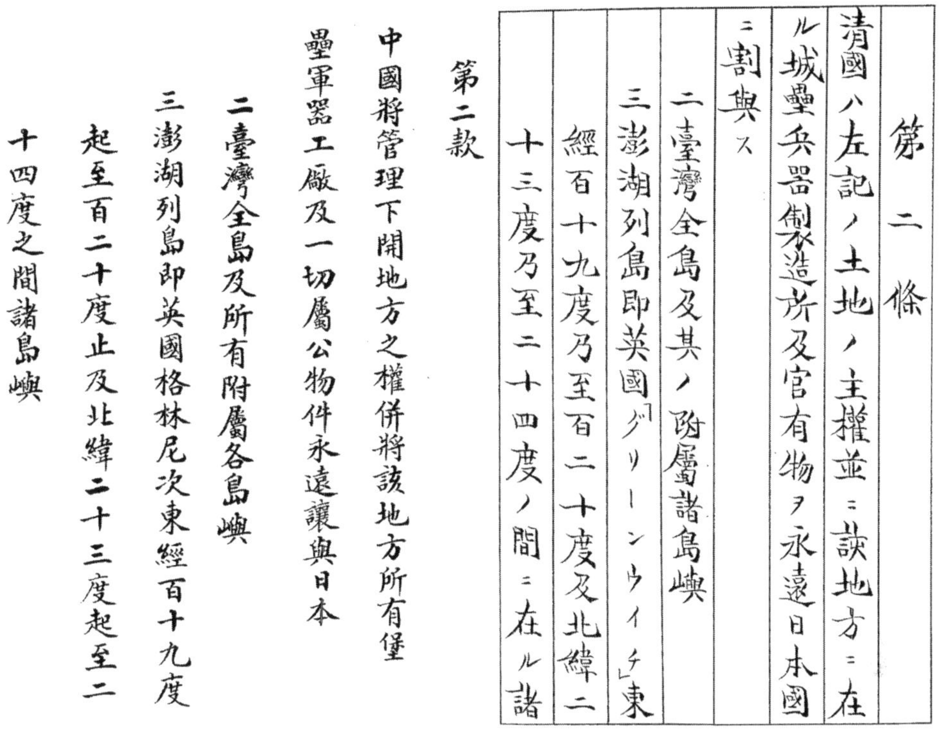

第二條

清國ハ左記ノ土地ノ主權並ニ該地方ニ在ル城壘兵器製造所及官有物ヲ永遠日本國ニ

二 割與ス

二 臺灣全島及其ノ附屬諸島嶼

三 澎湖列島即英國「グリーンウィチ」東經百十九度乃至百二十度及北緯二十三度乃至二十四度ノ間ニ在ル諸島嶼

第二款

中國將管理下開地方之權併將該地方所有堡壘軍器工廠及一切屬公物件永遠讓與日本

二 臺灣全島及所有附屬各島嶼

三 澎湖列島即英國格林尼次東經百十九度起至百二十度止及北緯二十三度起至二十四度之間諸島嶼

資料來源：日本外務省，〈日清媾和條約調印書（附屬地図あり）〉（1895 年 4 月 17 日簽訂），《外務省外交史料館・戰前期条約書・二国間条約・アジア・中国》，アジア歷史資料センター（以下簡稱 JACAR），檔號：B13090893700，頁 296-297、313-314。

　　由這些商會的活動看來，日治時期臺灣人的企業精神有所提升。在銷售技術方面，有了年終拍賣、祭典拍賣、特定主題商展、工商祭、商品陳列窗、藝閣遊行廣告、薄利多銷策略、演講、海外市場調查等現代促銷手段。此外，也有更精確的簿記技術。在商品陳列窗的比賽過程中，也建立了品牌概念。[102]

　　中國傳統的商人組織原有民主的成分，這可從清代臺灣的郊商見其端倪。他們在神祇之前抽籤選擇郊行的執事。其經費來源或依商號大小捐款，或透過置產、罰金、課稅、利息掙取收入。郊行必須提供祭祀費用以及學田、社會救濟與地方軍事防禦等其他支出。有一本公共的帳簿

---

102　趙祐志，《日據時期臺灣商工會的發展》（北縣：稻鄉出版社，1998），頁 147-241、494-495。

記錄所有的收入與支出。資產的契約長期置放郊行總辦公室，經常的帳目由一位執事保管，並由其他執事檢查。郊行的總辦公室也提供郊行所在城市進行公共討論的場所。[103]

中國的上海總商會，由清末到民國，也有很多民主化與現代化的發展。該商會越來越以組織化的管理委員會取代個人管理。該商會也從事更多的商業服務，包括開設學校、出版圖書、成立圖書館以傳播商業知識，並參與商業展覽。該商會成員的平均年齡也愈來愈低。[104]

日治時期臺灣商人的商工會在組織上比清代郊行執事可持續擔任的情況更為民主，其幹事乃由直接選舉產生，任期一年，所以每一個成員都有許多機會參與領導。此外，臺灣人的商工會幹事與會員的比率平均為1：6.8，階層結構相當簡單。尤其是會費低廉，連小商人也有能力參加，商工會對何種行業可以參加並沒有限制。許多日治時期商工會的領導階層，在戰後仍任臺灣商工會或民意機構要職，而比起中國大陸的商會，臺灣商工會分布在草根層級者更多。[105]

同樣在日本的殖民統治下，臺灣的本土商人較朝鮮的本土商人更有力量。在日治時期的朝鮮，日本商人滲入地方基層，但日治時期臺灣本土的中小商人較由日本來臺的中小商人在臺灣的地方基層更有勢力。[106] 由此也可看出日治時期臺灣以提供日本農產品為主的市場結構，使臺灣的商人階層更往下紮根。

日治時期臺灣的市場結構也使臺灣商人往外擴張。清末崛起於臺灣的買辦與豪紳資本，到了日治時期，連同其他較小型的臺灣商人，也有頗多隨著日本帝國的擴張而發展對華南、對東南亞、對中國東北的貿易。

---

103 卓克華，《清代臺灣的商戰集團》，頁111-115。

104 張桓忠，〈上海總商會研究〉（臺北：國立臺灣師範大學歷史研究所碩士論文，1994），頁47-87、106-115。此論文於1996年9月由臺北之知書房出版社出版。

105 趙祐志，《日據時期臺灣商工會的發展》，頁95、490。

106 金子文夫，〈第一次大戰後の対植民地投資—中小商工業者の進出を中心に〉，《社会経済史學》，卷51期6（1986年3月），頁16-63；趙祐志，《日據時期臺灣商工會的發展》，頁356-364。

在1895年日本領臺之前，臺灣商人較少直接到貿易對手國如當時的美國、英國、德國等進行外貿活動。

到了日治時期，則有 2 萬多位臺灣商人到島外累積這種經驗。臺灣商人向日本商人學得許多現代的商業手段或觀念，如新的廣告手法、透過股票積累資本、瞭解公司的生命可以超越投資家族的生命等。日治時期，夾於中日之間的複雜政治關係，加強了臺商在文化與政治認同方面的適應能力。臺灣商人彼此之間的正式與非正式結合也使臺灣的商人階層更加形塑。這些經驗對戰後臺灣的外貿擴展也奠定若干基礎。日治時期和戰後的臺灣商人，也逆轉了 1895 年以前 300 年間，資金與技術主要由中國大陸流向臺灣的歷史傳統，改而為近百年來資金、技術主要由臺灣流向中國大陸的局面。

## 4. 戰後臺灣：市場更加擴張，臺灣商業更加開展

國際市場的起伏與臺灣的國際市場結構深刻影響臺灣的商業經營。大致而言，由 1952 到 1986 年間，臺灣的國際市場，除 1974 年能源危機前後之外，大抵平順，1960 年代尤為順暢。國際市場的結構方面，戰後臺灣，除 1945 至 1949 年間，以中國大陸為主要貿易對象之外，一直以美日兩國為主要貿易夥伴。在 1952 至 1991 年間東西冷戰的格局底下，經由美國之影響，臺灣較韓國早與日本建立關係，也發展較多的合作。

1950 年代，臺灣對日本出口農產品、進口消費品，與日治時期相似。1960 年代以後，改由日本進口生產材料，出口製成品至美國。出口品由米、糖，到鳳梨、蘆筍、洋菇等罐頭食品，到合板、塑膠、纖維，到電器、機器，也有附加價值提高的趨勢。進口品則一直以生產材料、農產品為主。

進口品的生產材料，如棉花、石油、機器等，主要供公營企業及大型的民間企業生產國內所需商品之用。中小企業在國內市場無大發展空間的背景下，事實上是由出口帶動成長。在拓展出口的初期，除了華僑

居間媒介之外,很多是由日本商社在進口日本的生產材料到臺灣之後,
進而為之拓展外銷市場。1960 年代後期以來,由於美國大零售店的直接
定貨,跨國公司的交易,及臺灣廠商直接銷售增加,才使日本商社扮演
的角色相對減少。但隨著臺灣大型企業在國內的財富積累,以及美、日
經濟成長率的下滑,1991 年以後,臺灣的大型企業到中國大陸、東南亞
等地投資的趨勢顯著增加。[107]

　　以上幾次市場擴張之中,明清之際到 19 世紀中葉的市場擴張,除荷
治、鄭領時期之外,主要來自民間的自發力量,政府的推動較少;19 世
紀中葉的市場擴張,主要是列強要求下的結果。日本領臺與戰後臺灣所
造成的市場變化,則都有國家政策的影響。以下將進一步討論國家政策
在 19 世紀中葉以後,如何從其他方面影響商業經營;以及 1895 年之後,
臺灣與中國大陸所屬政權大致由同轉異,又如何影響臺灣與中國大陸在
國家與商業經營關係的同與異。

## 四、在臺灣的蛻變(二):國家因素的影響

### 1. 晚清臺灣受中國大陸重商政策影響

　　臺灣在荷治、鄭領兩個時期,也有重商政策存在。入清以後,則與
明末清初的政商關係相似,非正式關係多於正式關係。晚清時期臺灣的
政商關係,則又受同時期中國大陸的影響,而有重商政策的採行。有關
晚清臺灣的內地化理論,包含文化、政治各方面,[108] 然就經濟政策而言,
是中國大陸上重商政策的一個延伸。晚清時期臺灣商業稅之凌駕田賦,
政府對出口產業由消極變積極。[109]

　　雖然晚清的小說對於商業發展曾多所批評,[110] 但 1970 年代臺灣的許

---

107　谷浦孝雄編著,雷慧英譯,《台灣的工業化—國際加工基地的形》,頁 86。
108　李國祁,《中國現代化的區域研究—閩浙臺地區,1860-1916》(臺北:中央研究院近代史
　　研究所,1982),頁 13、169、172、179、477、528-531、566、576、607-608。
109　林滿紅,《茶、糖、樟腦業與臺灣之社會經濟變遷(1860～1895)》,頁 112、130-135、
　　162-165。
110　林慧君,〈晚清小說中所反映的中國商業界〉(臺北:國立政治大學中國文學研究所碩士

多學者都討論及 19 世紀下半葉重商政策在中國的崛起。[111] 對這些學者而言，在晚清時期，商人由歷史上的賤民轉為國家賴以富強的英雄，他們所經營的現代工業比農業能獲取更多外匯，也能繳交更多的稅。[112]

晚清的重商觀念與明末清初的體恤商人思想有所不同。明清之際或 19 世紀前期的體恤商人思想，大抵都與重農思想並提。[113] 大多數的發展中國家趨向於更快速的發展現代工業，同時延緩其現代（科學）農業的發展。晚清以降的中國，由於商業稅收在財政結構中的比重超過田賦，加上不停的外患與內亂威脅，也使其在急需武器和資金維護國家安全的前提下，更加無暇顧及現代農業。[114]

在晚清重商政策抬頭的同時，道光晚期至自強運動時期（1860-1895），經濟政策發生了由自由走向統制的轉變，[115] 此二者間似乎有不一致之處。事實上，重商只是相對於農業活動而言更強調商業活動，商人是否擁有更多的自主權則依時依例而異。例如輪船招商局，當政府需要商人幫助，商人也合力給予政府壓力，但政府仍處於支配的地位。[116]

整體而言，晚清中國的各級政府之間，政府與商人之間，大抵是相互合作的。這是因為他們有共同的利害關係。[117] 晚清政府與企業合作的

論文，1988）。

111　王爾敏，〈商戰觀念與重商思想〉，收入王爾敏，《中國近代思想史論》（臺北：作者出版，1977），頁 233-379；吳章銓，〈洋務運動中的商務思想—以李鴻章為中心的探討〉，收入李恩涵、張朋園等著，《近代中國：知識分子與自強運動》，食貨史學叢書 思與言論文選輯之四（臺北：食貨出版社，1972），頁 39-88；李陳順妍，〈晚清的重商主義運動〉，《中央研究院近代史研究所集刊》，期 3（1972 年 7 月），頁 207-221。

112　王爾敏，〈商戰觀念與重商思想〉，頁 235。

113　林麗月，〈試論明清時期商業思想的幾個問題〉，收入中央研究院近代史研究所編，《近代中國初期歷史研討會論文集》（臺北：中央研究院近代史研究所，1989），頁 711-733；林滿紅，《銀線》（臺北：臺大出版中心，2016 年二版），頁 206-207。

114　林滿紅，〈晚清的鴉片稅（1858-1906 年）〉，《思與言》，卷 16 期 5（1979 年 1 月），頁 49；林滿紅、呂實強，〈現代經濟的起步—清代的經濟發展〉，收入秦孝儀主編，《中華民國經濟發展史》，冊 1，頁 1-62；林滿紅、孫震、梁啟源，〈戰時復員與通貨膨脹〉，收入秦孝儀主編，《中華民國經濟發展史》，冊 2，頁 737-1013。。

115　林滿紅，《銀線》，頁 249-264。

116　范振乾，《清季官督商辦企業及其政商關係（一八七三-一九一一）》（臺北：時英出版社，1986），頁 43-45。

117　參見阮忠仁，《清末民初農工商機構的設立—政府與經濟現代化關係之檢討（1903-

理由最主要是經濟的民族主義。晚清有很多商會由政府立案設立,是為了對抗洋商,政府鼓勵商會制定商業法規,推進商業,以保利權;政府也透過商會徵課政府日益倚重的商稅。[118]

太平天國之役以後的最初幾年,票號開始承匯官方的京餉和協餉。除了匯兌,票號有時也代理公庫的銀錢出納。票號代理的公庫通常是置於總督、巡撫監督下的新設立機構,如海關、釐金、鴉片稅局,和徵收賠款的機構。票商也曾代理閩海關、浙海關、粵海關的海關官銀號。至於田賦、鹽稅和常關稅等由中央政府指派的布政使所監督的稅收,則仍維持裝解現銀的制度,直至 1903 年戶部才將庫款發交票號生息。[119]

上述的這些發展已使傳統時期官商之間關係雖然密切,但非正式關係多於正式關係的情況,轉變成較多較密切的正式關係。清末臺灣之所以有劉銘傳利用茶郊(清末在大稻埕成立的茶商同業公會)提振茶業,[120]增加隘勇保護樟腦業,[121]以及臺南郊商之協助徵課釐金,[122]是這一發展趨勢中的一環。

## 2. 日本領臺影響臺灣商業向草根及島外發展

臺灣由中國分出而納入日本統治,使 1895 年之後 51 年的臺灣與中國有了一個很大的不同。1895 年之後的中國財政因為賠款與戰爭而長年赤字。在 1842 至 1895 年間,中國雖然也有戰債,但在 1895 年前夕大致均已清償。甲午戰爭的賠款則為清廷常年歲入之 3 倍,[123]1905 年的庚子賠款更為清廷常年歲入之 5 倍。民國以後,戰費經常占政府歲入之

　　　1916)》,國立臺灣師範大學歷史研究所專刊(19)(臺北:國立臺灣師範大學歷史研究所,1988),頁 116-118。
118　邱澎生,《商人團體與社會變遷》,頁 242-243。
119　宋惠中,《票商與晚清的官僚體系(1864-1911)》,頁 54-85。
120　林滿紅,《茶、糖、樟腦業與臺灣之社會經濟變遷(1860～1895)》,頁 114。
121　林滿紅,《茶、糖、樟腦業與臺灣之社會經濟變遷(1860～1895)》,頁 134。
122　卓克華,《清代臺灣的商戰集團》,頁 142。
123　卓遵宏,〈甲午戰爭與清季貨幣金融改革潮〉,「甲午戰爭一百週年紀念學術研討會」,臺北:國立臺灣師範大學歷史研究所、歷史學系,1994 年 6 月 25-27 日,頁 598-599。

80%，由 1937 至 1948 年，政府財政赤字更增為 77 萬倍。[124] 臺灣為日本統治，不但免於此項財政負荷，在日本領臺之初，尚受日本財政補助。之後，臺灣財政相當富裕，歲入以官業收入為主，田賦次之。臺灣的財政收入也多再用於臺灣，其中以事業費居多。[125]

相對於臺灣之免於戰禍又有較多建設，整個晚清到民國時期的中國政府則不足以保障商業。例如在晚清與袁世凱當政時期，中國銀行與交通銀行往往成為政客應付急需的提款機。[126]1915 至 1929 年上海總商會的組織結構中，公共關係委員會一直是最重要的委員會，反映出商人要為不安定的政治付出相當代價。[127]

與此時的中國相比，日本相對顯得強勢。中國東北的聯號制度，在 20 世紀早期，已受到日本與俄國資本的壓榨，因為他們控制了鐵路與現代銀行，[128] 到了滿洲國建立，由於關稅的提高，限制了中國關內資本流入中國東北，聯號完全衰落。[129] 滿洲國成立期間，日本政府則降低大連的稅率，使其貿易值趕過原來的東北大港—營口。[130]

在日本統治下的臺灣，與商業經營密切相關的一項國家建設是商法的建立。日本領臺是臺灣有商業方面的國家立法的重要轉折點。在此以前，在商業的法律行為方面，只有民間彼此的約定而沒有國家訂定的商法。日本統治臺灣之後，一方面將臺灣原有的商業舊慣納入國家定制之中，一方面也由國家引入歐陸法系之商業法規。在將臺灣原有的商業舊慣納入國家定制的過程中，也多少摻入歐陸法系的概念。

124 林滿紅，〈評介張著「抗戰時期及戰後中國的通貨膨脹螺旋—兼評周舜莘、楊格的有關研究」〉，收入張玉法主編，《中國現代史論集》，輯 9：八年抗戰（臺北：聯經出版公司，1980），頁 287。

125 見本書，〈日治時期臺灣經濟史研究之綜合評介〉一文。

126 黃德銘，〈中國、交通兩銀行的發展與政府的關係（1896-1927）〉（臺中：東海大學歷史研究所碩士論文，1983），頁 35-36、68-81。

127 張桓忠，〈上海總商會研究〉，頁 66。

128 李和承，〈清末民初東北民族資本中聯號的研究（一八六〇-一九三一）〉，頁 71-75。

129 李和承，〈清末民初東北民族資本中聯號的研究（一八六〇-一九三一）〉，頁 144。

130 雷慧兒，〈東北的豆貨貿易（一九〇七-一九三一年）〉，頁 126。

　　例如，舊慣中的合夥組織原不具有歐陸法系中的「法人」地位，是以全部股東，而不以合股企業，做為合股財產的主體。在納入國家法制之後，合股企業雖然仍不是一個權利義務主體，但具有訴訟經理人的能力，已具有歐陸法系的合夥精神。此外，舊慣中的合夥並不因合夥事業的不同而有民事與商事之分，但納入國家法制後的合夥舊慣，因受歐陸法系民商法典分立的影響，經紀商、布商、當鋪商的合夥稱「商事合股」；商業以外，如製糖、魚塭、埤圳、開墾等為民事合股。

　　在臺灣舊慣如此羅馬法化的過程中，也發生將原來股東依所納股金比例賠償的有限責任制，改為無限連帶責任制的情況。另外，傳統合夥制與歐陸法之合夥制不同，後者之合夥人常共同經營合夥企業，前者在此種發展之外，常另請「家長」專門負責經營；前者蓄留公積金的傾向不若後者顯著。

　　日本統治臺灣之後引入的歐陸法系公司法，在 1922 年以前，原僅容許在臺日人依據此法成立具有法人資格之「會社」，但不少臺人結合日人成立此種公司，而 1923 至 1945 年間，臺人與日人均可開設此種公司。戰後中華民國政府的民商法，因與日治時期的民商法同屬歐陸法系，且中華民國政府之民商法亦深受日本影響，故除因受美援影響而有若干英美法的採行之外，日本治臺帶來的國定歐陸法系商法，一直延續至 1945 年以後的臺灣。[131]

　　國家影響商人最深的是政權的轉移。回顧明鄭與清朝在臺的政權轉移，1661 至 1682 年間在臺灣的明鄭政權所發展的對東南亞貿易，與對日本的貿易一樣重要。明鄭的商人到東南亞購買物資，華僑商人、外國商人也由東南亞來到臺灣。[132] 當明鄭為清所滅時，許多明鄭的部屬遷居至越南南部，他們幫助越南的國王恢復政權，並擔任其官職。[133] 此時越南

---

131　王泰升，〈台灣企業組織法之初探與省思—以合股之變遷為中心〉，頁 83-84。

132　鄭瑞明，〈臺灣明鄭與東南亞貿易關係初探—發展東南亞貿易之動機、實務及外商之前來〉，《臺灣師大歷史學報》，期 14（1986 年 6 月），頁 57-108。

133　參見鄭瑞明，《清代越南的華僑》，國立臺灣師範大學歷史研究所專刊（1）（臺北：國立臺灣師範大學歷史研究所，1976），頁 21-26。

分裂成南、北兩個政權，雖然清政府與北圻政權有封貢貿易，但封貢貿易比不上南圻政權和中國商人之間所進行的走私貿易。由於明鄭遺民的努力，南圻政權的繁榮超過北圻。[134]

圖 1.1.4　中日媾和條約（馬關條約）第五條漢和對照

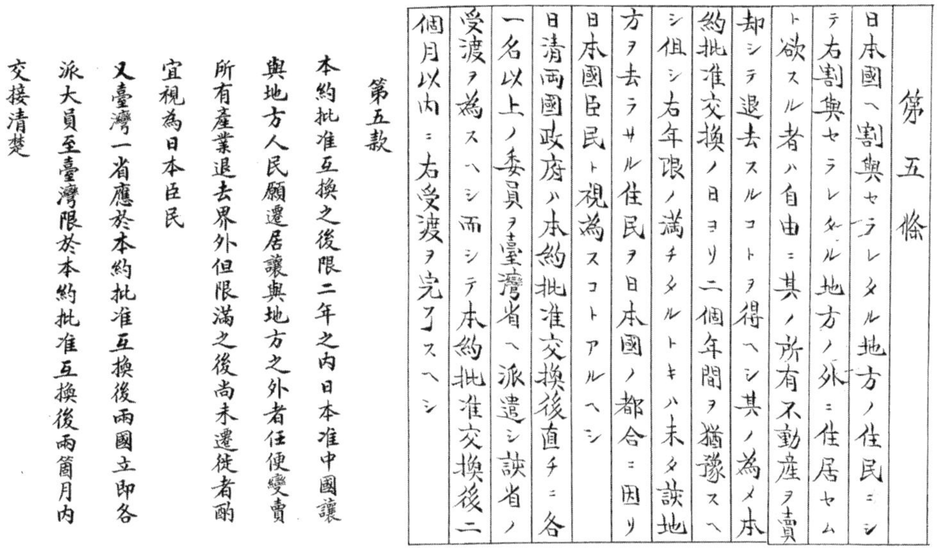

第五條
日本國ヘ割與セラレタル地方ノ住民ニシテ右割與セラレタル地方ノ外ニ住居セムト欲スル者ハ自由ニ其ノ所有不動産ヲ賣却シテ退去スルコトヲ得ヘシ其ノ為メ本約批准交換ノ日ヨリ二個年間ヲ猶豫スヘシ但シ右年限ノ滿チタルトキハ未タ該地方ヲ去ラサル住民ヲ日本國ノ都合ニ因リ日本國臣民ト視為スコトアルヘシ
日清兩國政府ハ本約批准交換後直チニ各一名以上ノ委員ヲ臺灣省ヘ派遣シ該省ノ受渡ヲ為スヘシ而シテ本約批准交換後二個月以内ニ右受渡ヲ完了スヘシ

第五款
本約批准互換之後限二年之內日本准中國讓與地方人民願遷居讓與地方之外者任便變賣所有產業退去界外但限滿之後尚未遷徙者酌宜視為日本臣民
又臺灣一省應於本約批准互換後兩國立即各派大員至臺灣限於本約批准互換後兩箇月內交接清楚

資料來源：日本外務省，〈日清媾和條約調印書（附属地図あり）（1895 年 4 月 17 日簽訂），JACAR，檔號：B13090893700，頁 299-300、318-319。

當清朝在臺政權為日本取代之際，也有臺灣商人移徙中國，但他們不像前往東南亞的明鄭商人般一去不返，而有返回臺灣者。根據馬關條約規定，1897 年以前未離開臺灣的臺灣人，都屬日本籍。臺灣人的海外子孫也可以入日本籍。（圖 1.1.4）當時一些臺灣人回到中國以維持中國籍。但中國大陸的戰爭與混亂，使許多回到中國的臺灣人感覺中國較臺灣更不安全，而回到臺灣。[135] 清末臺灣的郊商與山西票商都有官僚資本的成分，它們都隨著清政權的瓦解而沒落。[136] 臺灣新興商人有些與清政權的關係較不密切。再者，日本政府對於臺灣本土商人，採恩威並施的

134　呂士朋，〈盛清時期的中越經濟關係—兼述華人對南圻的開發〉，收入中央研究院近代史研究所編，《近代中國初期歷史研討會論文集》，頁 919-934。

135　臺灣總督府警視總長湯地幸平，〈支那並支那人ニ関スル報告（第五、六報）〉(1916 年 6 月 13、19 日)，《臺灣総督府政況報告並雜報》卷一，アジア歷史資料センター（JACAR），檔號：B03041647600、B03041647700。

136　宋惠中，〈票商與晚清的官僚體系（1864-1911）〉，頁 153-160。

策略，也是臺灣商人相當依附日本殖民政府的原因。

　　就臺灣的大商人而言，清末崛起的臺灣豪商板橋林家，即使日本領臺之初，因曾獲清廷優遇，而有部分族人移徙中國，但後來無論遷回臺灣或留居中國，都有很多與日本政府的合作。[137] 清末在臺北致富的買辦商人李春生，雖不忘對中國的富強提出建議，但在日本統治臺灣期間，卻因為日本可以帶來更多的現代化而選擇做為日本臣民。[138] 日治時期才漸露頭角的基隆顏家，雖不忘為臺灣人提出建言，與日本政府商人合作過程中也頻遭損失，但仍多方配合日本政府。[139] 這些臺灣巨商在日本統治臺灣時期曾發展大型現代企業。[140]

　　就中小商人而言，日本政府時常聯合日本的商工會壓迫臺灣商人的商工會。但日本政府也任命四分之三的臺人商工會領導人為基層政治領袖，二分之一為地方信用組合的執事，四分之一獲得專賣權。不僅反日的情緒因此緩和，臺灣商人也非常認同日本政府。他們比在臺的日本商人更熱衷於南進政策，也受日本政府鼓勵，申購更多臺灣拓殖公司的股票。他們的商工會也比在臺日人的商工會聘任更多的日本地方官員為榮譽會長、顧問或諮詢委員。即使有部分幹部是抗日運動的領導人，臺人商工會開會時，仍唱日本國歌、掛日本旗、高呼「日本帝國萬歲」。尤其在九一八事變以後，臺人商工會成為日本統制經濟的工具。[141]

　　由日治時期到中國大陸的臺灣商人更可以看出他們的日本認同。在戰後臺灣的歷史著作中，到中國大陸的臺灣人往往只論及 1937 至 1945 年間約有 400 個臺灣人回到中國參加對日作戰，但另有約 2 萬名臺灣商

137　許雪姬，〈日治時期的板橋林家──一個家族與政治的關係〉，收入中央研究院近代史研究所編，《近世家族與政治比較歷史論文集》，下冊（臺北：中央研究院近代史研究所，1992），頁 657-695。

138　黃俊傑、古偉瀛，〈新恩與舊義之間──日治時期李春生的國家認同之分析〉，收入中央研究院近代史研究所編，《認同與國家：近代中西歷史的比較論文集》（臺北：中央研究院近代史研究所，1994），頁 217-256。

139　陳慈玉，〈日本殖民時代的基隆顏家與臺灣礦業〉，收入中央研究院近代史研究所編，《近世家族與政治比較歷史論文集》，下冊，頁 625-656。

140　涂照彥，《日本帝国主義下の台湾》（東京：東京大學出版會，1975），頁 369-479。

141　趙祐志，《日據時期臺灣商工會的發展》，頁 489-490（結論）。

人前往中國大陸，其中不少參與提供物資給日軍的工作，則未被提及。臺灣的流氓在廈門賣鴉片、開妓院，並提供情報給日軍使其占領廈門。臺灣的商人在日軍占領上海前，仍聲稱自己是中國人，然而在日軍占領上海後，即改稱自己是日本人。在中國東北，顯貴如板橋林家和霧峰林家也被日本政府要求去投資持續不久的滿州鴉片公司。當臺灣的綠茶因華僑的抗日運動而在東南亞滯銷時，由於蘆溝橋事變，中日交戰，滿洲國無法自中國輸入茶葉，臺灣茶可以轉銷滿洲國，因此這場中國人同仇敵愾的戰爭，曾是當時臺灣茶農與茶商口中的「聖戰」。[142]

臺灣商人對日本政權的如此認同，並不表示臺灣商人有更高的投機性。中國商人也一樣追求安定與進步，例如，上海商人因不滿清廷不能維持安定與進步而支持辛亥革命，因革命黨不能維持安定與進步則又不支持二次革命。[143]

臺灣商人在日本統治臺灣時期與日本政權合作，而發展現代企業，而往下紮根，而往外擴張，在在造成臺灣與中國的不同發展。

## 3. 戰後臺灣的巨變

### （1）國家高度支配時期

戰後初期臺灣的政府介入企業的程度，可能遠較 1949 年以前在中國大陸的中華民國政府及日治時期在臺灣的殖民政府為深。以肥料工業為例，日治時期臺灣的肥料公司是由日本財閥所私有，戰後初期（1945-1970）臺灣的肥料公司則是由政府所公有。至 1980 年代，公營的肥料公司仍占全臺灣肥料生產的 86%。在 1949 年以前的中國，直到抗戰期間，

---

142　林滿紅，〈經貿與政治、文化認同〉，頁 379-380；林滿紅，〈中日關係之一糾結：1932 至 1941 年間臺灣與中國東北貿易加強的社會意涵〉，收入中央研究院近代史研究所編，《第三屆近百年來中日關係史研討會論文集》（臺北：中央研究院近代史研究所，1996），頁 511-521。

143　李達嘉，〈上海商人的政治意識和政治參與（1905-1911）〉，《中央研究院近代史研究所集刊》，期 22（1993 年 6 月），頁 171-219；李達嘉，〈從「革命」到「反革命」—上海商人的政治關懷和抉擇，1911-1914〉，《中央研究院近代史研究所集刊》，期 23（上）（1994 年 6 月），頁 237-282。

才有政府公有的肥料工業，但因戰爭及資本短缺，規模很小，當時中國
所使用的肥料，主要是由外商進口及民間商人配銷。戰後臺灣的中華民
國不只擁有肥料公司，它也利用日治時期設立的農會體系負責配銷作業。
日治時期，除了農民團體可購買肥料之外，商人可從國外進口肥料並自
由分配，農民可以使用現金購買。在戰後初期，農民被要求以穀換肥。
另外，日本政府使用強制的方式促進肥料的使用；美援支持下的中華民
國政府，則改採誘導方式。

公營企業是戰後初期臺灣的主要企業形態。在中華民國政府接收臺
灣之初，資本額超過 20 萬的企業之中，臺人企業僅占 9%，其餘 91% 則
歸日本政府或日本人所有。日人擁有的企業有些受到戰爭的破壞，其餘
則全部轉移至政府手中。政府也由中國大陸遷移了中央銀行、中央信託
局、中國紡織、招商局等公營企業到臺灣。[144]

以這些資源為基礎，再加上 1951 年開始的美援，中華民國政府建立
了由 1950 年代至 1980 年代的威權統治。在此同時，當時領導中華民國
的國民黨的技術官僚地位遠遠高於民間企業的雇員。本著毫不受質疑的
反共使命以及廣泛的國際承認，戰後初期臺灣的政府並毋需求助於私人
企業。[145] 商人仰賴政府有利的政策支持，諸如進口替代、有利的匯率、
較低的利率、出口擴張、設立科學園區以提升工業技術等等。經濟部所
屬的國營企業也比一般企業有較大的向前或向後連鎖作用。政府的公營
企業在經濟蕭條時的自行吸收損失，例如中油公司在能源危機時所售油
品價格低於進口價格，也有減輕民營企業負擔的作用。[146] 在此同時，臺
灣的民營企業已逐步興起。

（2）民營企業在多種資金基礎上崛起

---

144　陳金滿，《台灣肥料的政府管理與配銷（1945-1953）—國家與社會關係之一探討》（北縣：
　　　稻鄉出版社，2000），頁 241-242。

145　朱雲漢著，靳菱菱譯，〈臺灣政權轉型期政商關係的再結盟〉，《中山社會科學季刊》，
　　　卷 7 期 4（1992 年 12 月），頁 63。關於戰後初期政府無需求助於商人一點，筆者往後的
　　　研究會提出修正，此處先就朱先生的研究陳述。

146　薛翼書，〈我國國營事業企業化經營之途徑〉，《政治評論》，卷 44 期 4（1986 年 4 月），
　　　頁 207。

在近百年來，資金、技術主要是由臺灣流向中國大陸的大致發展方向當中，1945 至 1949 年間是個例外，在此期間有資金與技術由中國大陸流向臺灣。在 1953 年時，紡織業是臺灣最主要的私人企業。其時臺灣的 11 家紡織公司中，有 3 家是公營的。8 家民營紡織公司中有 7 家來自中國大陸。他們在外貿匯率上享有 34.1％的匯兌貼現率優待。政府發展代紡代織政策，提供沒有充分資本的業者運用來自美國的資金和棉花進行紡織生產，而付給他們高額的加工報酬。[147]

在戰後初期的臺灣，臺灣本身的資本供應仍相對中國大陸資本的移入重要。1949 至 1952 年間的土地改革，以股票的形式將地主所擁有的農業資本轉換為工業資本。股票市場也將許多民間的游資誘導至工業部門。[148]

1951 至 1963 年間，美援占臺灣資本形成的三分之一。[149] 其他的外國資本之中，美國與日本的公司傾向於與本地的企業家合作，而著重投資於製造業，尤其是政府所鼓勵的電子業；華僑則傾向於投資於服務業，如貿易公司。

美援鼓勵臺灣政府設立商業銀行以援助中小企業。臺灣的中小企業在開業初期，資本通常來自親戚朋友。例如，1980 年時，中小企業只占臺灣所有銀行貸款的 32.75％，而大企業享有大部分的貸款。為避免中小企業至地下錢莊借貸，而有中小企業銀行的設立。該銀行所要求的抵押較少，利率低於 20％，對公司發行股票的條件要求較低，以便將服務開放給一般大眾。[150]

主要來自農業部門的本土資本，因此是透過新式的集資管道如股市、

147　劉進慶，《台灣戰後經濟分析》，人間台灣政治經濟叢刊第 2 卷（臺北：人間出版社，1992），頁 213-215。

148　劉進慶，《台灣戰後經濟分析》，頁 232-233。

149　趙既昌，《美援的運用》（臺北：聯經出版公司，1985），頁 13-14。

150　陳介玄，《協力網絡與生活結構—臺灣中小企業的社會經濟分析》（臺北：聯經出版公司，1995），頁 78-96。有關戰後臺灣民營企業資本形成，本文曾參考王惠琯同學 1995 年師大中國經濟史相關學期報告，謹此致謝。

新式銀行，或舊式的集資管道如地下錢莊或親友等匯聚至民營工業部門。

在此同時，企業的規模也因其掌控的社會人脈及協力生產廠商的多寡而有所分殊。紡織、石化加工、機械及電子資訊等產業在臺灣不同的發展階段中，臺灣的廠商規模由家庭工廠往小型廠，中小型廠，中大型廠擴充。[151] 協力生產的廠商與主力廠商之間的合作所構成的網絡，也減少臺灣廠商的倉儲成本，而增加其隨市場變化的轉移產品內容的高度靈活性。[152]

臺灣的民營企業也就在本土資本，以及美援、外資與中國大陸資本的基礎之上崛起。

（3）國家與企業關係的革命性轉變

私人企業的成長，使其更不能忍受公營企業之壟斷原料及油、電等能源。[153]1980 年代以後公營企業的效率不彰更為人所詬病。以 1978 年為例，公營企業不論在資本投放、資金周轉、乃至商品周轉率上，其效率僅及民營企業的一半。任命非專業的退休官員為企業領導者；員工的任命必須通過政府考試，這些考試大抵只重知識而不重技術；因外交的考量而高價採購生產物資；多重的官僚監督形成官僚形式主義，都是公營企業效率較差的理由。因此，市場開放與所有權私有化等措施隨之而起。目前銀行及航空業的市場已更開放，中國化學公司和中華工程公司則成功的移轉民營。其它的公營企業如油、電等也部分開放民營。[154]

強人政治結束之後，迅速的民主化使立法院成為政治資源再分配的場所。企業以大量的資金，提供支持自己的候選人參與選舉；國民黨政權也以黨職買通與企業的關係。但當每一個企業尋求其個別的權益時，他們之間並未協調一致。他們也缺乏足夠的人才評估政府的政策，包括

---

151　陳介玄，《協力網絡與生活結構—臺灣中小企業的社會經濟分析》，頁 146。

152　潘美鈴、張維安，〈彈性生產與協力網絡—協力廠觀點的個案研究〉，「東亞經濟組織及網絡變遷研討會」，臺中：東海大學東亞社會經濟研究中心，1997 年 3 月 21-22 日。

153　廖益興，〈臺灣地區政商關係的演變〉，《國家政策雙周刊》，期 103（1995 年 1 月），頁 2。

154　吳若予，《戰後臺灣公營事業之政經分析》（臺北：業強出版社，1992），頁 189-200。

大型的經濟政策。[155] 因此，國民黨並未失去主導力量，反而是，透過某些再重整，建構了其與企業間的聯盟。這樣一個由政府高度支配商人轉為政商合作擬定公共政策的變遷，是臺灣的商業經營由中國傳承走出的一大蛻變。[156]

# 五、結語

在以臺灣地區自 1960 年代以來，零散分布於歷史、社會、企管、政治、人類、心理、法律等學門中，有關中國大陸（1600 年 -1949 年）、臺灣以及海外（1600 年迄今）華商約一百多個單位之研究為基礎，探討臺灣商業經營的中國傳承與蛻變之後，本文可抽離出以下發現：

## （一）臺灣商業經營的中國傳承

1. 宗教為傳統中國商業經營之重要憑藉：一反早期若干西方學者所說中國是一個沒有宗教的社會，[157] 或中國的宗教有礙商業發展，[158] 在法律保障相對較少的背景之下，宗教，包括重視骨肉綿延的家族綿延觀念，透過各種方式傳遞的勤、儉、為善等思想，以及寺廟儀節是提供商人行為動機、規範與組織準則的重要憑藉。

2. 合夥制度證實傳統中國有超家族、超同鄉之集資範圍以及專業經理人之制度：Max Weber 曾指出家族是傳統中國集資的主要範圍，因而限制了中國的資本累積。宋代以來存在於中國社會的合夥制度，可以由不同家族、不同祖籍、乃至不同族裔的人合資，合資者也常委由專業管理人經營。合夥企業占企業總數的比重，有時也可能大於家族企業。合夥企業也可以持續兩、三百年之久。這對 Max Weber 所說，是一個反證。

155 朱雲漢著，靳菱菱譯，〈臺灣政權轉型期政商關係的再結盟〉，頁 69。

156 王振寰，〈臺灣新政商關係的形成與政治轉型〉，《臺灣社會研究季刊》，期 14（1993 年 3 月），頁 123-163。有關戰後臺灣的政治經濟關係，本文曾參考劉淑靚、徐麗惠、李旻芳等同學 1995 年師大中國經濟史相關學期報告，謹此致謝。

157 C. K. Yang, *Religion in Chinese Society* (Berkeley: University of California Press, 1961), pp. 3-6.

158 Max Weber, *The Religion of China*, pp. 226-249.

3. 家族管理的企業在中國商業傳統之中依然重要：中國重視骨肉過於家業的家族綿延觀念，是華商企業頗多由家族所有與經營的重要理由。

4. 中小企業是中國商業傳統的一個顯著現象：除地方商業以中小規模為主之外，連中國境內的長程貿易，乃至國際貿易，都以中小規模為主。中國重視骨肉過於家業的家族綿延觀念，與合夥集資由股東分去頗多利潤，都是中小規模企業偏多的原因。中國的傳統農業組織亦以中小規模為主，在都市化與工業化的過程中，此等中小規模的農業組織有移遷都市的現象。由此更顯示出舊有生產模式下的生產組織，對新起的生產模式下的生產組織的可能影響。

5. 政商之間的非正式關係非常密切：雖然傳統中國政府對商業發展的直接助益不大，但政府官員的家人頗多經營商業，政府的歲入也可能發商生息，很多商人子弟轉任官吏，政商的非正式關係一直密切。

## （二）臺灣商業經營受市場牽引所產生的變遷

1. 16 至 19 世紀的市場擴張導致本土商人崛興：早期的現代化理論，常給予傳統的商業組織過多負面評價，以致常有西力東漸之後，傳統的商業組織不敵競爭的立論。事實上，有頗多傳統的商業組織曾利用西力東漸所擴張的市場殖利。除非因納入世界市場而受世界經濟蕭條影響，否則因熟悉本土風情，傳統的商業組織有高度的競爭能力。無論 16 至 18 世紀或 19 世紀中葉的西力東漸，中國傳統的商業組織均有所擴張，臺灣除間接受此擴張影響之外，於 19 世紀中葉西力東漸之際，更明顯有本土商人崛起。此一本土的商人階層，連同臺灣與中國大陸共有之高度市場取向行為，是日本統治臺灣時期，臺灣商業發展之一張本。

2. 日本領臺造成臺灣商人更往草根，也更往國際發展：日本領臺使臺灣的貿易對象，由長期以來以中國為主，轉而以日本為主；長期以來在臺灣發展的中國大陸資本，明顯受到打擊，臺灣的本土資本因而有更多的發展空間。除往現代企業發展之外，由於日本以臺灣為農產品供應

地，臺灣的商業組織有往下紮根之發展，又由於日本帝國之對外擴張，臺灣的商業組織又有往外延伸之躍進。

3. 戰後的日美市場扶持臺灣商人更加崛起：戰後50年，除戰後4年，重回中國經濟圈，及1987年以來，兩岸關係解凍之外，臺灣與中國大陸的經濟關係持續斷裂，與日本與美國的經濟關係更為加強。日美市場刺激臺灣中小企業商人崛起而致力出口產業，日美進口之生產材料扶翼大型企業崛起而滿足國內市場。1990年以後，因島內之資本蓄積，大型企業更加往亞洲新興國家擴張投資。

## （三）臺灣商業經營來自國家影響下的變遷

1. 荷治、鄭領及清末的重商政策均有助於臺灣的商業發展：臺灣除荷治及鄭領時期有過重商政策之外，晚清臺灣的內地化在經濟方面的意涵乃是中國大陸上重商政策在臺灣之延伸。重商政策將中國傳統密切的官商關係，由非正式關係為主推移而加強正式關係。臺灣本土資本賴以崛起之對外商貿活動，亦是清末臺灣的地方政府之加強重點。臺灣史研究中的內地化與土著化之爭，乃強調國家與社會對立發展的知識典範下之一產物，[159] 由此一研究可看出內地化與土著化並存之現象。

2. 日治及戰後發展的科學農業扶持更多商人由草根崛起：清末重商政策所忽略的以科學農業扶持商業，在日治時期以及戰後的臺灣，都是政府的發展重點。國家力量對社會的滲透因而更為徹底，也由此扶持更多商人由草根崛起。

3. 臺灣商人到1980年代的公共決策影響力可與政府並駕齊驅：清代以來，在國家與社會力量不斷互動下所扶持的臺灣商業資本，於1980年代至今，在公共決策方面，已取得可與政治力抗衡之地位，此為中國商業傳統在臺灣之一革命性蛻變。

---

159　有關強調國家與社會對立發展的知識典範，參見 Philip Huang, " 'Public Sphere' / 'Civil Society' in China? The Third Realm Between State and Society," *Modern China*, 19:2 (1993), pp. 216-240.

　　由以上各點，本文更可抽離以下結論：

　　1. 早期的現代化理論，常以傳統與現代為互不相容的對分概念。由臺灣的商業經營看來，在進入現代以後是有些傳統發生變化，如宗教在規範商業行為方面，與法律比較起來，傳統時期相對現代時期重要；宗教與社區商業經營的關係轉淡，與個人商業行為的關係相對加強；正式的政商相對非正式的政商關係顯著增加，企業經營也有規模擴大及制度化的發展，但中小企業、家族經營、宗教影響企業、合夥集資等傳承，仍以不同的深淺程度存留至今，且有其積極作用。

　　2. 以往的社會理論強調國家與社會之對立發展。在臺灣本土商業資本由清末至日治至戰後一路開展的過程中，卻均可見國家力量之更加滲透。國家與社會之間並不盡然是零和關係，而可以是互相增強的關係。

　　3. 臺灣的商業傳統，難以單純就臺灣本身論述，除其深遠的中國淵源之外，400 年來的國際激盪，亦極重要。在此國際激盪之中，除一般所熟知的 17 世紀之為亞太貿易跳板，19 世紀中葉之開放世界貿易，戰後之東西冷戰格局之外，18、19 世紀以外國的白銀為主幣時期，臺灣、中國大陸因為白銀之故而與世界經濟起伏的關聯值得留意，再者，日治 51 年使臺灣免於中國大陸之連綿烽火，也是臺灣較中國大陸穩健發展之關鍵因素。

# 評介陳紹馨著《臺灣的人口變遷與社會變遷》*

陳紹馨教授生於 1906 年，卒於 1966 年，是戰後初期臺灣一位蜚聲國際的人口學者兼社會學者。一生勤於治學，撰述嚴謹。自 1928 至 1966 年共完成 65 篇專論，本書是其中 13 篇論文的彙集。篇名分別是：〈中國社會文化研究的實驗室——臺灣〉、〈臺灣人口史的幾個問題〉、〈西荷殖民主義下菲島與臺灣之福建移民〉、〈臺灣死亡現象之社會學的考察〉、〈臺灣的人口變遷與社會變遷〉、〈臺灣的人口問題〉、〈低度開發地區的人口問題〉、〈姓氏、族譜、宗親會〉、〈臺灣的家庭、世系與聚落型態〉、〈新學藝在臺灣的傳播與發展〉、〈臺灣的社會變遷〉、〈臺灣社會階層與社會流動的研究趨勢報告〉、〈最近十年間臺北之都市化趨勢與臺北都會區域的形成〉。這 13 篇論文有些尚未發表，有些已發表，但所刊登的雜誌並不多見，有些原為英文，聯經出版社已予中譯，故這 13 篇論文的彙集，本身已是學界的一大貢獻。因為是論文集，自無專書一般之有清楚之章節脈絡可循，但有一共同的主題貫串其中：17 世紀至 20 世紀 60 年代臺灣的社會變遷與人口變遷。[1]

## 一、社會變遷

陳著以社會型態與社會階層的演變剖視這 300 多年臺灣的社會變遷。

就社會型態而言，這 300 多年的臺灣曾歷經部落社會（tribal society）、俗民社會（folk society）、公民社會（civic society）三個階段。在三種社會裡，都有血緣、地緣、功能等社會結合方式，但部落社會以血緣關係為主要結合方式，俗民社會以地緣為主要結合方式，公民社會則以功能為主要結合方式。而就對外關係言，部落社會較為封閉，公民社會最為開放，俗民社會介於其間。就政府力量的強弱及社會的分合程

---

\* 本文修改自林滿紅出版於《臺灣風物》，卷 29 期 4（1979 年 12 月），頁 87-97 有關陳紹馨，《臺灣的人口變遷與社會變遷》（臺北：聯經出版社，1979），578 頁之評介。

1 教授 1957 年在西宮之關西學院大學社會學博士論文題目是 "Social Change and Demographic Change in Taiwan."

度而言，公民社會政府整合社會的力量最強，部落社會最為分崩離析，俗民社會參半。

臺灣之由部落社會轉為俗民社會關鍵於荷蘭東印度公司之占領臺灣。在荷治以前，土著們的部落社會，生產力甚低，所能容納的人口有限。因此，在荷治以前雖有漢人移入臺灣，但人數不多。這些為數極少的漢人若非自組孤立的漢人社會，即與土著通婚，而為土著所同化。到1624 年荷蘭人占領臺灣，荷蘭東印度公司為利用臺灣的物產通商取利，乃由中國招徠大量漢人前來耕墾。東印度公司的農商政策一面使得臺灣由前此封閉的部落社會轉為與外界較有溝通的開放社會，一面也提高了臺灣的生產力而得以扶養更多中國移入的人口。這些大陸人口在臺灣從事農耕之後，也在臺灣建立了與大陸相似的俗民社會。陳著〈西荷殖民主義下菲島與臺灣之福建移民〉一文，曾精闢地比較出菲、臺兩地在西、荷兩殖民政權的影響下，由部落社會轉為俗民社會的共同歷程。

荷治時期建立的俗民社會一直延續到日治時期才開始轉變為現代社會。在俗民社會裡，政府的力量較為薄弱，民間有很多自衛與互助團體。依職能關係結合的團體，在城市之中，有一般性的同業公會，有從事陸臺貿易的郊商，也有祕密組織，或音樂、戲劇、文學團體等等；在鄉村裡，則有父母喪葬互助用的「父母會」，資金互通有無的「標會」，防範盜匪、促進農產等之團體。依血緣關係而結合的團體則為宗族。中國社會雖一再強調祖先崇拜及宗族精神的發揚光大，但要維持偌大家族，需有龐大家產，故宗族的存在通常僅見於官紳階層，一般平民較少。尤以清初移民禁攜女眷，家族不易形成，臺灣開發歷史又短，亦難形成強宗豪族，故在日治以前的臺灣社會之中，雖有宗族團體但不甚重要。較為重要的仍是地緣團體。這是一般老百姓結合所在地的村民共同禦侮與推進地方公務的組織，一直到日治初期，這種團體仍較他種團體為多。

到日治以後，政府一手負擔起治安、衛生、農業、工業、教育、公共救濟等事務，原有民間團體存在的基礎動搖。由 1919 至 1927 年間各

民間團體的土地糾紛突然增加，可看出民間團體的式微。繼民間團體成立的是日本政府強迫成立的一些團體，如促進生產的農會、漁會、畜牧會、森林會、水利會；促進教育的團體如家長會、青年會、姊妹會、童軍會；促進社會發展的團體，如業佃協會、紅十字會、婦女會等。此外也有臺灣人以和平方式爭取民族權益，改進社會積弊的民族運動、社會運動。而到日治以後，一個人被介紹時，他的姓氏、籍貫已不如職業來得重要。舉凡政府力量的加強，和平方式羣眾運動的推展，專業團體及職業的日趨重要，均為公民社會形成的表徵。

陳著〈臺灣的家庭、世系與聚落型態〉、〈臺灣的社會變遷〉二文，曾由社會型態的演變探討臺灣的社會變遷，陳著〈臺灣的社會變遷〉與〈臺灣社會階層與社會流動的研究趨勢報告〉二文，則另由社會階層討論臺灣的社會變遷。作者認為臺灣一如其他移墾社會，較不受傳統束縛，也較能以個人的能力與努力來決定個人的地位。加上清領時期臺灣民變頻仍，不易有較為固定的社會階層，財產由諸子均分的社會習慣也加速社會流動。在 1920 年代以前，社會一般仍有「上九流」、「下九流」的職業貴賤區劃，理髮、娼優等等職業被視為「下九流」之賤民，一般百姓不願與之通婚、同坐，其子弟亦不得參加科考，到 1920 年代，由於現代西方思想的傳入，臺灣文化運動的諸多啟蒙，此等歧視已漸泯除。臺灣社會原有的男僕女婢，至日治時期也有明文廢止。地主與佃農之間，原多僅口頭契約，約束力不大，至日治後期，業佃協會要求業佃之間進一步要有書面契約，並延長租期。如此一來，整個臺灣社會已趨民主。但日治時期係受殖民統治，民主化的程度仍然有限。戰後，人民不但有自主性民主的發展，隨著工業化與高等教育的發展，地方選舉的興辦，民主更為深化。

由 1920 年代臺灣藝文活動的轉型也可看出臺灣社會的現代化。陳著〈新學藝在臺灣的傳播與發展〉一文指出，1920 年代臺灣已開始有白話文、芭蕾舞、現代流行歌曲、現代話劇、現代美術等藝文活動。這些藝文活動與傳統藝文活動最大的區別在於：傳統的藝文活動常為官紳生活

的附庸，沒有獨立自主的地位，畫匠、演員常受歧視，至日治時期，各種藝文活動已專業化，業者且享有與其他職業相同的地位。

# 二、人口變遷

陳著〈低度開發地區的人口問題〉一文，曾予世界人口發展做一歷史的綜述，1750 年以前世界人口曾長期維持在 7 億左右，但在 1750 到 1950 年之 200 年間，世界人口卻增加了 15 億。18 世紀以後人口的發展先是因為醫藥衛生的發展降低了死亡率，繼有工業、交通、糧食的發展增加了人口的扶養力，也增加了出生率。死亡率降低，出生率增加造成人口的驟增。繼之則因節育政策的推展，出生率降低，而使人口增加率稍為緩和。在 1750 年以前人口的發展則一直無法躲開馬爾薩斯陷阱的惡性循環：傳統經濟以土地利用為主，土地開發之後所增加的人口很快就會超過土地的扶養能力，在人口超過土地扶養能力之後常會發生水旱災、瘟疫、戰爭來減少人口。天災、人禍的發生即為馬爾薩斯陷阱所在。天災人禍減少了人口之後，土地又可扶養新的人口，但是若無醫藥、技術的突破，整個人口發展將周而復始地走入人口的惡性循環之中。

陳著〈臺灣人口史的幾個問題〉、〈低度開發地區的人口問題〉基本上認為 17 至 19 世紀中葉，臺灣的人口發展即為人口惡性循環的一個週期。臺灣為初開發地區，因受中國大陸人口壓力影響，經 200 年即有人口飽和的隱憂。中國大陸人口壓力的形成，就近代而言，是肇因於 16 世紀美洲新作物如甘藷、玉米、花生的引入，導致邊際土地的開發及中國人口之由 1650 年之 1 億 5 千萬增為 1850 年之 4 億 3 千萬。是中國大陸的人口壓力造成大量人口移入臺灣（在 1680 至 1810 年之間臺灣人口年增加率為 1.8%，很多是移入人口），也是中國大陸的人口壓力使臺灣人口至 19 世紀中葉即呈飽和狀態。在人口接近飽和狀態時，臺灣的天災人禍亦趨頻仍。在 1786 至 1865 年之 80 年間，每 1.5 年即發生一次動亂，在 1786 年以前的 103 年之間，每 10.3 年才有一次動亂，在 1865 年之後的 30 年間，每 7.5 年才有一次動亂。此外，溺女嬰的習慣至 19 世紀中葉

才由大陸傳入臺灣，臺灣人民到 19 世紀已有人到大陸充當奴婢，均為人口壓力形成的徵象。

日治以後，臺灣的人口發展來自醫療、生產技術突破人口發展的惡性循環，出生率增加，死亡率降低。在 1650 至 1895 之 200 多年間，臺灣人口才由 15 萬增為 255 萬，1895 至 1945 之 50 年間，臺灣人口即由 255 萬增為 600 萬，可見日治時期人口發展的迅速。但此 50 年間所增加的 345 萬人口，四分之三是後 25 年（1920-1945）增加的，陳著〈低度開發地區的人口問題〉、〈臺灣的人口變遷與社會變遷〉及〈臺灣死亡現象之社會學的考察〉除指出此種人口發展趨勢之外，亦指出 1920 年以後臺灣人口迅速發展的因素。

政治方面，日本政府在臺灣建立了強大的警政系統，1916 年以後平地的抗日活動已經平息，1920 年以後山地的抗日活動也大致底定。醫學衛生方面，鼠疫、霍亂、天花於 1920 年前夕肅清；瘧疾自 1924 年起開始防範；1920 年以後公醫制度與公立醫院更為普遍，西醫人數亦漸多於中醫，臺灣導致死亡的疾病也由落後國家常患的肺炎、腹瀉、傳染病、寄生蟲、先天性弱質、早產、瘧疾、氣管炎等逐漸轉為心臟病、腦栓塞、癌症等文明病。相對而言，嬰兒對前種疾病的抵抗力較小，前種疾病的逐漸減少，直接降低了嬰兒死亡率，是日治時期死亡率降低的最直接因素。交通方面，1920 年全臺鐵路系統已經完成，公路顯著增加，郵政相當進步，使得人與物品的流通更為順暢。天災防範方面，造林、治水、灌溉等工程可以防範水、旱災，行政組織與交通的健全也更便於救災。

以上因素可以減少死亡，生產的增加則直接可以扶養更多人口。1920 年、1924 年分別有新豬種及蓬萊米的引進，而就 1902 至 1942 年各項產品增產情形而言，米增產為 2.9 倍，甘藷 5.18 倍，甘蔗 13.49 倍，糖 20.21 倍，豬 1.74 倍，人口則僅為 2.18 倍，這些新增加的產品雖有很多為日商及日本政府所用，但仍有助於臺灣人本身人口的扶養。

物質建設得以成功，對教育的發展與態度及社會的轉變有很大影響。

在態度方面，由於一次大戰之後的經濟景氣與經濟恐慌使臺灣人有了一種新的經濟體驗，而傳染病的控制也影響到臺灣人逐漸去除宿命觀，加以新文化運動、社會運動的提倡，使得臺灣人在 1920 年以後更能接受新的事物，不再以為新的生活方式是統治者強迫採行的，而是一種更好的生活方式。態度的轉變也使臺灣人更能接受新式教育，而教育水準的提高以及前述臺灣社會日趨民主，地緣、血緣觀念的逐漸淡薄，均有助於新的生活方式的傳播。

就已開發國家而言，往往以為節育是低度開發地區解決人口問題的根本手段。陳著〈低度開發地區的人口問題〉一文由日治臺灣透過觀念改變、技術進步，不但可以緩和既有的人口壓力，且可扶養兩倍以上人口指出：觀念改變及技術進步才是解決低度開發地區人口問題的根本途徑。

以上日治時期臺灣的人口發展乃針對臺灣人而言，陳著〈臺灣死亡現象之社會學的考察〉一文則予日治時期旅臺日人及臺灣人的死亡情形加以對照說明。日治時期，臺灣人的死亡率為旅臺日人的 2 倍，旅臺日人之死亡率且低於其日本本國的人。除了日治初期旅臺日人死於風土病者較臺灣人為多之外，旅臺日人死於文明病者多於臺灣人，而旅臺日人死亡率之低為世界之冠。凡此均可看出旅臺日人生活條件遠較臺胞優越。而日治之初，日本政府即刻採取防範風土病的措施，直接動機亦在保障旅臺日人的生命，隨後為提高臺灣的生產力，遂有臺灣環境之改善，但臺胞改善程度仍落於日人之後。

陳著〈臺灣的人口問題〉一文主要在討論 1945 年以後臺灣的人口發展。1945 年以後臺灣的人口發展仍屬於死亡率降低，出生率增加，人口快速成長的型態。1940 至 1960 年臺灣人口增加 84％，自然增加率高達 37％，為世界上人口增加最快的地區之一。由於人口的增加，形成住屋、教育、交通等等社會問題，作者雖不認為節育是解決人口問題的根本之道，但在臺灣節育政策仍未大力推展的當時，作者仍極主張採行節育，

因為如果不能給予每個生下來的人口適當的照顧是不人道的。

　　1945 年以後臺灣人口快速發展的結果也造成都市化。陳著〈最近十年臺灣之都市化趨勢與臺北都會區域的形成〉指出臺灣在 1950 到 1960 年間的人口增加率，省轄市為 67.3％，縣轄市為 59.4％，其他地區為 37.4％，可見越是都市地區人口增加越快；1960 年的人口密度，省轄市為 3,430 人，縣轄市為 2,483 人，其他地區為 222.2 人，城市地區人口密度為鄉村的 10 倍以上。由 1905 到 1960 年省縣轄市面積不過占全省面積之 2.7％，其人口占全省人口之比例，1950 年為 24.2％，1960 年為 27.9％，可見人口越來越往都市集中。除此之外，1945 年以後人口發展的兩個明顯的現象是：大量人口移入東部臺灣及臺北大都會的形成。日治以前東部臺灣，因為瘧疾猖獗影響開墾，1945 年以後瘧疾已經驅除，加上農業及農業加工的發展，吸引了很多人口。臺北大都會形成的一個指標在於臺北市郊區或臺北縣人口增加率大於臺北市本身。

## 三、評論

　　陳著用以討論臺灣三百年來社會變遷與人口變遷的資料有諺語、方志、日治時期的人口調查資料、宗教調查報告等等，多屬既有的文獻資料。在社會學研究史上有一個很有名的例子說明文獻運用對社會學研究的重要性。社會學家華納（W. L. Warner）有關楊基城（Yan Kee City）的研究，雖在城市與社會階層研究方面有很多新論，但因不注意文獻的運用，很多論據與事實不符而備受批評；反之，林特（R. S. Lynd）夫婦有關「中鎮」的研究，廣泛運用了人口普查資料、縣市記錄、法庭檔案、日記、年鑑等等歷史文獻與理論方法相配合，為社會學研究之一佳範。[2] 陳著即是以理論方法與文獻資料相配合的佳構。此點在陳奇祿教授為陳著所撰序文也明顯指出。陳著在〈姓氏、族譜、宗親會〉一文中亦強調族譜的人口學研究價值。此外陳著在〈中國社會文化研究的實驗室——臺灣〉一文中更指出以科學知識為基礎所編的文獻資料在傳統社會非常

---

2　龍冠海主編，《社會研究法》（臺北：廣文書局，1969），頁 202-221。

缺乏，而日治臺灣卻有很多這種資料，可用以研究傳統中國社會的若干
特質。陳著很早就能運用這批資料實為難能可貴。

以社會學、人口學與歷史文獻配合研究三百年來臺灣的社會變遷與
人口變遷，使得陳著不但是社會學、人口學的佳作，也是臺灣史研究的
名著。就臺灣社會史的研究而言，如戴炎輝有關鄉莊組織、家產、土地
所有型態的研究，富田芳郎有關臺灣聚落的研究，岡田謙有關祭祀圈的
研究，增田福太郎、曾景來、九井圭太郎、李亦園、林衡道、劉枝萬有
關臺灣宗教的研究，何聯奎有關臺灣民俗的研究，Pasternak、森田明有關
水利組織的研究，李國祁有關清代臺灣社會的研究，中央研究院民族所
有關當代臺灣若干地區社會變遷的研究，Barclay、周憲文、李文朗有關
日治時期臺灣人口的研究，均就社會之某一項目，或就某一斷代進行研
究，陳著之綜論三百年來臺灣之社會變遷與人口變遷尚屬空前。

一本討論範圍如此之廣的著作，若干細節的疏忽必是難免。如陳著
較為忽略 1860 到 1895 年間臺灣人口與社會的演變。陳著基本上認為 19
世紀下半葉臺灣為人口飽和的時期，但陳著自己指出的 1860 到 1895 年
間民變減少的現象即不能配合人口飽和在 19 世紀下半葉一直持續存在的
論點。事實上，在 19 世紀中葉臺灣人口確有飽和的趨勢。19 世紀中葉
臺灣人口之所以飽和是因為在 19 世紀中葉以前臺灣經濟以米、糖生產為
主，米、糖產地以西部平原、低丘為限，由於西部平原、低丘至 1800 年
前夕已開發殆盡，而臺灣本身人口不斷增殖，大陸人口不斷移入，而有
人口壓力的形成。到 1860 年臺灣對西方開放貿易，臺灣大量出口的茶和
樟腦促成山區的大舉開發，這與貿易所賺取的外匯均足以扶養更多的人
口，而緩和了人口壓力。[3] 陳著所指出 19 世紀下半葉臺灣民變減少的現
象亦因由於此。此外，陳著認為祖籍別地域觀念的式微，主要是日治以
後之事，但李國祁〈清代台灣社會的轉型〉一文曾就祖籍別械鬥的消失，
鄉土神信仰漸為一般性神明之信仰所取代的情況，指出臺灣社會的祖籍

---

3 　林滿紅，《茶、糖、樟腦業與臺灣之社會經濟變遷（1860～1895）》，臺灣研究叢刊（臺
　北：聯經出版事業股份有限公司，1997 初版，2008 八刷），頁 148-153。

別地域觀念在清末已趨淡薄。[4]

此外，陳著對於日治時期臺灣社會變遷的幅度並不甚確定。如前所述陳著曾指出日治時代臺灣社會的現代化，如社會組織的改變、社會階層劃分的更不明顯、新的藝文活動的推展等等。但是在陳著 502 頁曾接受 Barclay 之說：「日治時期雖然有新技術的引進，但社會組織並未因而有顯著的改變」，此外陳著自己也補充說明：「社會組織的改變與技術改變會有一段時差是無可置疑的」。陳著所述臺灣社會現代化的變遷約與技術變遷同時發生在 1920 年代，而且在陳著之中，這個社會變遷是幅度很大的變遷。事實上 Barclay 所強調的不變與陳著所說明的變是同時並存的。只是，陳著似乎較強調變的一面，而忽略不變的一面，也較強調日本政府在日治時期臺灣現代化中扮演的角色。

固然，在殖民統治之下，政府的力量是無所不在的，但實際在表現出現代化的行為的主要還是本地人。D. Perkins 強調中國人勤勞、重視知識、擅長組織的特質，[5]臺灣本地人的特質如矢內原忠雄所說的「富於貨殖心」、川野重任所說的「可以施以經濟的邏輯而採用新技術」[6]等等，在這現代化的過程中所扮演的角色也是值得重視的。

此外，在現代化的過程中往往有需要借重傳統組織之處，如日治時代的警政制度即曾借重中國傳統的保甲制度，又如黃應貴有關花壇一個農村農業機械化的研究指出，運用中國傳統的人際關係，反比不重人際關係而一味強調能力的理性科層制，更能促進農業機械化的推展。[7]曾經對世界經濟發展史有過綜合探討的 Alexander Gerschenkron 也曾經指出：在一個落後國家經濟現代化的過程中，往往不是直線進行，而呈現一種迂迴的狀態，在這過程中，舊有的組織常替代現代經濟組織發揮現代經

---

4　李國祁，〈清代台灣社會的轉型〉，《中華學報》，卷 5 期 2（1978 年 7 月），頁 131-159。

5　D. H. Perkins, *China's Modern Economy in Historical Perspective* (Stanford: Stanford University Press, 1975), Introduction.

6　見本書，〈貿易與清末臺灣的經濟社會變遷〉一文。

7　黃應貴，〈農業機械化──一個臺灣中部農村的人類學研究〉，《中央研究院民族學研究所集刊》，期 46（1978 年秋季），頁 31-78。

濟的功能，而後隨著時代的推演，再有現代經濟組織起而與舊組織並立，最後再完全取代舊組織。[8] 在日治時期臺灣社會現代化的初期，原有的社會組織，如宗族組織、地緣組織等，固然有些是衰微了，但是否有些反而具有推動現代化的功能，如宗族團體、地緣團體自組股份公司發展現代企業？此外，現代化的發展基本上是在取代傳統，但有時也會強化傳統，如清末臺灣經濟的發展促成儒家文化在臺灣的傳播，[9] 又如臺灣經濟發展之後，也有推展中華文化復興運動的一面。總之，陳著在討論社會變遷時，似乎過分偏重傳統到現代的直線發展過程，對於傳統與現代之間的互動關係較少論列。

社會學或是社會人類學者越到晚近越重視田野工作，因為重視田野工作也就趨向於做區域研究。在做區域研究時，前人有關臺灣社會變遷的成書多數學者也會採用，但有關臺灣全省社會變遷的文獻資料如報紙、公報、檔案等，除了與其所研究地區相關者以外則較少引用。陳紹馨教授雖然也曾做過古亭區的調查、臺灣城市與工業的調查，但都不是參與觀察的調查研究。就其全部著述看來，仍以「沙發椅式的研究法」（armchair approach）為主，也就是以既有文獻的運用為主，而他所討論的又都是臺灣整體的的變遷，而少地區性研究。

就臺灣整體的社會變遷而言，陳紹馨教授雖已綜論 1960 年代以前三百年來臺灣的社會變遷，但臺灣經濟正式步入工業領先的時期是 1963 年以後的事，在 1963 年以後這段期間臺灣的社會變遷是空前劇烈的。我們熱切的希望在若干學者由區域研究了解這個變遷的同時，有學者本著陳紹馨教授重視文獻資料重視總體研究的精神，參酌既有的區域研究成果，綜論 1963 年以後臺灣整體的社會變遷。

---

8　Rondo Cameron, ed., *Banking and Economic Development* (London: Oxford University Press, 1972), p. 11.

9　李國祁，〈清代台灣社會的轉型〉，頁 131-159；見本書，〈貿易與清末臺灣的經濟社會變遷〉一文。

# 評介赤嶺守著《琉球王國》*

　　從臺北搭飛機到琉球的行政中心那霸，僅僅 1 小時的航程。這些以珊瑚礁為主要地質的琉球列島上，自 14 到 17 世紀間，曾經有一個在東亞海域扮演舉足輕重角色的琉球王國。在當時，臺灣除澎湖外還是漢人尚未大舉到來前的原住民社會，與外界少有往來。琉球大學赤嶺守教授於 2004 年推出的《琉球王國》一書，很清楚地解析了琉球王國形成的背景及其發展，同時讓我們對朝貢體系與華僑的關係也有進一步的瞭解，並對中國與東亞各國在朝貢體系中的尊卑秩序，提出與一般中國史論述相當不同的視角。琉球王國的整個興衰軌跡，很值得在臺灣的中華民國參考。琉球歷史自然也會牽涉《隋書流求國傳》的「流求」是琉球還是臺灣的問題，可作進一步的討論。整本書的寫作，深入淺出，非常值得參考，故特別寫此評介。

　　近年來，濱下武志教授經常提起華僑與朝貢體系的關聯，但較側重朝貢體系進展過程中所帶動的商貿活動，以及如何為後來的華僑商貿網絡打下基礎。[1]赤嶺守教授則更深層地談到明代朝貢體系的緣起與華僑的關係，對於朝貢體系中商貿活動如何開展，也有進一步的刻劃與描述。在中國的宋朝，貿易收益成為國家的重要收入，政府鼓勵貿易活動，有些華人因而散布到東亞和東南亞（頁 24）。當元明之際，日本進入南北朝互爭時期，九州地區出現一群騷擾東亞沿海的倭寇。明朝取代元朝之後，一些反明勢力便與倭寇聯合威脅明朝的安全。同時，殘存在北方的蒙古人也不斷挑戰明朝政權。明朝的當務之急便是要將倭寇問題控制下來。除了海禁，朝貢體系也在一些儒家學者的建議下建立起來（圖 1.3.1、圖 1.3.2），以吸收倭寇集團所欲汲取的貿易商機。此時的海禁政策，斷絕了華僑與中國的生意往來。他們之中有人即與外國政權結合，配合明

* 本文修改自林滿紅出版於《中央研究院近代史研究所集刊》，期 53（2006 年 9 月），頁 235-239 有關赤嶺守，《琉球王国》（東京：株式會社講談社，2004，共 228 頁）之評介。

1　Takeshi Hamashita, "Overseas Chinese Networks in the Asian Historical Regional System, 1700-1900," 收入張啟雄主編，《「二十世紀的中國與世界」論文選集》（臺北：中央研究院近代史研究所，2001），頁 145-164。

朝政權建構朝貢體系。在這過程中，華僑或充任使節、翻譯，或提供船
隻、雙方交流與生意相關的知識。琉球與暹羅都有這樣的例子（頁 32、
41-42）。

圖 1.3.1　琉中進貢冊封路徑圖

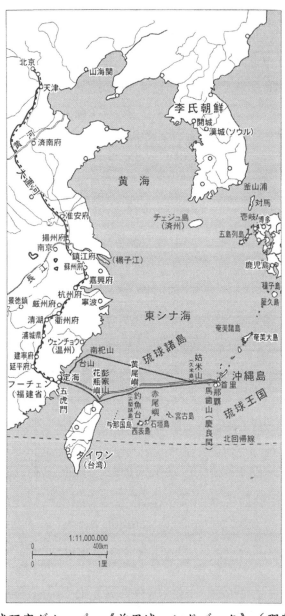

資料來源：首里城研究グループ，《首里城ハンドブック》（那霸：首里城公園友
　　　　　の会，2002 年二版），頁 25。

朝貢體系有兩個側面：一為屬國將貢品送到北京，北京的中國皇帝也會有所賞賜；一為北京派使臣到屬國為新的國王冊封，給予王袍、印信及其他賞品。最終的朝貢地點在北京，除了朝貢與賞賜之外，在禮部的監督管理下也可以進行商品交換。在抵達北京之前，使節團有時候會停留在某些地點。以琉球為例，有些琉球方面的人與使節團同抵福州之後，甚至停留三年之久，以待與下一個使節團同返。在明代，有官設牙行；在清代則有包辦商人，監督使節團的附帶商品與當地交易。在冊封的部分，於中國的使臣抵達之前，屬國的人會先到中國商談相關事宜。其中包括可能交易的商品種類、價格與數量，交易則在冊封儀式之後進行（頁157-159、165、183-185）。一般來說，朝貢貿易的利潤為屬國國王所專有，但朝貢貿易商品的購買或出售常由包商負責（頁76）。在正規的朝貢貿易之外，尚有隨團而來的許多人帶來商品與中國民間交易（頁41、70）。

圖 1.3.2　前往首里城的中國冊封使

說　　明：本圖繪有收納中國皇帝下賜的詔敕與賞賜物的龍亭、綵亭，以及冊封使
　　　　　節團的正使、副使。此圖為局部圖的正使部分。
資料來源：〈冊封使行列図〉，原件藏於沖繩縣立博物館。轉引自高良倉吉、田
　　　　　名真之編，《図說　琉球王国》（東京：河出書房新社，1993），頁
　　　　　84。

有關朝貢體系，一般的中國史論述會以為這是以中國為中心的東亞政治秩序。固然，屬國從中國皇帝那兒接受了國王的袍服與印信。在給中國皇帝的文書中，他們使用中國曆法。以琉球來說，琉球國王與福建

布政使間以咨文平等往來，但與中國皇帝則以「外臣」的身分，用上行文書之「奏文」（頁75）。當屬國之間相互溝通時，以琉球來說，其與暹邏或其他東南亞國家往來是平等往來。然而，琉球的地位相對於朝鮮、日本是較低的，日本的僧侶可以成為琉球佛教方面的國師（頁61），華僑也能夠在這個國家世襲承相之職（頁65）。當琉球與日本進行往來時，也使用日本的曆法。朝貢體系因而是多中心而非單一中心。

琉球的興衰與其在東亞海域中介角色的起伏有著密切的關係。約在中國的唐朝時期，琉球曾向日本納貢。之後，琉、日關係曾中斷一時。宋明之間，琉球與日本、朝鮮、中國都有商貿往來。當明朝以平定倭寇為條件，要求日本建立朝貢貿易而未獲允諾之後（頁44-47），因為琉球列島正是倭寇可以泊船之地，明朝轉而與琉球於1372年建立朝貢貿易關係，以有效地取代倭寇與中國的地方勢力合作進行的貿易，琉球也因而成為明朝在中亞、東南亞、東北亞、東亞所有的屬國當中最重要的朝貢國之一，明朝給予琉球的貢期相對偏長。

在琉球王國的宮城——首里城正殿，有一個約一個人高，四個人寬的古銅鐘，是1458年前後打造的，鐘面刻有一段文字，標題為「萬國津樑」，內容明言琉球王國是日本、東南亞、朝鮮與中國貿易的重要中介，這也因為琉球貢數較多，貢期較長，很多國家需透過琉球與中國進行貿易，各國與琉球之間的貿易關係也因而加強（頁34、36、55-57）。直到大約1540年，「日本銀——中國絲」的貿易興起之後才有所變化。中國人如汪直等所領導的倭寇取代了日本人領導的倭寇，並掌握這個新的商機（頁78）。此時葡萄牙人也來經營這個生意，西班牙所屬菲律賓興起的美洲銀貿易，也為私商提供利基。

清朝雖承續了朝貢體系，但是隨著日本愈加限制銀的出口，琉球王國的經濟大受打擊。薩摩藩在1609年以後的17和18世紀控制了琉球，在這期間，琉球對江戶的朝貢更加頻繁（圖1.3.3），江戶幕府雖仍默許琉球對中國的朝貢活動，琉球也大量引進中國文化以建構自我，並用

水產物等維繫與中國的朝貢貿易，但受日本的箝制日深（頁 92-102）。
1872 年，日本政府設置「琉球藩」，歸外務省管轄；1874 年在臺灣發生
牡丹社事件之後，日本要求琉球對中國停止朝貢關係；1875 年以後，琉
球移交內務省管轄；1879 年，日本正式將琉球納入版圖，琉球國王被遷
至東京，琉球設沖繩縣，並終結了琉球對中國的朝貢關係。

圖 1.3.3　琉球使節前往江戶朝貢的路徑圖

資料來源：首里城研究グループ，《首里城ハンドブック》，頁 39。

　　中國方面雖有抗議，但隨著 1885 年安南轉為法國殖民地，1886 年緬
甸轉為英國殖民地之後，在 1895 年的馬關條約裡，中國承認朝鮮獨立，
並割讓臺灣給日本，中國已無力關照琉球（頁 196-197、209）。臺灣就
在琉球王國中介角色式微之際、日本銀——中國絲帶動中國海商活動時，
加強了在東亞海域的中介地位；此後，或對東亞、或對中國大陸、或對

美日、或對全球貿易不斷開展。[2]臺灣如何立於不敗之地，琉球王國的故事，正可借鏡。[3]

　　至於寫於7世紀的《隋書流求國傳》的「流求」是否就是臺灣，從19世紀末到1970年代，歐、日、中等國學者有上百篇文章進行論戰。臺灣學者在1945年以後，有相當長一段時間，大都以為是指臺灣。[4]赤嶺守教授在此書中只指出有兩種說法，沒有定論（頁9）。

　　關於這個問題，賴福順教授於2003年提出的重新討論，[5]值得重視。賴教授認為，在傳統航海時期，必須要以一些比較凸顯的自然景觀做為行船的航標。《隋書流求國傳》中，將軍陳稜到「流求國」之前的最後航標是高華嶼（即釣魚嶼）與黿鼊嶼。往後諸多中國方面的古文獻，即使明顯沒有參考《隋書流求國傳》的痕跡，但越到明代之後，在高華嶼、黿鼊嶼之後的東行終點已改為「琉球」。鞠德源教授所列文獻，[6]與賴教授所列不完全一致，也可看出同一結果。鞠教授更有一張相片指出，黿鼊是琉球特產的一種大型山龜，為一種陸生龜，背部的後緣有鱗甲。[7]龜與那霸附近久美島的久美，發音同為くめ。在赤嶺守教授書中，指出久美島是明代進貢船或冊封船等在經過釣魚臺列嶼之後的下一個航標。久美島到達之後，進入那霸港，即可抵達琉球國王的王城。（圖1.3.4、1.3.5）

---

2　參見林滿紅，《晚近史學與兩岸思維》（臺北：麥田出版社，2002），頁244-256、265-266。

3　參見林滿紅，〈東亞海域上的琉球與臺灣〉，收入林滿紅，《獵巫、叫魂與臺灣定位：兼論釣魚臺、南海歸屬問題》（臺北：黎明文化出版公司，2017），頁100-108。

4　例如，郭廷以，《臺灣史事概說》（臺北：正中書局，1958），頁4-5。評者在臺大學臺灣史時受楊雲萍教授影響，也沿襲此說。見林滿紅，《晚近史學與兩岸思維》，頁275。

5　賴福順，〈流中航線研究（上）〉，《臺灣文獻》，卷54期1（2003年3月），頁1-2。

6　鞠德源，《日本國竊土源流釣魚列嶼主權辨》（北京：首都師範大學出版社，2001），上冊，頁490，所附甲表共4頁；下冊，圖38、39b。

7　鞠德源，《日本國竊土源流釣魚列嶼主權辨》，下冊，圖7d。

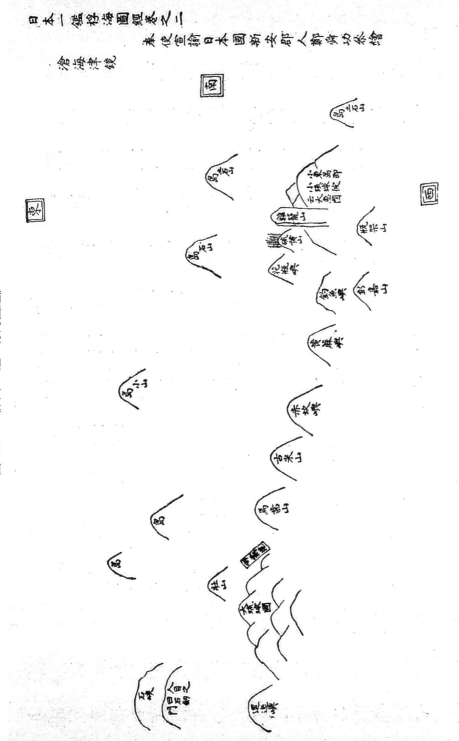

圖 1.3.4　《日本一鑑‧桴海圖經》

說　　明：此圖由南往北的路線中的小東島是為臺灣，稱小琉求。由此到大琉球國的那霸港之前霸港之前的古米山即為久美島。

資料來源：鄭舜功，〈滄海津鏡〉，《日本一鑑‧桴海圖經》（明嘉靖三十五年〔1556〕），轉引自藤田元春，《日支交通の研究　中世近世篇》（東京：富山房，1938），頁214。

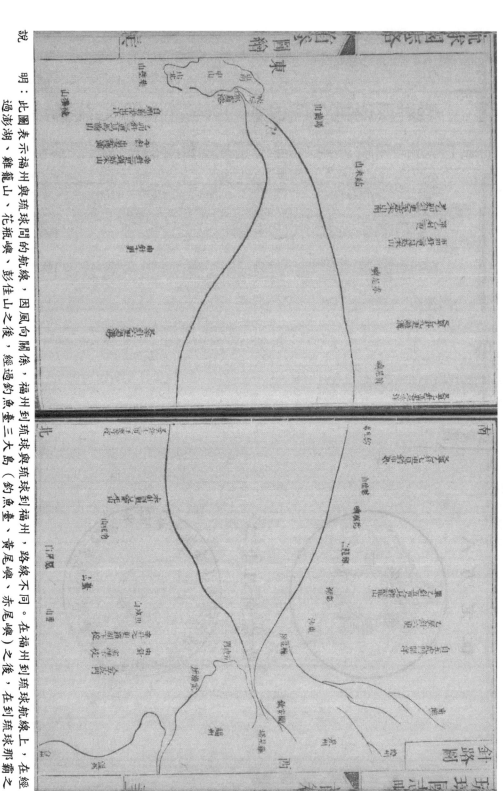

圖 1.3.5　《琉球國志略》之針路圖

說　明：此圖表示福州與琉球間的航線，因風向關係，福州到琉球與琉球到福州，路線不同。在福州到琉球航線上，在經
　　　　過澎湖、雞籠山、花瓶嶼、彭住山之後，經過釣魚臺三大島（釣魚臺、黃尾嶼、赤尾嶼）之後，在到琉球那霸之
　　　　前的姑米山即為久美島。

資料來源：周煌，《針路圖》，《琉球國志略》，首卷．圖繪，清乾隆二十四年（1759）漱潤堂藏板，轉自《琉球國志略》，
　　　　卷十六首卷 1，日本国立国会図書館デジタルコレクション，請求記號：219.9-Sy979r，https://dl.ndl.go.jp/，2021
　　　　年 5 月 18 日檢閱。

　　寫於 8 世紀的《日本書紀》與《續日本紀》都記載了久美島的南島人曾到日本進貢（頁 8），也可印證鼊鼊嶼在 7 世紀時可能的人類活動。《隋書流求國傳》的「流求國」既為一個航線的終點，所謂「流求」同時指臺灣與琉球，也就不能成立。早期以「流求」為臺灣的學者，認為《隋書流求國傳》的「流求」土著有獵人之風，為臺灣所有而琉球所無。賴教授認為，像這種人文現象經過幾個世紀會發生比自然現象更多的變化，是可接受的。

　　不過，就評者而言，即使在人文方面，《隋書流求國傳》稱「流求」為「國」，很值得注意。赤嶺守教授在書中頁 18 展示一張琉球的城跡相片，說最晚在 11 世紀琉球由南到北的島嶼有三百餘座這種與中國、日本不同的城，先有單廓，後有多廓（頁 18-19）。西元 2000 年聯合國教科文組織已將琉球這些城的遺跡列為世界文化遺產。這些證據說明了《隋書流求國傳》的「流求」較為可能是琉球，因為臺灣原住民的政治組織沒有發展到有城、有國這樣的規模。

　　有關琉球王國的研究，在資料上有一大困難。1879 年琉球國王被迫遷到東京之後，王國的檔案也轉移到東京，在 1923 年東京大地震時毀於一旦。二次大戰末期，琉球是盟軍與日軍激戰之地，留在琉球的資料也大多燒燬。戰後有關琉球王國歷史的重建，主要靠琉球以外地區留存的資料，例如臺灣大學所藏《歷代寶案》──琉球王國對外往來文書抄本，日本、韓國、中國或東南亞各國所保留的相關資料。

　　赤嶺守教授此書主要以近年研究成果為基礎寫成。赤嶺守教授生在那霸，對琉球歷史有深厚的感情，其大學本科讀的是明治大學，研究所則在臺灣大學歷史系就讀 10 年，取得博士學位。之後任教於琉球大學。由於作者深厚的日本史、中國史乃至東亞史背景，全書很能將這些歷史與琉球史交叉論述。在論述過程中，圖文穿插有致，敘述循循善誘，書出版半年即已二刷，是值得東亞歷史學者或一般讀者一讀的好書。

第二篇　清末時期

# 清末臺灣與中國大陸之貿易型態比較（1860-1894）[*]

　　臺灣相對中國大陸，由於開發較晚，新開發的沃土雖利於農耕，但資本、技術的欠缺卻不利於與傳統工業已相當發達的中國大陸競產日用手工業品，遂與中國大陸進行區域分工，以本島所產農產品易取中國大陸手工業品以裕經濟。基於此種區域分工的需求，加上位處東亞、東南亞航運要衝，利於貿易，島民來自貿易較為發達的閩粵兩省，較為擅長貿易諸因素，使臺灣自 16 世紀以來對外貿易即很發達。但入清以後，其貿易範圍以中國大陸、日本、南洋為限而未及於全球。中國大陸雖貿易範圍及於全球，但在 1760 至 1842 年間，有廣州獨口貿易的限制，[1]臺灣與中國大陸兩者貿易在 19 世紀中葉同時都更加開放。

　　前人有關貿易開放對中國衝擊之研究，全國性者有 C. F. Remer、侯繼明（Chi-ming Hou）、Robert F. Dernberger 等專論，與楊端六、蕭亮林（Liang-lin Hsiao）之貿易資料彙編；區域性者有中央研究院近代史研究所中國近代化區域研究以及劉翠溶、謝世芬和筆者分別就漢水流域、九江、臺灣所進行之研究。[2] 在此等區域研究與全國性研究之外，本文擬進

* 本文修改自《臺灣師大歷史學報》，期 6（1978 年 5 月），頁 209-243。

1　張德昌，〈清代鴉片戰爭前之中西沿海通商〉，《清華學報》，卷 10 期 1（1935 年 1 月），頁 96-145 之頁 96。

2　C. F. Remer, *Foreign Trade of China* (Shanghai: Commercial press, 1926); Chi-ming Hou, *Foreign Investment and Economic Development in China, 1840-1937* (Cambridge: Harvard University Press 1968); R. F. Dernberger, "The Role of Foreigners in China's Economic Development," D. H. Perkins, ed., *China's Modern Economy in Historical Perspective* (Stanford: Stanford University Press 1975); Twan-liu Yang, Hou Hou-pei et al, *Statistics of China's Foreign Trade during the Last Sixty-Five Years* (National Research Institute of Social Sciences, Academia Sinica, 1931); Liang-lin Hsiao, *China's Foreign Trade Statistics 1864-1949* (Cambridge East Asian Research Center, Harvard University, 1974); Tsui-jung Liu, *Trade on the Han River and its Impact on Economic Development, c. 1800-1911*, Monograph series (Institute of Economics Academia Sinica), no. 16 (Taipei: Institute of Economics, Academia Sinica, 1980); 謝世芬，〈九江貿易研究〉（臺北：國立臺灣大學歷史學研究所碩士論文，1977）；林滿紅，《茶、糖、樟腦業與臺灣之社會經濟變遷（1860～1895）》，臺灣研究叢刊（臺北：聯經出版事業股份有限公司，1997 初版，2008 八刷）。其他臺灣之後完成有關口岸貿易之碩士論文見本書，〈臺灣商業經營的中國傳承與蛻變〉一文，此外，Yu-kwei Cheng, *Foreign Trade and Industrial Development of China* (Washington, D.C.: University Press of Washington, 1956), p. 6. 之書目亦可參考。

行臺灣與中國大陸或中國全國間之比較研究。

　　本文所用資料除前人研究成果外，以海關資料、英國領事商務報告為主，研究過程採用有關貿易與經濟發展的理論作為分析工具。在時間斷限上，本文始於 1868 年，止於 1894 年。蓋因自 1868 年起，臺灣方有較為完整之貿易資料，而 1894 年甲午戰爭發生，1895 年臺灣割日，其經濟情況因政治變遷而有較大改變，該年之臺灣貿易資料僅有半年，較難進行歷年比較。

# 一、貿易成長率之比較

　　本文歷年成長率之計算公式為（ $\frac{本年貿易額}{上年貿易額}$ -1）×100％。年平均成長率乃歷年成長率之算術平均數。根據調整後之臺灣海關資料及蕭亮林彙編的 *China's Foreign Trade Statistics, 1864-1949*（《中國國際貿易統計手冊：1864-1949》）計算，1868 至 1894 年間，臺灣的年平均貿易成長率為 7.99％，全國為 3.43％，顯然臺灣之貿易成長較全國快速（見表 2.1.1）。由於臺灣貿易成長率較全國為大，臺灣貿易總額占全國貿易總額的比例逐年增加，1868 至 1869 年間占全國貿易總額 1.69％，1870 至 1874 年間占 2.55％，1875 至 1879 年間占 3.75％，1879 至 1894 年間則占 4-5％（見表 2.1.1）。由上述情形可知 1875 至 1879 年間是臺灣貿易總額占全國貿易總額由 3％以下增加為 4-5％之關鍵時期。一般臺灣史研究者認為 1874 年牡丹社事件發生以後外力對臺灣介入日強，清廷對臺灣的關注也日深，臺灣的內地化與現代化加速進行，這與 1875 年以後臺灣貿易的快速成長不無關係。因臺灣貿易潛力大，易引起各國與清廷對臺灣的注意，而臺灣因貿易所得的財富也方便清廷在臺灣加強內地化與現代化的設施。

　　1868 至 1894 年間臺灣貿易總額雖占全國貿易總額之 3.74％（見表 2.1.1），但此時期臺灣人口僅占全國之 0.6％，故臺灣每人所分攤之貿易額較中國大陸各省為多。以 1868 至 1894 年臺灣貿易額之算術平均數除以此時期臺灣的人口約 250 萬，得此期臺灣每人分攤貿易額為 3.9 海關兩。

此時期之末年—1894年，臺灣之每人分攤貿易額則達5海關兩。而據C. F.Remer計算，全中國每人分攤貿易額1901年為1.09海關兩，1911年為2.12海關兩，至1921年亦僅有3.77海關兩。[3]故平均說來，甲午戰前臺灣人民參與對外貿易的程度已超過1921年中國大陸人民參與對外貿易的程度。

表 2.1.1　臺灣與全國之貿易值比較（1868-1894）

單位：千海關兩

| 年分 | 出口淨值 | | | 成長率 | | 進口淨值 | | | 成長率 | | 貿易淨值 | | | 成長率 | |
|---|---|---|---|---|---|---|---|---|---|---|---|---|---|---|---|
| | 全國 | 臺灣 | 臺灣/全國 | 全國 | 臺灣 | 全國 | 臺灣 | 臺灣/全國 | 全國 | 臺灣 | 全國 | 臺灣 | 臺灣/全國 | 全國 | 臺灣 |
| 1868 | 71,938 | 880 | 1.22 | | | 55,794 | 1,150 | 2.06 | | | 127,732 | 2,030 | 1.59 | | |
| 1869 | 70,223 | 980 | 1.40 | 2.44 | 11.36 | 59,181 | 1,340 | 2.26 | 6.07 | 16.52 | 129,404 | 2,320 | 1.79 | 1.31 | 14.29 |
| 平均 | | | 1.31 | | | | | 2.16 | | | | 2,175 | 1.69 | | |
| 1870 | 64,762 | 1,660 | 2.56 | -7.78 | 69.39 | 55,915 | 1,450 | 2.59 | -5.52 | 8.21 | 120,677 | 3,110 | 2.58 | -6.74 | 34.05 |
| 1871 | 78,453 | 1,700 | 2.17 | 21.14 | 2.41 | 61,617 | 1,790 | 2.91 | 10.20 | 23.45 | 140,070 | 3,490 | 2.49 | 16.07 | 12.22 |
| 1872 | 88,244 | 1,970 | 2.23 | 12.48 | 15.88 | 59,186 | 1,680 | 2.84 | -3.95 | -6.15 | 147,430 | 3,650 | 2.48 | 5.25 | 4.58 |
| 1873 | 80,947 | 1,480 | 1.83 | -8.27 | -24.87 | 58,434 | 1,790 | 3.06 | -1.27 | 6.55 | 139,381 | 3,270 | 2.35 | -5.46 | -10.41 |
| 1874 | 78,457 | 1,810 | 2.31 | -3.08 | 22.30 | 56,308 | 2,010 | 3.57 | -3.64 | 12.29 | 134,765 | 3,820 | 2.83 | -3.31 | 16.82 |
| 平均 | | | 2.22 | 2.90 | 17.? | | | 2.99 | -0.84 | 8.87 | | 3,468 | 2.55 | 1.16 | 11.45 |
| 1875 | 80,880 | 1,820 | 2.25 | 3.09 | 0.55 | 59,426 | 2,220 | 3.74 | 5.54 | 10.45 | 140,306 | 4,040 | 2.88 | 4.11 | 5.76 |
| 1876 | 94,010 | 2,630 | 2.80 | 16.23 | 44.51 | 61,572 | 2,470 | 4.01 | 3.61 | 11.26 | 155,582 | 5,100 | 3.28 | 10.89 | 26.24 |
| 1877 | 79,349 | 2,760 | 3.48 | -15.60 | 4.94 | 64,225 | 2,830 | 4.41 | 4.31 | 14.57 | 143,574 | 5,590 | 3.89 | -7.72 | 9.61 |
| 1878 | 79,488 | 2,790 | 3.51 | 0.18 | 1.09 | 61,953 | 2,750 | 4.44 | -3.54 | -2.83 | 141,441 | 5,540 | 3.92 | -1.49 | -0.89 |
| 1879 | 84,925 | 4,130 | 4.86 | 6.84 | 48.03 | 71,194 | 3,330 | 4.68 | 14.92 | 21.09 | 156,119 | 7,460 | 4.78 | 10.38 | 34.66 |
| 平均 | | | 3.38 | 2.15 | 19.82 | | | 4.26 | 4.97 | 10.91 | | 5,546 | 3.75 | 1.36 | 15.08 |
| 1880 | 91,848 | 4,870 | 5.30 | 8.15 | 17.92 | 69,448 | 3,590 | 5.17 | -2.45 | 7.81 | 161,296 | 8,460 | 5.25 | 3.32 | 13.40 |
| 1881 | 84,990 | 4,160 | 4.89 | -7.47 | -14.58 | 80,825 | 4,100 | 5.07 | 16.38 | 14.21 | 165,815 | 8,260 | 4.98 | 2.80 | -2.36 |
| 1882 | 80,215 | 4,050 | 5.05 | -5.62 | -2.64 | 67,919 | 3,100 | 4.56 | -15.97 | -24.39 | 148,134 | 7,150 | 4.83 | -10.66 | -13.44 |
| 1883 | 82,983 | 4,110 | 4.95 | 3.45 | 1.48 | 64,325 | 2,600 | 4.04 | -5.29 | -16.13 | 147,308 | 6,710 | 4.56 | -0.56 | -6.15 |
| 1884 | 79,669 | 4,170 | 5.23 | -3.99 | 1.46 | 63,598 | 2,550 | 4.01 | -1.13 | -1.92 | 143,267 | 6,720 | 4.69 | -2.74 | 0.15 |
| 平均 | | | 5.08 | -1.10 | 0.73 | | | 4.57 | -1.69 | -4.08 | | 7,460 | 4.86 | -1.57 | -1.68 |
| 1885 | 77,499 | 3,820 | 4.93 | -2.72 | -8.39 | 77,308 | 3,160 | 4.09 | 21.56 | 23.92 | 154,807 | 6,980 | 4.51 | 8.05 | 3.87 |
| 1886 | 91,443 | 4,450 | 4.87 | 17.99 | 16.49 | 76,689 | 3,540 | 4.62 | 0.80 | 12.03 | 168,132 | 7,990 | 4.75 | 8.61 | 14.47 |
| 1887 | 100,209 | 4,560 | 4.55 | 9.59 | 2.47 | 88,167 | 3,800 | 4.31 | 14.97 | 7.34 | 188,376 | 8,360 | 4.44 | 12.04 | 4.63 |
| 1888 | 92,401 | 4,540 | 4.91 | -7.79 | -0.44 | 124,783 | 3,990 | 3.20 | 22.77 | 5.00 | 217,184 | 8,530 | 3.93 | 14.36 | 2.03 |
| 1889 | 96,948 | 4,410 | 4.55 | 4.92 | -2.86 | 110,884 | 3,600 | 3.25 | -11.14 | -9.77 | 207,832 | 8,010 | 3.85 | -4.31 | -6.10 |
| 平均 | | | 4.76 | 4.40 | 1.45 | | | 3.89 | 9.79 | 7.70 | | 7,974 | 4.30 | 7.75 | 3.78 |
| 1890 | 87,144 | 4,260 | 4.89 | -10.11 | -3.40 | 127,093 | 3,840 | 3.02 | 14.62 | 6.67 | 214,237 | 8,100 | 3.78 | 3.08 | 1.12 |
| 1891 | 100,948 | 4,740 | 4.70 | 15.84 | 11.27 | 134,004 | 3,700 | 2.76 | 5.44 | -3.65 | 234,952 | 8,440 | 3.59 | 9.67 | 4.20 |
| 1892 | 102,584 | 4,960 | 4.84 | 1.62 | 4.64 | 135,101 | 3,750 | 2.78 | 0.82 | 1.35 | 237,685 | 8,710 | 3.66 | 1.16 | 3.20 |
| 1893 | 116,632 | 6,340 | 5.44 | 13.69 | 27.82 | 151,363 | 4,810 | 3.18 | 12.04 | 28.27 | 267,995 | 11,150 | 4.16 | 12.75 | 28.01 |
| 1894 | 128,105 | 7,250 | 5.66 | 9.84 | 14.35 | 162,103 | 5,450 | 3.36 | 7.10 | 13.31 | 290,208 | 12,700 | 4.38 | 8.29 | 13.09 |
| 平均 | 107,083 | 5,510 | 5.15 | 6.18 | 10.94 | 141,933 | 4,310 | 3.02 | 8.00 | 9.19 | 249,015 | 9,820 | 3.91 | 6.99 | 10.09 |
| 1868-1894 | 2,472,377 | 100,800 | 4.08 | 2.89 | 10.05 | 2,258,415 | 80,390 | 3.56 | 4.13 | 6.90 | 4,730,792 | 181,190 | 3.83 | 3.43 | 7.99 |

3　C. F. Remer, *Foreign Trade of China*, p. 233.

資料來源：
（1）中國貿易值：根據 Liang-Lin Hsiao, *China's Foreign Trade Statistics, 1864-1949*,
　　　pp. 268-269 計算。
（2）臺灣貿易值：根據 Inspector General of Chinese Maritime Customs, *Chinese
　　　Maritime Customs Publications,1860-1948, Trade Reports and Trade Returns*〔以
　　　下簡稱中國海關資料〕(Shanghai : Chinese maritime customs, 1860-1948). 淡水
　　　1868 至 1895 年部分、打狗 1868 至 1890 年部分、及臺南 1891 至 1895 年部份，
　　　中央研究院近代史研究所圖書館所藏微卷。臺灣的貿易資料 1868-1887 部分
　　　依照 Liang-lin Hsiao, *China's Foreign Trade Statistics,1864-1949*, p. 266 的調整
　　　方法作如下調整：
進口淨值＝歷年海關進口值—進口由起岸至市場之成本（海關進口值x7％）—（淡
　　　　　水與打狗或兩海關之進口稅）—（淡水與打狗或臺南兩海關之鴉片釐金
　　　　　與鴉片稅）
出口淨值＝歷年海關出口值＋出口品由產地至船邊之成本（海關出口值x8％）＋
　　　　　（淡水與打狗或兩海關之出口稅）
貿易淨值＝進口淨值＋出口淨值

　　貿易成長率可分出口成長率與進口成長率。1868 至 1894 年間臺灣之
年平均出口成長率與進口成長率分別為 10.05％、6.9％，均大於中國大陸
之年平均出口成長率與進口成長率之分別為 3.30％、4.04％（見表 2.1.1）。
由表 2.1.1 可看出 1868 至 1894 年間臺灣除貿易開始初期少數幾年之外，
其貿易均屬出超；中國大陸在 1887 年以前是為出超，1888 年以後則轉為
入超。

　　此研究結果與前人認為中國對外開放貿易以來除少數幾年外均屬入
超的情形相反，乃因前人用以計算出入超之海關資料 1889 年以前係以市
價計算進出口值，而進出口貨物的市價並不能用來計算出入超。國際上
計算出入超係以出口貨之起岸價格（F. O. B.），進口貨之到岸價格（C.
I. F.）計算進出口值。之所以如此計算，乃因說明一國之出入超，目的在
了解一國收入與支出間的關係，如以市價而不以起岸價格計算晚清中國
的進口值，則有進口稅、進口貨由起岸到銷售間的一切成本、鴉片釐金
原是中國收入的款項計算成中國支出的款項，如以市價而不以到岸價格
計算晚清中國的出口值，則有出口稅、出口貨由產地到船邊的成本應納
入中國收入帳下而未納入。海關資料 1889 年以後已在每年貿易統計之末
以起岸價格、到岸價格計算進出口值，1889 年以前之資料則需調整。[4] 經

----

4　Liang-lin Hsiao, *China's Foreign Trade Statistics, 1864-1949*, pp. 266-267 指出調整項目。本文根

此調整後之進口值較原進口值為少，出口值較原出口值為多，故 1889 年以前中國之貿易收支平衡乃由前人研究成果之入超轉為出超。

## 二、貿易結構之比較

貿易結構包括貿易品內容與貿易地區兩項。就貿易地區而言，1871 至 1893 年中國進口值中各國所占百分比如表 2.1.2 所示。

表 2.1.2　中國進口值中各國（或地區）所占百分比（1871-1893）

| 地區＼年分 | 香港 | 英國 | 日本 | 美國 | 俄國 | 其他 |
|---|---|---|---|---|---|---|
| 1871-1873 | 32.5 | 34.7 | 3.7 | 0.5 | 0.2 | 28.4 |
| 1881-1883 | 36.2 | 23.8 | 4.9 | 3.7 | 0.2 | 31.2 |
| 1891-1893 | 51.2 | 20.4 | 4.7 | 4.5 | 0.6 | 18.6 |

資料來源：嚴中平等編，《中國近代經濟史統計資料選輯》，中國近代經濟史參考資料叢刊第 1 種（北京：科學出版社，1995），頁 65。

中國出口值中各國所占百分比如表 2.1.3 所示。

表 2.1.3　中國出口值中各國所占百分比（1871-1893）

| 地區＼年分 | 香港 | 英國 | 美國 | 日本 | 俄國 | 其他 |
|---|---|---|---|---|---|---|
| 1871-1873 | 14.7 | 52.9 | 14.1 | 1.7 | 3.3 | 13.3 |
| 1881-1883 | 25.4 | 33.3 | 12.4 | 2.4 | 7.3 | 19.2 |
| 1891-1893 | 39.3 | 11.3 | 9.8 | 7.2 | 8.6 | 23.8 |

資料來源：嚴中平等編，《中國近代經濟史統計資料選輯》，頁 66。

由表 2.1.2、表 2.1.3 可知：1. 甲午戰前中國以英國及香港為主要貿易對象。以英國為主要對象是因此時期中國進口以鴉片、棉毛織品為大宗，此等進口貨主要來自英國及其屬地，而英國又由中國進口了大量的絲和茶。至於與香港貿易之盛，主要是因香港的重要轉口地位。2. 英、美、俄在中國出口值所占比重均大於其個別在中國進口值中所占比重，日本在進口值中所占比重則大於其在出口值中所占比重。中國分別出口往英、

據 Yu-kwei Cheng, *Foreign Trade and Industrial Development of China*, pp. 12-13 之說法，認為 1887 年以後海關資料無需再調整。

美、俄、日的產品為生絲、紅茶、綠茶、茶磚與蔗糖,分別自英、美、俄、日輸入的重要產品為鴉片、棉絲織品、煤油與火柴。3. 英國在中國進出口值中所占比重有逐漸下降的趨勢,因早期中國生絲出口歐洲多繞道好望角至英國再轉售歐陸,1869 年蘇伊士運河通航,生絲即不需再經英國而可直售歐陸;此外,1870 年代以後印度茶、錫蘭茶以 70% 的年平均成長率崛起,而且其質精味美,又採大規模生產方式,較為經濟,遂逐漸取代中國紅茶在英國的市場。[5] 在經濟現象上,一般而言,進口是出口的函數,因茶貿易衰落所造成之中國對英出口貿易值日減,亦使中國由英國之進口值減退。

經濟學者 M. Michaely 以集中係數(concentration coefficient)衡量貿易地區之集中程度。此係數之計算公式為 $100 \times \sqrt{\Sigma\left(\frac{X_i}{X}\right)^2}$,其中 Xi 為對某國之進口或出口值,X 為進口或出口總值,$\Sigma$ 為總和。集中係數越大表示進口或出口地區越集中。[6] 以此公式計算此時期中國貿易地區之集中係數如表 2.1.4。

表 2.1.4　中國進出口地區集中係數(1871-1893)

| 年分 \ 係數 | 出口國家集中係數 | 進口國家集中係數 |
|---|---|---|
| 1871-1873 | 58 | 55 |
| 1881-1883 | 48 | 53 |
| 1891-1893 | 49 | 58 |

資料來源:根據前揭表 2.12、表 2.1.3 為原始材料,依上述集中係數公式計算。

表 2.1.4 顯示,此期中國出口地區有逐漸多元化的傾向,進口地區則先多元化,再集中化,這種貿易地區的分布情形與中國及各國間的外交關係會有關連。

1868 至 1894 年間臺灣的貿易地區雖遍及全球,但除與日本、南洋及

---

5　參見 Banister, T. R., "A History of the External Trade of China, 1834-81," *Chinese Maritime Custom Reports*, special series, no. 11 Tea, 1888; 林滿紅,《茶、糖、樟腦業與臺灣之社會經濟變遷(1860～1895)》,頁 20,表 2.1。

6　Kuo-shu Liang and Liang Hou Ching-ing, "Exports and Employment in Taiwan, 1945-1976," A Report to the council for Asian Manpower Studies, 1976.

中國大陸各港有直接貿易之外，多由香港、廈門轉口；根據 1884 至 1894 歷年海關資料統計臺灣直接貿易對象如表 2.1.5 至表 2.1.10 所示。

表 2.1.5　臺灣北部出口值中各主要直接貿易地區所占百分比
（1884-1894）

| 地區 | 廈門 | 香港 | 上海 | 汕頭 | 福州 | 天津 | 寧波 | 打狗 |
|---|---|---|---|---|---|---|---|---|
| 百分比 | 91 | 7 | 2 | 0.31 | 0.11 | 0.09 | 0.05 | 0.03 |

資料來源：由 1884 至 1894 歷年海關資料的淡水部分算出。

根據表 2.1.5 計算臺灣北部直接出口地區的集中係數為 91.29。

表 2.1.6　臺灣南部出口值中各主要直接貿易地區所占百分比

| 地區 | 日本 | 天津 | 煙臺 | 香港 | 上海 | 寧波 | 汕頭 | 廈門 | 牛莊 | 淡水 |
|---|---|---|---|---|---|---|---|---|---|---|
| 百分比 | 36 | 17 | 12 | 12 | 10 | 6 | 2 | 2 | 0.4 | 0.3 |

資料來源：由 1884 至 1894 歷年海關資料打狗或臺南部分算出。

根據表 2.1.6 計算臺灣南部出口地區集中係數為 45.09。

比較臺灣南、北部與中國大陸之出口地區集中係數，臺灣北部大於中國大陸，臺灣南部小於中國大陸。而臺灣南、北部之直接貿易對象中，北部出口對象以廈門、香港為主，南部則以日本、華北、香港、華中為主（見表 2.1.5、表 2.1.6）。廈門、香港之所以成為北部主要貿易對象，乃因廈門、香港分別為北臺灣茶葉銷售美國，樟腦銷售歐、美、印度之轉口港。日本、華北、香港、華中之所以成為南臺灣主要出口貿易對象，乃因其由南臺灣進口大量蔗糖。香港亦為南臺灣蔗糖銷售歐、美、澳各地之轉口港。故臺灣貿易的主要最終市場為中國大陸、美國、日本。中國大陸則以英國及其屬地為其出口品之主要最終市場。

海關將臺灣南、北部之進口貨物，根據其產地概分為洋貨、華貨兩項，華貨指產自於中國大陸各省者，洋貨指產自於外洋各國者，其在進口貨中所占比例，由下列表 2.1.7 至表 2.1.10，可得知梗概。

表 2.1.7　臺灣北部洋貨進口值中各主要直接貿易地區所占百分比

| 地區 | 香港 | 中國各口岸 | 英國 |
|---|---|---|---|
| 百分比 | 78 | 18 | 1.4 |

資料來源：由 1884 至 1894 歷年海關資料淡水部分算出。

根據表 2.1.7 計算臺灣北部洋貨進口地區集中係數為 80.06。

表 2.1.8　臺灣南部洋貨進口值中各主要直接貿易地區所占百分比

| 地區 | 香港 | 中國各口岸 | 日本 | 英國 |
|---|---|---|---|---|
| 百分比 | 86 | 13 | 0.27 | 0.12 |

資料來源：由 1884 至 1894 歷年海關資料打狗或臺南部分算出。

根據表 2.1.8 計算臺灣南部洋貨進口地區之集中係數為 86.98。

由表 2.1.7、表 2.1.8 可見臺灣南北部洋貨進口多由香港或中國各口岸轉口，故進口集中度均較中國大陸為高。但這不意味著臺灣進口洋貨的最終來源較中國大陸集中，臺灣進口洋貨的最終來源仍與中國大陸相同，以供應鴉片的印度與供應棉毛織品的英國為主。

表 2.1.9　臺灣北部華貨進口值中各主要直接貿易地區所占百分比

| 地區 | 上海 | 香港 | 廈門 | 汕頭 | 牛莊 | 福州 | 打狗 |
|---|---|---|---|---|---|---|---|
| 百分比 | 35 | 26 | 20 | 11 | 2 | 1.7 | 1.3 |

資料來源：由 1884 至 1894 歷年海關資料淡水部分算出。

根據表 2.1.9 計算臺灣北部華貨進口地區集中係數為 49.31。

表 2.1.10　臺灣南部華貨進口值中各直接貿易地區所占百分比

| 地區 | 香港 | 廈門 | 汕頭 | 福州 | 上海 | 淡水 |
|---|---|---|---|---|---|---|
| 百分比 | 44 | 28 | 16 | 9 | 2 | 1.47 |

資料來源：由 1884 至 1894 歷年海關資料打狗或臺南部分算出。

根據表 2.1.10 計算臺灣南部之華貨進口地區集中係數為 55.34。

由表 2.1.5 至表 2.1.10 所顯示之各情形，可知 19 世紀中葉以後中國

大陸與臺灣分別擴展了貿易範圍，臺灣主要貿易對象為中國大陸及美國、日本，而中國大陸則以英國及其屬地為主要貿易對象。但臺灣出口品除少數外，或直接行銷中國大陸或由中國大陸轉口，並由中國大陸直接進口華貨、間接進口洋貨，中國大陸始終是臺灣對外貿易的最主要對象。由表 2.1.5、表 2.1.6、表 2.1.9、表 2.1.10 亦可見，北部臺灣的出口品雖以運往廈門、香港為主，進口華貨則除廈門、香港外，上海亦為一重要供應地；臺灣南部物產的輸出雖以行銷華中、華北為主，但華貨進口反多取自華南；由於地形多山與交通不便，臺灣南北部間的貿易關係反而不如其個別與中國大陸間的貿易關係大。

貿易結構中第二項之貿易品內容可依其性質與集中係數來加以說明。

1868 年至 1894 年間中國的出口一直以絲、茶為大宗，茶在 1886 年以前居出口首位，1887 年以後則為絲所取代。絲、茶占此時期中國的出口比例約在 30-50% 之間（見表 2.1.11）。第三項主要出口貨為糖或棉花，其比例僅為 2-5%（見表 2.1.11）。中國大陸出口品中，除茶約 5%（見表 2.1.12），糖約一半（見表 2.1.13）由臺灣出產外，其餘均為中國大陸本身所產。

表 2.1.11　中國重要出口品占出口總值百分比（1872-1895）

| 年分 ＼ 項目 | 茶 | 絲 | 糖 | 棉花 | 雜貨 |
|---|---|---|---|---|---|
| 1872 | 53.51 | 37.29 | 1.80 | — | 7.40 |
| 1873 | 50.68 | 40.54 | 2.35 | — | 6.43 |
| 1874 | 55.29 | 34.52 | 1.92 | — | 8.27 |
| 1875 | 53.26 | 35.68 | 2.33 | — | 8.73 |
| 1876 | 45.33 | 44.30 | 2.86 | — | 7.51 |
| 1877 | 49.42 | 33.74 | 5.52 | — | 11.32 |
| 1878 | 47.66 | 37.40 | 2.78 | — | 12.16 |
| 1879 | 46.03 | 39.60 | 3.08 | — | 11.29 |
| 1880 | 45.87 | 38.31 | 4.19 | — | 11.63 |
| 1881 | 46.03 | 37.60 | 3.61 | — | 12.76 |
| 1882 | 46.53 | 33.91 | 4.61 | — | 14.95 |

| 1883 | 45.83 | 34.10 | 5.42 | — | 14.65 |
|------|-------|-------|------|---|-------|
| 1884 | 43.40 | 34.52 | 2.18 | — | 16.46 |
| 1885 | 49.64 | 30.77 | 2.90 | — | 16.69 |
| 1886 | 43.40 | 37.35 | 2.18 | — | 17.07 |
| 1887 | 34.99 | 36.91 | 2.18 | — | 25.92 |
| 1888 | 32.78 | 34.83 | 2.70 | 2.41 | 27.28 |
| 1889 | 29.15 | 37.55 | 2.81 | 5.20 | 25.29 |
| 1890 | 30.60 | 34.72 | 3.06 | 3.43 | 28.19 |
| 1891 | 30.74 | 36.56 | 2.57 | 3.80 | 26.33 |
| 1892 | 25.33 | 37.33 | 2.02 | 4.96 | 30.36 |
| 1893 | 26.20 | 32.68 | 1.99 | 5.29 | 33.84 |
| 1894 | 24.87 | 33.29 | 1.90 | 5.75 | 34.19 |
| 1895 | 22.64 | 35.37 | 1.49 | 7.82 | 32.69 |

資料來源：Banister, T. R., "A History of the External Trade of China, 1834-81," in Inspector-General of the Chinese Maritime Customs, ed., *Decennial Reports, 1922-1931* (Shanghai: Chinese Maritime Customs, 1931), pp. 120, 190.

表 2.1.12　臺灣占全國茶葉出口百分比

| 項目<br>年分 | 全國（磅）<br>（1） | 臺灣（磅）<br>（2） | 臺灣占全國百分比<br>（3）＝（2）/（1） |
|------|------|------|------|
| 1871 | 214,282,500 | 1,502,100 | 0.70 |
| 1876 | 221,012,600 | 6,487,800 | 2.94 |
| 1881 | 263,975,133 | 11,978,600 | 4.54 |
| 1886 | 261,238,400 | 13,798,000 | 5.28 |
| 1891 | 204,519,233 | 15,029,500 | 7.35 |
| 1896 | 170,740,967 | 19,327,500 | 11.32 |
| 1871-1896 | | | 5.355 |

資料來源：J. W. Davidson 著，蔡啟恒譯，《臺灣之過去與現在》，臺銀研究叢刊第107 種（臺北：臺灣銀行經濟研究室，1972），頁 258。

表 2.1.13　中國各地糖出口量

單位：擔

| 地區<br>年分 | 汕頭 | 打狗 | 其他 | 合計 |
|------|------|------|------|------|
| 1871 | 72,870 | 235,405 | 104,463 | 412,738 |
| 1872 | 148,142 | 310,607 | 64,853 | 523,602 |
| 1873 | 170,655 | 249,562 | 83,572 | 503,789 |
| 1874 | 83,174 | 379,724 | 105,865 | 568,763 |
| 1875 | 72,035 | 327,386 | 193,590 | 593,011 |

| | | | |
|---|---|---|---|
| 1876 | 369,367 | 497,694 | 396,385 | 1,263,446 |
| 1877 | 390,043 | 427,376 | 456,728 | 1,274,147 |
| 1878 | 161,149 | 249,360 | 174,738 | 585,247 |
| 1879 | 69,451 | 474,889 | 182,496 | 726,836 |
| 1880 | 218,655 | 790,755 | 228,776 | 1,238,196 |
| 1881 | 292,319 | 479,221 | 186,024 | 957,564 |

資料來源：Inspector General of Chinese Maritime Customs, ed., *Decennial Reports, 1922-1931*, p. 130.

　　中國大陸除出口大宗外，其出口之雜項中還包括大豆、豆餅、獸皮等。此時期臺灣出口的大宗則為茶和糖，其占臺灣出口總額之百分比分別為 54％、36％。臺灣之第三重要出口品為樟腦，占 4％，第四重要出口品為煤，占 2％。其他為數甚少的出口貨物則為靛藍、大麻、花生、龍眼、鳳梨等，故此時期臺灣與中國大陸之出口貨物在性質上幾乎均為農產品。

　　1868 至 1894 年中國主要進口貨以鴉片、棉貨為主，1885 年以後棉貨且取代鴉片居進口首位。鴉片與棉貨占中國進口總額的比例各約 30-40％（見表 2.1.14）。其他重要進口貨物有毛貨，占進口總額約 5％，金屬占約 5％，米占約 4％，1890 年以後煤油進口亦趨重要，占約 4％（見表 2.1.14）。

表 2.1.14　中國重要進口品占總進口值百分比（1882-1894）

| 項目<br>年分 | 鴉片 | 棉貨 | 毛貨 | 金屬及礦物 | 米 | 糖 | 煤油 | 雜貨 |
|---|---|---|---|---|---|---|---|---|
| 1882 | 34.42 | 29.22 | 5.78 | 6.05 | — | — | — | 24.53 |
| 1883 | 34.45 | 29.97 | 5.29 | 6.35 | — | — | — | 23.94 |
| 1884 | 35.94 | 30.43 | 5.10 | 5.63 | — | — | — | 22.90 |
| 1885 | 28.84 | 35.71 | 5.47 | 6.24 | — | — | — | 23.74 |
| 1886 | 28.56 | 33.28 | 6.45 | 6.06 | — | — | — | 25.65 |
| 1887 | 27.31 | 36.23 | 5.30 | 5.67 | 2.69 | — | — | 22.80 |
| 1888 | 25.91 | 35.61 | 4.09 | 5.52 | 7.72 | — | — | 21.15 |
| 1889 | 27.46 | 32.59 | 3.58 | 6.07 | 5.43 | — | — | 24.87 |
| 1890 | 22.78 | 35.42 | 2.87 | 5.41 | 9.01 | — | 3.22 | 21.29 |
| 1891 | 21.14 | 39.77 | 3.51 | 5.41 | 4.92 | — | 3.93 | 21.32 |

| 1892 | 20.19 | 39.01 | 3.55 | 5.28 | 4.31 | — | 3.11 | 24.45 |
| 1893 | 20.94 | 29.82 | 3.03 | 4.76 | 8.57 | 4.91 | 3.68 | 24.29 |
| 1894 | 20.57 | 32.14 | 2.18 | 4.64 | 6.01 | 5.87 | 4.94 | 23.65 |

資料來源：Inspector General of Chinese Maritime Customs, ed., *Decennial Reports, 1922-1931*, pp. 180-181.

　　進口貨物性質一般以消費品、資本品、生產材料的來加以區分。資本品包括機器、工具、車輛、船艇、金屬礦砂、木材、化學品、煤油、滑潤油等生產設備；生產材料包括染料、顏料、棉花、亞麻、菸草、小麥等；消費品包括毛棉織品、魚介海產、棉貨、糖、米、紙、什物等。[7] 依此分類法將蕭亮林《中國國際貿易統計手冊：1864-1949》中之進口值資料作成表2.1.15。

表 2.1.15　中國的進口品內容（1868-1894）

單位：千海關兩

| 年分 | 總和 | (1) 資本財 | | | | | | (2) 生產原料 | | | | | | | | | |
| | | 銅 | 鋼鐵 | 錫 | 木材 | 小計 | % | 染料 | 棉花 | 棉紗 | 煤 | 汽油 | 毛紗 | 小計 | % | 小計 | % |
| 1868 | 63,282 | | 36 | 905 | 197 | 1,138 | 1.79 | | 4,300 | 1,780 | 1,517 | | | 7,597 | 12.00 | 8,735 | 13.80 |
| 1869 | 67,109 | | 31 | 783 | 372 | 1,186 | 1.76 | | 2,808 | 1,766 | 909 | | | 5,483 | 8.17 | 6,669 | 9.94 |
| 1868-1869 | 65,196 | | 34 | 844 | 285 | 1,162 | 1.78 | | 3,554 | 1,773 | 1,213 | | | 6,540 | 10.03 | 7,702 | 11.81 |
| 1870 | 63,693 | | 62 | 1,243 | 272 | 1,577 | 2.47 | | 3,336 | 2,222 | 630 | 140 | | 6,328 | 9.94 | 7,905 | 12.41 |
| 1871 | 70,103 | | 12 | 785 | 348 | 1,145 | 1.63 | | 3,975 | 2,091 | 852 | 64 | | 6,982 | 9.96 | 8,127 | 11.59 |
| 1872 | 67,317 | | 5 | 1,262 | 553 | 1,820 | 2.70 | | 2,329 | 1,528 | 1,229 | 155 | | 5,241 | 7.79 | 7,061 | 10.49 |
| 1873 | 66,637 | | 54 | 1,437 | 440 | 1,931 | 2.89 | | 2,147 | 3,487 | 905 | 168 | | 6,707 | 10.06 | 8,638 | 12.96 |
| 1874 | 64,361 | | 16 | 1,473 | 424 | 1,913 | 2.97 | | 99 | 1,969 | 677 | — | | 2,745 | 4.27 | 4,658 | 7.24 |
| 1870-1874 | 66,422 | | 30 | 1,240 | 407 | 1,677 | 2.53 | | 2,377 | 2,259 | 859 | 132 | | 5,601 | 8.43 | 7,278 | 10.96 |
| 1875 | 67,803 | | 60 | 1,153 | 389 | 1,602 | 2.36 | | 1,494 | 2,747 | 969 | 256 | | 5,466 | 8.06 | 7,068 | 10.42 |
| 1876 | 70,270 | | 36 | 1,008 | 564 | 1,608 | 2.28 | | 2,251 | 2,839 | 729 | 207 | | 6,026 | 8.58 | 7,634 | 10.86 |
| 1877 | 73,234 | | 61 | 1,431 | 609 | 2,101 | 2.86 | | 1,464 | 2,841 | 1,006 | 101 | | 5,472 | 7.47 | 7,573 | 10.34 |
| 1878 | 70,804 | | 24 | 1,313 | 753 | 2,090 | 2.95 | | 970 | 2,521 | 1,141 | 392 | | 5,024 | 7.10 | 7,114 | 10.05 |
| 1879 | 82,227 | | 56 | 947 | 541 | 1,544 | 1.87 | | 1,554 | 3,191 | 803 | 513 | | 6,061 | 7.37 | 7,605 | 9.25 |
| 1875-1879 | 72,868 | | 47 | 1,170 | 571 | 1,789 | 2.46 | | 1,547 | 2,828 | 942 | 735 | | 5,610 | 7.70 | 7,399 | 10.15 |
| 1880 | 79,293 | | 52 | 999 | 592 | 1,643 | 2.07 | | 904 | 3,648 | 968 | 414 | | 5,934 | 7.48 | 7,577 | 9.56 |
| 1881 | 91,911 | | 96 | 1,406 | 787 | 2,289 | 2.49 | | 1,487 | 4,228 | 1,309 | 495 | | 7,519 | 8.18 | 9,808 | 10.67 |
| 1882 | 77,715 | | 22 | 1,440 | 974 | 2,436 | 3.13 | | 1,917 | 4,505 | 1,220 | 964 | | 8,606 | 11.07 | 11,042 | 14.21 |
| 1883 | 73,568 | | 22 | 1,469 | 754 | 2,245 | 3.05 | | 2,100 | 5,242 | 1,184 | 702 | | 9,228 | 12.54 | 11,473 | 15.60 |
| 1884 | 72,761 | | 60 | 1,169 | 355 | 1,584 | 2.18 | | 1,784 | 5,584 | 1,493 | 826 | | 9,687 | 13.31 | 11,271 | 15.49 |

7　褚葆一，《工業化與中國國際貿易》，國民經濟研究所丙種叢書第4編（上海：商務印書館印行，1945），頁 5-6。

| | | | | | | | | | | | | | | | | |
|---|---|---|---|---|---|---|---|---|---|---|---|---|---|---|---|---|
| 1880-1884 | 79,050 | | 50 | 1,297 | 692 | 2,039 | 2.58 | | 1,638 | 4,641 | 1,235 | 680 | | 8,195 | 10.37 | 10,234 | 12.95 |
| 1885 | 88,200 | | 82 | 1,558 | 678 | 2,318 | 2.63 | | 1,298 | 7,871 | 1,735 | 1,704 | | 12,608 | 14.29 | 14,926 | 16.92 |
| 1886 | 87,479 | 118 | 44 | 1,266 | 695 | 2,123 | 2.43 | 698 | 888 | 7,816 | 1,814 | 2,211 | | 13,427 | 15.35 | 15,550 | 17.78 |
| 1887 | 102,264 | 576 | 64 | 1,339 | 585 | 2,564 | 2.51 | 840 | 1,433 | 12,548 | 1,819 | 1,365 | | 18,005 | 17.61 | 20,569 | 20.11 |
| 1888 | 124,783 | 278 | 139 | 2,136 | 939 | 3,492 | 2.80 | 931 | 1,513 | 13,427 | 1,657 | 2,219 | | 19,747 | 15.83 | 23,239 | 18.62 |
| 1889 | 110,884 | 486 | 82 | 1,798 | 813 | 3,179 | 2.87 | 683 | 1,213 | 12,916 | 2,377 | 2,875 | | 20,109 | 18.14 | 23,288 | 21.00 |
| 1885-1889 | 102,722 | 365 | 82 | 1,619 | 742 | 2,735 | 2.66 | 788 | 1,269 | 10,925 | 1,880 | 2,075 | | 16,779 | 16.33 | 19,514 | 19.00 |
| 1890 | 127,093 | 329 | 77 | 1,826 | 834 | 3,066 | 2.41 | 890 | 1,577 | 19,305 | 1,973 | 4,093 | | 27,838 | 21.90 | 30,904 | 24.32 |
| 1891 | 134,004 | 500 | 75 | 1,552 | 896 | 3,023 | 2.26 | 976 | 1,195 | 20,904 | 1,708 | 5,267 | | 30,050 | 22.42 | 33,073 | 24.68 |
| 1892 | 135,101 | 437 | 81 | 1,758 | 1,082 | 3,358 | 2.49 | 979 | 1,157 | 22,059 | 2,008 | 4,203 | 101 | 30,507 | 22.58 | 33,865 | 25.07 |
| 1893 | 151,363 | 511 | 70 | 1,874 | 1,032 | 3,487 | 2.30 | 1,017 | 661 | 17,795 | 2,096 | 5,571 | — | 27,140 | 17.93 | 30,627 | 20.23 |
| 1894 | 162,103 | 386 | 105 | 1,942 | 1,278 | 3,711 | 2.29 | 1,169 | 556 | 21,299 | 3,221 | 8,005 | 158 | 34,408 | 21.23 | 38,119 | 23.52 |
| 1890-1894 | 141,933 | 433 | 82 | 1,790 | 1,024 | 3,329 | 2.35 | 1,006 | 1,029 | 20,272 | 2,201 | 5,428 | 130 | 29,989 | 21.13 | 33,318 | 23.47 |

### 表 2.1.15　中國的進口品內容（續）

單位：千海關兩

| 年分 | 消費品（包括鴉片） | | 消費品（鴉片除外） | | | | | | | | | | 鴉片 | |
|---|---|---|---|---|---|---|---|---|---|---|---|---|---|---|
| | 小計 | % | 米 | 麵粉 | 棉織品 | 毛織品 | 棉毛織品 | 海產 | 火柴 | 糖 | 小計 | % | 小計 | % |
| 1868 | 57,596 | 91.01 | 510 | | 22,408 | 6,437 | 74 | 1,303 | 163 | 573 | 31,468 | 49.73 | 26,128 | 41.29 |
| 1869 | 61,987 | 92.37 | 482 | | 25,239 | 6,573 | 110 | 1,416 | 167 | 428 | 34,415 | 50.28 | 27,572 | 41.09 |
| 1868-1869 | 59,792 | 91.71 | 496 | | 23,824 | 6,505 | 92 | 1,360 | 165 | 501 | 32,942 | 50.53 | 26,850 | 41.18 |
| 1870 | 58,286 | 91.51 | 270 | | 22,329 | 6,535 | 46 | 1,291 | 106 | 827 | 31,404 | 49.31 | 26,882 | 42.21 |
| 1871 | 66,466 | 94.81 | 406 | | 29,807 | 4,766 | 37 | 1,402 | 142 | 644 | 37,204 | 53.07 | 29,262 | 41.74 |
| 1872 | 62,168 | 92.35 | 1,093 | | 25,419 | 4,795 | 23 | 2,225 | 219 | 741 | 34,515 | 51.17 | 27,653 | 41.08 |
| 1873 | 60,734 | 91.14 | 1,440 | | 21,556 | 5,946 | 48 | 1,664 | 243 | 810 | 31,707 | 47.58 | 29,027 | 43.56 |
| 1874 | 54,164 | 84.16 | 8 | | 18,286 | 4,049 | 50 | 1,505 | 177 | 1,524 | 25,599 | 39.77 | 28,565 | 44.38 |
| 1870-1874 | 60,364 | 90.88 | 643 | | 23,479 | 5,218 | 41 | 1,617 | 177 | 909 | 32,086 | 48.31 | 28,278 | 42.57 |
| 1875 | 54,064 | 79.74 | 107 | | 20,084 | 4,561 | 57 | 1,657 | 186 | 2,057 | 28,709 | 42.34 | 25,355 | 37.40 |
| 1876 | 56,468 | 80.36 | 660 | | 20,229 | 4,259 | 42 | 1,825 | 261 | 1,173 | 28,449 | 40.49 | 28,019 | 39.87 |
| 1877 | 59,288 | 80.96 | 1,594 | | 18,818 | 4,798 | 50 | 1,870 | 287 | 1,613 | 29,030 | 39.64 | 30,258 | 41.32 |
| 1878 | 56,655 | 80.02 | 527 | | 16,054 | 4,876 | 35 | 2,359 | 403 | 138 | 24,392 | 34.45 | 32,263 | 45.57 |
| 1879 | 67,556 | 82.16 | 334 | | 22,617 | 4,954 | 39 | 2,444 | 415 | 216 | 31,019 | 37.72 | 36,537 | 44.43 |
| 1875-1879 | 58,806 | 80.70 | 644 | | 19,560 | 4,690 | 45 | 2,031 | 310 | 1,039 | 28,320 | 38.86 | 30,486 | 41.84 |
| 1880 | 64,979 | 81.95 | 44 | | 23,411 | 5,811 | 38 | 2,468 | 583 | 279 | 32,634 | 41.16 | 32,345 | 40.79 |
| 1881 | 73,385 | 79.84 | 247 | | 26,070 | 5,854 | 44 | 2,667 | 747 | 164 | 35,793 | 38.94 | 37,592 | 40.90 |
| 1882 | 58,584 | 75.38 | 288 | | 22,739 | 4,496 | 55 | 3,037 | 853 | 370 | 31,838 | 40.97 | 26,746 | 34.42 |
| 1883 | 55,520 | 75.47 | 303 | | 22,065 | 3,893 | 57 | 2,792 | 602 | 462 | 30,174 | 41.02 | 25,346 | 34.45 |
| 1884 | 55,926 | 76.86 | 202 | | 22,163 | 3,710 | 103 | 2,440 | 717 | 441 | 29,776 | 40.92 | 26,150 | 35.94 |
| 1880-1884 | 61,679 | 78.03 | 217 | | 23,290 | 4,753 | 59 | 2,681 | 700 | 343 | 32,043 | 40.54 | 29,636 | 37.49 |

| 1885 | 66,734 | 75.66 | 467 | | 31,510 | 4,824 | 134 | 2,834 | 1,027 | 499 | 41,295 | 46.82 | 25,439 | 28.84 |
| 1886 | 66,605 | 76.14 | 920 | 664 | 29,148 | 5,639 | | 3,898 | 805 | 542 | 41,616 | 47.57 | 24,989 | 28.57 |
| 1887 | 79,435 | 77.68 | 2,756 | 567 | 37,073 | 5,425 | | 3,816 | 672 | 1,199 | 51,508 | 50.37 | 27,927 | 27.31 |
| 1888 | 88,736 | 71.11 | 9,634 | 571 | 44,462 | 5,098 | | 4,517 | 1,090 | 667 | 56,405 | 45.20 | 32,331 | 25.91 |
| 1889 | 83,354 | 75.17 | 6,021 | 612 | 36,158 | 3,975 | | 4,509 | 1,123 | 511 | 52,909 | 47.72 | 30,445 | 27.46 |
| 1885-1889 | 76,973 | 74.93 | 3,960 | 604 | 35,670 | 4,992 | | 3,915 | 943 | 684 | 48,747 | 47.46 | 28,226 | 27.48 |
| 1890 | 97,147 | 76.44 | 11,446 | 776 | 45,052 | 3,643 | | 4,857 | 1,341 | 1,076 | 68,191 | 53.65 | 28,956 | 22.78 |
| 1891 | 101,416 | 75.68 | 6,597 | 705 | 53,310 | 4,695 | | 4,495 | 1,507 | 1,774 | 73,083 | 54.54 | 28,333 | 21.14 |
| 1892 | 100,302 | 74.24 | 5,826 | 671 | 52,764 | 4,794 | | 4,957 | 1,424 | 2,448 | 72,884 | 53.95 | 27,418 | 20.29 |
| 1893 | 109,474 | 72.33 | 12,965 | 772 | 45,170 | 4,587 | | 5,320 | 1,540 | 7,429 | 77,783 | 51.39 | 31,691 | 20.94 |
| 1894 | 116,150 | 71.65 | 9,743 | 1,089 | 52,138 | 3,540 | | 5,158 | 1,639 | 9,507 | 82,814 | 51.09 | 33,336 | 20.56 |
| 1890-1894 | 104,898 | 73.91 | 9,315 | 803 | 49,687 | 4,252 | | 4,957 | 1,490 | 4,447 | 74,951 | 52.81 | 29,947 | 21.10 |

資料來源：由 Liang-lin Hsiao, *China's Foreign Trade Statistics, 1864-1949*, pp. 30-70 算出。

　　由表 2.1.15 可見中國此時期的進口貨物以消費品為主，除去鴉片外，此時期消費品約占進口總額 50%，若包括鴉片在內則占約 80%，而 1874 年以前則高達 90% 以上，1875 至 1881 年大抵占 80%，1882 年以後則占 70-80% 之間。1882 年以後消費品占進口總值比例減少，主要是因鴉片進口貿易衰落，因此時期鴉片進口值占進口總值之比例已由 1881 年以前之占 40% 以上降為 20-35%。鴉片貿易的比例減少，並非是因吸食鴉片人口減少，而是因國內的土產鴉片增加，進口需求減少使然。除消費品外，資本品的進口趨勢在 1872 年頗為增加，由 1.8% 增為 2.5% 左右，唯 1872 年以後至 1894 年未曾再明顯增加；生產材料在 1884 年以前占 10% 左右，1885 年以後則由 18% 直線上升，增加為 1890 至 1894 年之 21%。以上的這項統計顯示出在此時期內中國的出口所得主要用於消費品的購買，但在 1885 年以後用於對經濟發展較有助力的生產材料購買上的比例則有增加趨勢，而此增加進口的生產材料中以棉紗為主。

　　至於臺灣的情況，1868 至 1894 年間鴉片輸入約占總進口值 60%。其他進口貨如以 1882 至 1891 年之資料加以統計，棉貨占此時期北部進口總值約 18%，毛貨占約 5%，金屬占約 5%，雜項則由 1882 年之 13% 增為 1891 年之 36%（見表 2.1.16）。

表 2.1.16　臺灣北部進口結構（1882-1891）

| 項目 | 1882 | | 1887 | | 1891 | |
|---|---|---|---|---|---|---|
| | 全額（海關兩） | 占進口合計百分比 | 全額（海關兩） | 占進口合計百分比 | 全額（海關兩） | 占進口合計百分比 |
| 鴉片 | 508,495 | 54.55 | 762,127 | 48.65 | 823,224 | 48.49 |
| 棉貨 | 196,569 | 21.09 | 268,692 | 17.15 | 279,005 | 16.43 |
| 毛貨 | 56,821 | 6.10 | 84,619 | 5.40 | 70,397 | 4.15 |
| 金屬 | 53,795 | 5.77 | 55,795 | 3.56 | 72,866 | 4.29 |
| 雜項 | 116,463 | 12.49 | 395,397 | 25.24 | 452,279 | 26.64 |
| 進口合計 | 932,143 | 100.00 | 1,566,630 | 100.00 | 1,697,771 | 100.00 |

資料來源：該三年淡水海關資料。

　　南部臺灣在甲午戰前十多年間，鴉片仍占進口總值 70%，較北部占進口 50%高出甚多。南部此時期進口之棉貨、毛貨、金屬所占進口總值之比例，分別為 6%、5%、0.5%、8%（見表 2.1.17），顯較北部為低。

表 2.1.17　臺灣南部進口結構（1882-1891）

| 項目 | 1882 | | 1887 | | 1891 | |
|---|---|---|---|---|---|---|
| | 全額（海關兩） | 占進口合計百分比 | 全額（海關兩） | 占進口合計百分比 | 全額（海關兩） | 占進口合計百分比 |
| 鴉片 | 1,185,529 | 85.44 | 1,151,081 | 81.47 | 947,031 | 73.19 |
| 棉貨 | 71,491 | 5.15 | 85,922 | 6.08 | 99,082 | 7.66 |
| 毛貨 | 54,581 | 3.93 | 63,136 | 4.47 | 93,643 | 7.24 |
| 金屬 | 1,118 | 0.08 | 4,014 | 0.34 | 7,004 | 0.54 |
| 雜貨 | 74,846 | 5.39 | 108,725 | 7.70 | 147,201 | 11.38 |
| 進口合計 | 1,387,565 | 100.00 | 1,412,878 | 100.00 | 1,293,961 | 100.00 |

資料來源：Inspector General of Chinese Maritime Customs, ed., *Decennial Reports, 1882-1891*, Reports from Tainan (Takou), p. 60 與該三年打狗海關資料之進口值。

　　如將上述臺灣的情況與中國大陸相比，則可發現：臺灣進口鴉片比例較中國大陸為高，棉貨比例較中國大陸為小，毛貨比例則與中國大陸相近，金屬比例則北部臺灣與中國大陸相近，南部臺灣則相差甚遠。由南部鴉片進口最多，生活必需品與金屬物品進口最少，可看出臺灣南部此時期由貿易帶動的經濟發展較少。

　　茲進一步根據 Michaely 進出口商品集中係數的公式測定此時期中國大陸與臺灣的進出口品集中程度如表 2.1.18、表 2.1.19。所用公式為 $100 \times \sqrt{\sum \left(\frac{Xj}{X}\right)^2}$，其中 Xj 代表某單項商品的進口值或出口值，X 為進口或出口總值。

表 2.1.18　中國進出口商品之集中係數（1871-1893）

| 係數＼年分 | 進口商品集中係數 | 出口商品集中係數 |
|---|---|---|
| 1871-1873 | 53 | 64 |
| 1881-1883 | 53 | 60 |
| 1891-1893 | 43 | 56 |

資料來源：嚴中平等編，《中國近代經濟史統計資料選輯》，頁 76。

表 2.1.19　臺灣進出口商品集中係數

| 係數＼年分 | 進口商品集中係數 | | 出口商品集中係數 | |
|---|---|---|---|---|
| | 北部 | 南部 | 北部 | 南部 |
| 1871-1873 | ― | ― | 59 | 85 |
| 1881-1883 | 66 | 84△ | 95 | 94△ |
| 1891-1893 | 58 | 76 | 86 | 83 |

說明：△因資料上的關係所用者為 1880 年之資料。
資料來源：1868、1880、1882、1893 年海關資料。

　　表 2.1.18 及表 2.1.19 顯示，中國大陸與臺灣之進口以及中國大陸之出口商品均有逐漸轉向多元化的趨勢，獨臺灣之出口，南北部均呈高度集中化現象（接近 100），至後期集中度始見降低。但無論進口及出口商品，臺灣均較大陸集中，臺灣南部商品進口之集中度且高於北部，出口商品集中程度則臺灣南、北部在 1882 年以後大致相仿。出口商品集中係數的減少代表此一地區產品項目的增加，但此並非經濟發展的必要條件，蓋如一地集中生產某項產品時，該產品出口值很高，亦可帶動該地之經濟發展。只是進口貨物內容的多元化與否則可反映出民生之貧富，蓋生活愈舒適則其使用之物品應更多樣化。故表 2.1.18 及表 2.1.19 所顯示的大陸與臺灣進口貨物逐漸趨向多元化，反映出此時期人民的生活與社會的需求有所改善。就臺灣本身而言，由南部進口商品集中度高於北部，可

知當時北部的經濟富裕程度高於南部。

# 三、貿易影響之比較

　　開發中國家（LDC）與已開發中國家（DC）貿易究竟有何得失？經濟學者曾提出正反兩面的看法。持反面看法者認為：（1）此種貿易將壓抑 LDC 本土工業之發展，因 LDC 之資本、技術不敵 DC；（2）由於 LDC 多輸出農產品，DC 多輸出工業產品，隨著經濟的發展，工業產品需要量的增加率會大於農產品需要量的增加率，也就是工業產品需要的所得彈性（income elasticity of demand）大於農產品，LDC 的農產品價格增加幅度將趕不上 DC 工業產品價格的增加幅度，那麼 LDC 與 DC 之貿易條件——進口單價除以出口單價之商，將會惡化，即進口單價高於出口單價；（3）DC 較高的消費水準對 LDC 有示範作用（demonstration effect），而將造成 LDC 的儲蓄傾向（propensity to save）日漸削減；（4）LDC 與 DC 貿易後，在 LDC 境內會出現傳統經濟與現代經濟對立的雙元經濟（dual economy），將影響 LDC 經濟之平衡發展；反之，持正面理論者以為 LDC 與 DC 貿易在以下情形下會是「成長的引擎」（engine of growth）：

（1）出口結構對 LDC 有利，LDC 出口品的需求大幅增加。

（2）生產位置有利調整。

（3）生產函數（技術）有所改變，而不是在原生產方式下增加生產而已。

（4）有向前或向後連鎖效果（forward or backward linkage effect）發生。

（5）出口所得多分配於較傾向儲蓄投資者，而有益於整體經濟的資本累積與再投資。

（6）社會的基礎建構（infrastructure）如銀行、交通、稅制、教育

等可得到改善。[8]

以下根據這些理論逐點檢討此時期中國大陸與臺灣所受影響：

## （一）反面理論

### 1. 本土工業被壓抑的問題

根據侯繼明《外資與中國經濟發展》一書統計，通商口岸開放以後，除傳統方式所製的棉紗是否為外國棉紗所取代目前仍無定論以外，中國傳統手工業產品與外貨大抵是並行不悖的，因兩者之市場不同，傳統手工業的勞力集約使其成本較資本集約之外貨低廉。直至 1933 年，中國傳統工業所得仍占工業總所得 70%。中國所設之新式工業亦不盡為外人所有。1933 年中國新式工廠產值中，華商工廠產值占 65%，外商占 35%。[9] 這些都證明，中國本土工業大抵未為外資所壓抑。

在臺灣方面，因其本身一直處於農業開墾的經濟型態中，並不大量製造日用手工業產品，而仰仗中國大陸的供應。臺灣本身的傳統工業除簡單的製繩、榨油等外並不發達，傳統工業被破壞的問題，並不明顯。通商口岸開放以後，所需日用工業品雖亦取給於洋貨，洋貨進口額且遠大於中國大陸的華貨，兩者相差達於 7 倍，但中國大陸華貨進口額增加速度大於洋貨，1894 年華貨輸入額較 1868 年增多了 6 倍，同期洋貨多了 3 倍，故臺灣的貿易擴張對與大陸的貿易關係而言，並不因洋貨的輸入而使華貨進口減少，可證明洋貨的輸臺，對中國大陸的傳統工業產生的破壞作用不大，甚至由此亦可看出洋貨的輸入，未曾在根本上改變臺灣與中國大陸間的貿易依存關係。[10] 至於此時期臺灣大宗出口貨物茶、

---

8　正反面理論見：G. M. Meier, *Leading Issues in Economic Development* (London: Oxford University Press, 1970, 2nd edition), pp. 477-586 (Ch. 8); S. B., Linder, *An Essay on Trade and Transformation* (New York: John Wiley & Sons, 1961); R. F. Dernberger, "The Role of Foreigners in China's Economic Development;" Rhoads Murphey, "The Treaty Ports and China's Modernization," in Mark Elvin and William Skinner ed., *The Chinese City Between Two Worlds* (Stanford: Stanford University Press, 1974), pp. 17-73.

9　Chi-ming Hou, *Foreign Investment and Economic Development in China, 1840-1937*, p. 166.

10　林滿紅，《茶、糖、樟腦業與臺灣之社會經濟變遷（1860～1895）》，頁 156。

糖、樟腦的貿易，除在對外貿易開拓的初期，其經營權在洋商外，大部分時間主要都在於華商手中。[11]

由上所述，可了解無論在臺灣或是中國大陸，此時期之對外貿易並未產生明顯對本土工業不利的現象。

2. 貿易條件惡化問題

1868 至 1894 年中國大陸與臺灣出口均以農產品為主，其貿易條件是否如前述反對 LDC 與 DC 貿易論者所謂之逐漸惡化？茲以當時中國大陸及臺灣大宗進出口貨物價格波動情形來進行說明：

（1）大宗出口貨單價

此時期中國大陸重要出口品價格如表 2.1.20 所示。

表 2.1.20　中國大陸重要出口品單價

海關兩／擔

| 年分 | 紅茶 | 綠茶 | 茶磚 | 生絲 |
|------|------|------|------|------|
| 1872-1876 | 21.54 | 25.64 | 10.66 | 433.70 |
| 1877-1881 | 17.42 | 21.76 | 7.78 | 305.06 |
| 1882-1886 | 25.64 | 20.57 | 6.08 | 272.82 |
| 1887-1891 | 21.76 | 18.31 | 6.86 | 310.38 |
| 1892-1896 | 20.57 | 22.70 | 7.63 | 320.98 |

資料來源：1872-1881 茶價、絲價分別由 Inspector General of Chinese Maritime Customs, ed., *Decennial Reports, 1922-1931*, pp. 141, 143 歷年資料算出；1882-1896 部分見同書，p. 189.

可見中國大陸重要出口品價格由 1872 至 1892 年均有下降趨勢，1892 年雖再度回升，但仍不如 1872 至 1876 年為高。臺灣此時出口品價格波動情形則為：茶價由 1865 年每擔 10 元長期上漲至 1894 年為每擔 45 元，上漲了 1865 年的 3.5 倍。糖價由 1867 至 1874 年之為每擔 1.7 海關兩升為 1875 年以後之每擔 2.2 海關兩左右，亦上漲了 29.14%，其情形與中國大陸不同。

---

11　林滿紅，《茶、糖、樟腦業與臺灣之社會經濟變遷（1860～1895）》，頁 105-110、117-119、121-124、127-130。

## （2）大宗進口貨價格

無論中國大陸、臺灣，此時期之大宗進口貨物為鴉片、棉貨、毛貨。此等進口貨物之價格就其國際價格，不論中國大陸或臺灣均應相仿。值得注意的是，屬臺灣與中國大陸進口大宗貨物之鴉片，臺灣有使用廉價品之趨勢，而中國大陸則以進口高價品居多。此時期臺灣進口鴉片種類見表 2.1.21、表 2.1.22。

### 表 2.1.21　臺灣北部各類鴉片進口量**

單位：擔

| 年分 | 白皮<br>（Malwa） | 公班<br>（Patna） | 剌班<br>（Benares） | 新山及金花<br>（Persian and Turkey） | 合計 |
|------|------|------|------|------|------|
| 1869 | — | 2 | 1,014 | 22 | |
| 1870 | — | 26 | 1,092 | 44 | |
| 1871 | — | 55 | 1,235 | 16 | |
| 1872 | 6 | 155 | 1,159 | 121 | 1,441 |
| 1873 | — | 109 | 1,405 | 191 | 1,708 |
| 1874 | — | 287 | 1,260 | 159 | 1,706 |
| 1875 | | 106 | 1,194 | 279 | 1,579 |
| 1876 | | 115 | 1,440 | 298 | 1,862 |
| 1877 | — | 72 | 1,408 | 456 | 1,937 |
| 1878 | | 25 | 1,398 | 526 | 1,949 |
| 1879 | | 25 | 1,799 | 340 | 2,164 |
| 1880 | | 2 | 1,745 | 448 | 2,195 |
| 1881 | | 34 | 1,434 | 722 | 2,190 |
| 1882 | | — | 883 | 762 | 1,645 |
| 1883 | | 4 | 572 | 753 | 1,329 |
| 1884 | | 27 | 492 | 793 | 1,312 |
| 1885 | | 3 | 376 | 1,132 | 1,511 |
| 1886 | 7 | 7 | 363 | 1,313 | 1,683 |
| 1887 | 27 | — | 540 | 1,113 | 1,680 |
| 1888 | 7 | — | 519 | 1,521 | 2,047 |
| 1889 | — | | 374 | 1,671 | 2,045 |
| 1890 | — | | 370 | 1,687 | 2,062 |
| 1891 | — | | 317 | 1,979 | 2,297 |
| 1892 | — | — | 188 | 1,957 | 2,145 |
| 1893 | — | — | 171 | 1,934 | 2,105 |
| 1894 | — | — | 200 | 1,595 | 1,795 |
| 1895 | — | — | 55 | 682 | 737 |

*鴉片進口量包括少量轉口。

資料來源：歷年海關資料，淡水部分。

表 2.1.22　臺灣南部各類鴉片進口量[**]

單位：擔

| 年分 | 白皮<br>（Malwa） | 公班<br>（Patna） | 刺班<br>（Benares） | 新山及金花<br>（Persian and Turkey） | 合計 |
|---|---|---|---|---|---|
| 1864[*] | 2 | 206 | 887 | 11 | 1,116 |
| 1865 | 2 | 86 | 1,448 | 32 | 1,559 |
| 1866 | — | 76 | 1,319 | 37 | 1,441 |
| 1867 | 1 | 192 | 1,289 | 49 | 1,551 |
| 1868 | — | 168 | 793 | 142 | 1,104 |
| 1869 | — | 160 | 1,038 | 342 | 1,541 |
| 1870 | — | 102 | 1,259 | 372 | 1,733 |
| 1871 | 2 | 232 | 1,342 | 450 | 2,026 |
| 1872 | | 372 | 1,204 | 417 | 1,993 |
| 1873 | 9 | 341 | 1,370 | 296 | 2,016 |
| 1874 | — | 730 | 1,414 | 502 | 2,645 |
| 1875 | 6 | 354 | 1,547 | 752 | 2,661 |
| 1876 | 117 | 370 | 1,403 | 804 | 2,693 |
| 1877 | 9 | 177 | 1,721 | 1,327 | 2,233 |
| 1878 | 20 | 38 | 1,480 | 1,520 | 3,059 |
| 1879 | 71 | 86 | 1,884 | 1,470 | 3,510 |
| 1880 | 42 | 49 | 1,979 | 1,614 | 3,684 |
| 1881 | | 74 | 1,562 | 2,149 | 3,786 |
| 1882 | | 6 | 1,213 | 2,040 | 3,259 |
| 1883 | | 6 | 805 | 2,004 | 2,814 |
| 1884 | | 49 | 551 | 1,725 | 2,325 |
| 1885 | | 1 | 516 | 1,883 | 2,400 |
| 1886 | | 1 | 536 | 2,489 | 3,025 |
| 1887 | 36 | | 573 | 2,062 | 2,671 |
| 1888 | 38 | | 675 | 2,115 | 2,828 |
| 1889 | — | — | 531 | 2,260 | 2,791 |
| 1890 | — | — | 523 | 2,691 | 3,214 |
| 1891 | — | — | 373 | 3,213 | 3,586 |
| 1892 | — | 3 | 190 | 3,021 | 3,214 |
| 1893 | — | — | 136 | 2,548 | 2,684 |
| 1894 | 51 | 20 | 161 | 2,034 | 2,266 |
| 1895 | 2 | — | 57 | 1,074 | 1,133 |

資料來源：歷年海關資料，臺南或打狗部分.

[*]1864 年數量包括 1863 年 10 月 26 日至 1864 年 12 月 31 日的進口量。

[*]鴉片進口量包括少量轉口。

　　在 1881 年以前臺灣進口鴉片以印度所產之刺班（Benares）為主，
1882 年以後以產於中亞之新山（Persian）、金花（Turkey）為主。[12] 刺班
在印度所產鴉片中價格最為便宜，新山、金花價格又較刺班便宜。至於
鴉片中較貴的白皮（Malwa）、公班（Patna），臺灣一向很少進口。[13] 中
國大陸進口鴉片卻反而以白皮、公班居多（見表 2.1.23、表 2.1.24）。

表 2.1.23　中國各類鴉片進口量（1872-1881）

單位：擔

| 項目<br>年分 | 白皮 | 公班 | 刺班 | 其他 |
|---|---|---|---|---|
| 1872 | 37,803 | 15,473 | 7,039 | 878 |
| 1873 | 40,910 | 14,974 | 9,326 | 587 |
| 1874 | 43,706 | 17,422 | 7,916 | 800 |
| 1875 | 38,696 | 15,420 | 7,521 | 1,312 |
| 1876 | 43,909 | 16,020 | 8,618 | 1,304 |
| 1877 | 41,705 | 15,237 | 10,822 | 5,482 |
| 1878 | 37,005 | 18,588 | 12,373 | 4,458 |
| 1879 | 40,139 | 21,151 | 16,279 | 5,482 |
| 1880 | 32,892 | 16,504 | 17,297 | 4,961 |
| 1881 | 36,481 | 17,996 | 18,067 | 6,530 |

資料來源：Inspector General of Chinese Maritime Customs, ed., *Decennial Reports, 1922-1931*, p. 139.

表 2.1.24　中國各類鴉片進口量（1863-1893）

單位：擔

| 項目<br>年分 | 公班 | 白皮 | 新山 | 總和 |
|---|---|---|---|---|
| 1863 | 15,120 | 34,967 | — | 50,087 |
| 1867 | 26,297 | 34,006 | 645 | 60,948 |
| 1873 | 24,300 | 40,910 | 587 | 65,797 |

---

12　各類鴉片譯名見李圭，〈鴉片事略〉，附見於林則徐，《信及錄》，中國近代內亂外禍歷史
　　故事叢書（臺北：廣文書局，1969），頁 184。

13　鴉片價格高低，見 The Inspector General Customs, *Decennial Reports, 1922-1931*, p. 111; *British
　　Parliamentary Papers: Embassy and Consular Commercial Reports*, in Area Studies Series, China
　　(Shannon, Ireland: Irish University press, 1971), Vol. 11, p. 253; Vol. 12, p. 364; Vol. 14, pp. 113,
　　528; *Chinese Maritime Custom Reports*, 1875, p. 222; *Chinese Maritime Custom Reports*, 1888, p.
　　188; The Inspector General Customs, *Decennial Reports, 1882-1891*, Reports from Tamsui.

| 1879 | 37,952 | 39,509 | 5,466 | 82,927 |
| 1883 | 27,504 | 34,632 | 6,032 | 68,168 |
| 1888 | 45,040 | 33,127 | 4,445 | 82,612 |
| 1893 | 32,416 | 28,694 | 6,998 | 68,108 |

資料來源：H. B. Morse, *The Trade and Administration of the Chinese Empire* (Taipei: Cheng-wen Publishing Company, 1966), p. 343.

至於鴉片以外臺灣與中國大陸之大宗進口貨大抵相同，其價格在 1894 年以前尚無顯著上漲現象，如表 2.1.25 所示。

表 2.1.25　中國大宗洋貨進口單價

單位：海關兩

| 年分 | 本色洋布（件） | 漂白洋布（件） | 原洋標（件） | 棉紗（擔） | 棉花（擔） | 鐵（擔） | 鋁（擔） | 錫片（擔） | 米（擔） | 麵粉（擔） | 精製糖（擔） |
|---|---|---|---|---|---|---|---|---|---|---|---|
| 1882-1886 | 1.04 | 1.58 | 1.05 | 21.63 | 9.63 | 1.53 | 3.23 | 4.06 | 1.12 | 3.26 | 5.47 |
| 1887-1891 | 1.02 | 1.74 | 1.15 | 18.82 | 9.99 | 1.66 | 3.68 | 4.19 | 1.14 | 3.04 | 8.91 |
| 1892-1896 | 1.21 | 2.50 | 1.1? | 18.13 | 12.41 | 1.88 | 3.90 | 4.57 | 1.58 | 2.85 | 5.71 |

資料來源：Banister, T. R., "A History of the External Trade of China, 1834-81," p. 179.

在臺灣出口貨價格上揚，中國大陸重要出口品價格下跌，臺灣進口廉價鴉片，大陸進口高價鴉片，其他進口品價格未明顯上漲的情況下，臺灣之貿易條件當較大陸改善。所可注意者，在臺灣本身，北臺灣的貿易條件較南臺灣改善更多，這由 1864、1892 年鴉片與糖及鴉片與茶價格的關係可以看出，以南部之鴉片單價除以糖價，北部之鴉片單價除以茶價，並以 1864 年所得之商定為基數 100，則 1892 年北部指數為 52.3，南部則為 95.93。

### 3.示範作用問題

無論中國大陸或臺灣隨著進口貨的多元化，都有奢侈的舶來品進口，如雪茄、洋酒、日本傘等，臺灣則另由中國大陸進口了絲、玉、人參、燕窩等，但這些非必需性的消費品在進口總額上所占比例一般而言，比起為各階層民眾所使用的鴉片，實微不足道，後者在 1864 至 1895 年中

國全國進口總值中竟占 33.50％（見表 2.1.15），而在 1868 至 1895 年臺灣進口總值中所占比例更高達 60％。由於鴉片在 DC 並不大量使用，故中國之大量使用鴉片並不能算是 DC 示範下的結果，但鴉片的大量使用減少了中國人儲蓄投資能力，則與學者所謂 DC 消費品的示範作用減少 LDC 的儲蓄投資能力相同，而且鴉片雖非 DC 示範的消費品，卻是 DC 推廣的消費品。

4. 雙元經濟問題

通商口岸開放以後，中國大陸各省存在口岸區與內地對立的雙元經濟現象是不爭的事實，雖然造成這種分野的原因是由於中外條約的簽訂，但口岸區吸蝕了內地人才、資金，而未能以等量回流，口岸區的奢侈與內地的貧窮成強烈的對比都給人強烈印象，這種發展誠如 R. Murphey 所說，阻礙了中國的均衡發展。

但就臺灣而言，因幅員狹小，以及人民具有高度市場取向的性格，開港以後，幾乎漢人分布所及地區均加入對外貿易的行列。國際市場對茶、糖、樟腦、煤的大量需要，反使北部山地、南部的下淡水溪平原等邊區更為開發，也使得臺灣的經濟重心北移。[14] 兩者都促使臺灣經濟更加均衡發展。由於海島地形狹窄，口岸區與內陸距離不大，口岸區是邊區產品的集散地，二者的經濟關係是共存共榮，因而臺灣的口岸區並未形成一個隔絕的外人經濟據點，雙元經濟問題在當時臺灣並不明顯。

（二）正面理論

1. 有利的出口市場結構及出口需求大幅增加

中國大陸主要出口貨的市場結構比起臺灣主要出口貨的市場結構在性質上最大不同在：前者較具競爭性，後者較具壟斷性。

1867 至 1898 年世界各國供應歐美生絲比例如表 2.1.26 所示。

---

14　林滿紅，《茶、糖、樟腦業與臺灣之社會經濟變遷（1860～1895）》，頁 67-66、170-174、180-188。

表 2.1.26　世界各國供應歐美生絲百分比（1867-1898）

| 年分 | 中國 | 日本 | 印度 | 法國 | 其他地中海國家 |
|---|---|---|---|---|---|
| 1867 | 35.9 | 9.7 | 9.6 | 45.8 | — |
| 1877 | 42.3 | 13.1 | 8.0 | 29.2 | — |
| 1887 | 32.5 | 18.7 | 4.5 | 38.1 | 7.4 |
| 1898 | 41.6 | 18.7 | 1.6 | 29.2 | 6.2 |

資料來源：Min-shong Shi, *The Silk Industry in Ching China*, translated by E-tu Zen Sun, Michigan abstracts No. 5 (Ann Arbor: Center for Chinese Studies, The University of Michigan, 1976), p. 68.

　　由上可見世界上供應生絲的地區很廣，而中國的生絲市場又遍及歐、美，因而中國生絲市場結構較不具有壟斷性質。但在 1850 至 1870 年歐洲蠶瘟期間，中國生絲大量打入國際市場，而當時日本現代生絲業尚未崛起，故此期間中國生絲出口仍具有相當的壟斷性，並在 1870 年代取代法國成為供應歐、美生絲的第一出口國（見表 2.1.26）。此時期絲價也創下 1893 年以前之最高記錄，如表 2.1.27 所示。

表 2.1.27　中國絲價指數

| 年分 | 指數 |
|---|---|
| 1870-1874 | 100 |
| 1875 | 76 |
| 1880 | 79 |
| 1885 | 76 |
| 1886 | 91 |
| 1887 | 88 |
| 1888 | 86 |
| 1889 | 94 |
| 1890 | 88 |
| 1891 | 84 |
| 1892 | 88 |
| 1893 | 101 |

資料來源：*British Parliamentary Papers*, Vol. 18 Report from Shanghai, 1893.

　　但中國畢竟不是世界上唯一產絲國家，1870 年以後日本生絲的興起及歐洲市場的豐歉都影響到華絲出口，所以中國的絲價在 1892 年以前呈

下跌趨勢。只因在 1904 年以前日本生絲貿易雖急速上升，仍未能取代中國執世界生絲供應之牛耳地位，故 19 世紀末，中國生絲的出口量仍不斷增加，至 1894 年時約為 1870 年代之 1.5 倍。[15]

1871 至 1896 年世界各產茶地區產茶百分比如表 2.1.28 所示。

表 2.1.28　世界各產茶地區產茶百分比（1871-1896）

| 地區 年分 | 臺灣 | 日本 | 印度及錫蘭 | 中國大陸 |
|---|---|---|---|---|
| 1871 | 0.6 | 7.0 | 6.2 | 86.2 |
| 1876 | 2.4 | 6.6 | 10.9 | 80.3 |
| 1881 | 3.6 | 6.7 | 14.8 | 74.9 |
| 1886 | 3.9 | 7.0 | 23.2 | 66.0 |
| 1891 | 3.7 | 8.0 | 42.4 | 46.0 |
| 1896 | 4.5 | 12.3 | 50.2 | 35.3 |

資料來源：根據 J. W. Davidson 著，蔡啟恒譯，《臺灣之過去與現在》，頁 258 算出。

中國茶出口大抵是紅茶銷英國，綠茶銷美國，茶磚銷俄國，其 1882 至 1894 年出口地區分布情形如表 2.1.29 所示。

表 2.1.29　中國茶葉輸出之國別百分比（1882-1895）

| 國別 年分 | 英國 | 香港 | 澳洲 | 美國 | 歐俄 | 亞俄 | 其他 |
|---|---|---|---|---|---|---|---|
| 1882 | 50.36 | 8.28 | 7.37 | 12.95 | 3.95 | 15.23 | 1.86 |
| 1883 | 50.80 | 7.88 | 5.75 | 12.78 | 4.30 | 16.05 | 2.44 |
| 1884 | 47.67 | 6.93 | 6.92 | 13.55 | 4.40 | 17.84 | 2.69 |
| 1885 | 47.52 | 8.44 | 7.78 | 13.47 | 2.25 | 18.06 | 2.48 |
| 1886 | 42.82 | 7.03 | 6.76 | 13.73 | 4.08 | 22.94 | 2.64 |
| 1887 | 37.87 | 8.22 | 8.11 | 13.08 | 4.46 | 24.52 | 3.74 |
| 1888 | 32.88 | 7.15 | 8.78 | 14.43 | 6.34 | 25.91 | 4.51 |
| 1889 | 33.40 | 7.21 | 8.38 | 16.39 | 7.61 | 22.08 | 4.93 |
| 1890 | 26.91 | 7.01 | 7.17 | 16.63 | 10.80 | 25.50 | 5.98 |
| 1891 | 25.10 | 6.01 | 6.45 | 16.83 | 11.54 | 27.30 | 6.77 |

15　Min-shong Shih, "Production and Trade of Silk in the Late Ch'ing Period 1843-1911," in Chi-ming Hou and Tzong-shian Yu, eds., *Modern Chinese Economic History* (Taipei: The Institute of Economics, Academia Sinica, 1979), pp. 363-386.

| 1892 | 23.01 | 8.82 | 7.82 | 19.60 | 7.47 | 26.65 | 6.63 |
| 1893 | 21.39 | 6.14 | 5.36 | 19.94 | 9.56 | 30.28 | 7.33 |
| 1894 | 17.47 | 5.53 | 4.58 | 22.90 | 9.61 | 33.41 | 6.50 |
| 1895 | 14.26 | 4.28 | 4.83 | 17.72 | 11.78 | 40.44 | 6.69 |

資料來源：Inspector General of Chinese Maritime Customs, *ed., Decennial Reports, 1922-31*, p. 193.

　　由世界產茶之多，中國茶市場之廣看來，中國在 1891 年以前雖是世界產茶最多的地區，但其茶葉出口市場少具壟斷性。1880 年印度、錫蘭、日本茶崛起以前，中國大陸茶出口之成長率 1876 至 1881 年為 17.47%，至 1880 年代，因印度、錫蘭所種茶園多新墾地且採取大規模經營方式；中國之小農經營難以競爭，再加以出口前的重稅盤剝，成本極高，華茶在英國市場中遂漸失勢。日本又起而競爭美國市場，1881 至 1886 年中國大陸茶出口此市場之成長率轉為負數，1886 年較 1881 年減 1.81%，891、1896 年分別較前五年減 23.42%、20.09%。1881 年中國大陸茶出口達最高峰時出口量為 1871 年之 1.2 倍，1891 年以降出口量則少於 1871 年。[16]

　　反觀臺灣主要出口的茶和糖。茶因得美國市場偏好其特殊味道，其出口市場 90% 以上是美國，出口市場結構亦因此具有高度之壟斷性。故 1865 年以後臺茶出口一直增加，直到 1894 年，出口量已為 1865 年出口量之 100 倍。世界糖的產地遍布於南北緯 30 度以內及西、北歐洲，而臺糖的外銷市場於 1870 至 1886 年曾遍及全球，故此時其出口市場結構壟斷性亦低，但因臺糖深得華北、日本顧客偏好，故即使在此時期，其競爭性中仍具有若干程度之壟斷性。[17]臺糖出口量至 1882 年達最高峰，時為開港時之 4 倍，1886 年以後市場由全球性縮小而以華北、日本為主，因而出口量減少，僅為開港時之 2.5 倍。[18]

---

16　林滿紅，《茶、糖、樟腦業與臺灣之社會經濟變遷（1860～1895）》，頁 20，表 2.1。

17　林滿紅，《茶、糖、樟腦業與臺灣之社會經濟變遷（1860～1895）》，頁 23-33。

18　林滿紅，《茶、糖、樟腦業與臺灣之社會經濟變遷（1860～1895）》，頁 23-33。根據頁 25 表 2.3，臺糖輸出總額最高峰是 1880 年，頁 30 的表 2.5 數據指出，各國進口臺糖的巔峰亦為 1880 年。

由上觀之，由於臺灣出口貨市場結構較中國大陸具壟斷性，故其出口量增加幅度較中國大陸為大。甚至當中國大陸出口貨如絲在 1867 至 1877 年間，茶在 1882 年以前，其出口市場較具壟斷性，出口量增加幅度亦較大時，仍不能與臺灣相比。此後，生絲出口量僅小幅度增加，茶出口量則減少，但全國各項貨物總出口量仍呈成長趨勢（見表 2.1.1）。故綜合言之，當時出口市場結構對中國大陸以及對臺灣均屬有利，唯對臺灣之有利情況多於中國大陸。

### 2. 產地之有利調整

開港以後臺灣茶、糖、樟腦、煤的貿易增加使北部山區、南部下淡水溪平原得以大量開發，其情形一如茶絲貿易興盛對中國大陸各省的影響。大陸發展如福建北嶺地方「種茶之地俱係山而非田」，福建永福地方「其茶全園者少，多栽於地瓜薑棕各園塊之前後垮基等處」；大陸的生絲業一則使原來太湖流域、珠江流域、四川盆地、山東半島等四大產地的田間隙地作更有效利用，二則使此四大產地以外的地區如廣西、山西、福建、東北的若干邊際土地得以利用，三則使太平軍亂後的長江中、下游得以在 20 年內迅速恢復。故農產品對外貿易的興盛，無論是在臺灣或中國大陸都對其耕地的利用與調整產生有利影響。[19] 唯就臺灣與中國大陸大陸相較，臺灣尤較有利。

臺灣重要出口品茶、糖、樟腦、煤與糧食作物間因生態條件不同而各擇地生產，彼此並不明顯衝突。中國大陸各省則稍異，茶因有種在平地者如福建邵武，致與糧食作物多少會發生衝突。茶的廣泛種植有時會影響糧食生產，與糧食作物衝突尤大者則為桑園，浙江食米的不足，其一大原因，則為蠶桑利厚於稻作，致而農民多改稻田為桑園，務蠶桑而疏於農耕。[20]

---

19　臺灣部分林滿紅，《茶、糖、樟腦業與臺灣之社會經濟變遷（1860～1895）》，頁 9-13、173-176、184-202；大陸茶部分見 *Chinese Maritime Customs Reports*, Special Series: Tea, 生絲業部分見 Min-shong Shih, "Production and Trade of Silk in the Late Ch'ing Period 1843-1911," pp. 363-386.

20　除福建邵武資料見 *Chinese Maritime Customs Reports*, Special Scries: Tea No. 11 Tea, 1888, pp.

### 3. 技術改變而不僅在原生產方式下增加生產

在開港對外通商以後，臺灣與中國大陸在出口產業上所發生的技術改變最為顯著者是生絲業，該業於 1873 年以後引入機器繅絲法及乾繭法。前者使生絲業由家庭手工業轉為工廠工業，後者使生絲業不必趕在鮮繭於 10 天內化蛾以前繅絲而粗製濫造，並在內地貿易結構上造成絲行衰落，繭行興起，但這兩種新技術的引入直至 1893 年基礎才較穩固。[21]此外，生產方式曾略微發生改變的是臺灣於 1865 年由中國大陸引進茶葉再製法，多了一個加工層次。除此之外，此等出口產業大致仍在原有的生產方式下生產。

### 4. 向前與向後連鎖

經濟學者 A. O. Hirschman 曾指出：「由於任何一種產業都與其他產業發生關聯，因此，一種產業建立以後，一方面固須有其他產業的建立來供給它所需的生產因素（如原料、半製成品或燃料等）。另一方面又會以其自己所製成的產品供其他產業的使用，而成為其他產業的生產因素。既然如此，則任何一種產業建立以後，自會引起其他產業的建立和發展，而形成連鎖效果，供給其生產因素的連鎖關係稱為向後連鎖，其本身產品供予其他產業的連鎖稱為向前連鎖」。[22] 這種連鎖效果的發生與前述技術改進是息息相關的，如機器繅絲技術的改進造成蠶繭的大量需要，進而使種桑業擴展，茶再製時需要薰花，其發展亦帶動花業的發展，均屬向後連鎖。因茶、糖均屬最終消費品，市場所需乃生絲而非絲織品，均無須加工製造，因而甚少發生各業之向前連鎖。

Hirshman 曾指出，各種產業當中，中間製造業，如鋼鐵業，向前、向後連鎖作用均大；最後製造業如農產加工業，向前連鎖性小，向後連

---

97, 99 外，餘參見 *Chinese Maritime Customs Reports*, Special Series: No. 11 Tea, 1888, pp. 86, 95; Ming-shong Shih, "Production and Trade of Silk in the Late Ch'ing Period 1843-1911," pp. 363-386.

21　施敏雄，《清代絲織工業的發展》（臺北：中國學術著作獎助委員會，1968），頁 35、110。

22　施建生，《經濟學原理》（臺北：作者發行，1971），頁 627。

鎖性大；中間初級產品如礦業，向前連鎖性大，向後連鎖性小；最後初級產業如漁業，向前、向後連鎖性均小。[23] 晚清臺灣與中國大陸之出口產業當屬第二類型，向後連鎖作用大，向前連鎖作用小。其中 1873 年以後的機器繰絲業及 1865 年以後臺灣北部的茶葉再製業向後連鎖作用都更大。

### 5. 出口所得的分配

1868 至 1894 年中國大陸或臺灣的絲、茶出口，因產地與市場距離遙遠，投機性質很高。出口商常預期價格即將上漲而予競買，但出口到市場後有時卻因貨多而滯銷跌價。就利益之所得而言，出口商所得利潤起伏甚大，反而不及茶農、絲農平穩。臺灣南部之糖業因蔗農受糖商高利貸盤剝，並須付出產值 55% 的加工費，而銀錢兌換時匯率較市面為低，諸此種種，均造成所獲出口所得甚低，僅足以維持生活而已，其大多的出口所得均歸於糖商。農民受益多，固然有利於所得分配的平均，但在晚清沒有健全的金融制度下，農民所得儲蓄傾向往往不高，而多支付於食用及祭典應酬難以累積資金。而茶商、絲商、糖商則不然，由於資本較農民為大，所得利潤自然較多，除用於消費及參與文教活動、救濟事業外，儲蓄傾向較一般農民為高。臺灣晚清時期的茶商、糖商、樟腦商至日治時期很多因而成為大企業家。[24] 中國大陸上的絲商如唐廷樞、徐潤日後也成為大企業家。[25]

### 6. 社會基層建構的改善

中國人自己所設的銀行始設於 1897 年，鐵路在 1895 年以前未對貿易發揮多大作用，[26] 度量衡與貨幣制度始終未能劃一，科舉制度廢於 1905 年，1894 年以前多數中國人的思想仍籠罩在傳統觀念中，內憂外患已造

---

23　A. O. Hirshman, *The Strategy of Economic Development* (New Haven: Yale University Press, 1958), pp. 106-107.

24　林滿紅，《茶、糖、樟腦業與臺灣之社會經濟變遷（1860～1895）》，頁 174-176。

25　Yen-p'ing Hao, *The Comprador in Nineteenth Century China* (Cambridge: Harvard University Press, 1970), pp. 53, 82.

26　C. F. Remer, *Foreign Trade of China,* p. 102.

成政府重稅，關稅無法自主，出口稅率大於進口稅率，[27] 因而都或多或少限制了臺灣與中國大陸的貿易發展。

# 四、結論

由前面的論證可以得知此時期臺灣與中國大陸的貿易範圍都更加往全球擴展。中國大陸以英國及其屬地為主要進出口地區，臺灣則以中國大陸及美、日為主要出口貨市場，而以英國及其屬地為主要進口貨供給地。儘管 19 世紀中葉以後臺灣與中國大陸均分別擴展了貿易領域，但中國大陸與臺灣間的唇齒相依關係則因臺灣之洋貨進口，土產出口多由大陸轉口，以及臺灣仍由中國大陸進口日用手工業產品、出口蔗糖至華北、華中而仍然得以維持，甚至有加強的趨勢。

正由於臺灣與中國大陸經濟上始終維持著這種依存關係，故在 19 世紀對外貿易開放的衝擊下兩地之回應亦呈現出一基本的共同特徵，那就是這一衝擊並未造成兩地生產方式的大幅改變，只造成兩地在原生產方式下的經濟擴張。此種發展學者稱為「擴散式的發展」而非「集約式的發展」（extensive more than intensive growth）。集約式發展每可改善技術與社會的基層建構，但此時期中國大陸與臺灣的技術與基層建構均未曾得到大幅度的改善（第三節（二）第 3、4、6 項），因新技術與基層建構的未能大幅改善，本土工業並未受到嚴重破壞（第三節（一）第 1 項），以農為本的經濟色彩也依然濃厚（第二節出口品性質）。但此時期的對外貿易仍為中國帶來了相當財富（第一節中國大陸 1887 年以前，臺灣1868 年至 1894 年間均屬出超，第三節（一）第 2 項貿易條件大致有利，第三節（二）第 1 項有利的出口結構，第三節（二）第 5 項，若干出口商的儲蓄資本），並且造成中國農作面積的擴大（第三節（二）第 2 項），均屬擴散式的發展。至於集約式發展何以未產生，侯繼明認為此時期內

---

27　1870 年代至 1894 年進出口稅率，大陸部分根據嚴中平等編，《中國近代經濟史統計資料選輯》，中國近代經濟史參考資料叢刊第 1 種（北京：科學出版社，1995），頁 61 計算結果，進口稅率為 4.37%，出口稅率為 8.8%；臺灣部分利用歷年海關報告中的進出口關稅除以進出口貿易額得南北部出口稅率分別為 6%、10.8%，進口稅率分別為 0.7%、1.13%。

開發中國家的資本主要投資於美、澳兩洲及其本身所屬之其他殖民地，投資於中國的數額很小；Robert F. Dernberger 認為條約的限制使西方的影響力只容許存在於狹窄的口岸區，故經濟上，西方對中國衝擊強度與廣度不足，無法造成中國全面的改變，而 Mark Elvin 則認為：高度的均衡存在於中國內部，原有的經濟秩序可以使中國維持現況而不作大幅改變。[28] 這些說法均有相當根據，可視為集約發展未於 19 世紀末葉之中國產生的原因。

就擴散式發展的效能而言，因鴉片的大量輸入（第三節（一）第 2 項），以及出口所得每用之於輸入消費品（第二節進口品內容），儲蓄與資本的累積僅限於少數人（第三節（二）第 5 項），故其幅度不夠廣大，在龐大的中國大陸本部乃造成口岸地帶與內陸區尖銳對比的經濟不平衡現象（第三節（一）第 4 項）。而擴散式發展幅度之不廣也表現在商品集中係數的變化上。出口商品集中係數少幅度的變小，表示出在原有的生產方式下雖有產品多元化的擴張，但其強度不足；進口集中係數的小幅變小亦意味著此時期人民生活小幅改善（第二節進出口品集中係數）。

此時期中國大陸及臺灣在同為擴散式而非集約式的經濟發展趨勢中，仍有一基本的差異：臺灣擴散式發展的幅度遠較大陸為大（第一節臺灣貿易成長率之快速，每人平均分攤貿易額之高，第三節（一）第 2 項臺灣之貿易條件較為改善）。造成此一差異的主要原因，是因臺灣的出口結構比較具有壟斷性（第三節（二）第 1 項），臺灣的生態條件使出口產業更有利於農作面積的調整（第三節（二）第 2 項），臺灣高度貿易傾向的海島經濟傳統使其能較大陸善於把握貿易機會，此外，幅員狹小的地理環境所造成的均衡發展（第三節（一）第 4 項）也使其擴散式的發展阻力較小。就臺灣本身的情況而言，南北兩部雖在貿易發展上有若干不同，如南部出口結構壟斷性較北部為低，南部貿易條件改善幅

---

28 Chi-ming Hou, *Foreign Investment and Economic Development in China, 1840-1937*, pp. 120, 122-124; R. F. Dernberger, "The Role of Foreigners in China's Economic Development," in Mark Elvin, *The Pattern of Chinese Past* (London: Eyre Methuen & Stanford University press, 1973), pp. 298-316.

度亦較小，南部鴉片進口比例相對較北部為高，金屬、民生必需品進口比例相對較小等等。就整體而言，中國大陸的擴散式發展雖不如臺灣，但兩者都因貿易而更發展。

# 貿易與清末臺灣的經濟社會變遷 *

## 一、前言

　　由於天津條約的簽訂（圖 2.2.1、圖 2.2.2），臺灣於 1860 至 1863 年間對西方開放了淡水、基隆、安平、打狗等通商口岸。[1]臺灣之與西方貿易，是近代中國與西方貿易之一環，也是後進地區（Less Developed Area）與先進地區（Developed Area）貿易的一個個案。近代中國之與西方貿易，帝國主義侵略論者認為中國在這個貿易過程中飽受西方之壓榨；現代化論者則認為這次貿易也帶動清末中國某種程度的經濟發展。後進地區與先進地區貿易，在反對者看來是後進地區「經濟成長的絆腳石」（"miserizing the growth"）；在贊成者看來，則是後進地區「成長的引擎」（engine for growth）。清末臺灣的對外貿易，究竟對整個臺灣的經濟、社會造成何種影響？其利弊得失為何？本文擬參考貿易與經濟發展的有關理論及海關報告、英國領事商務報告、日人調查報告、地方志、文集等資料，做一綜合檢討。

---

\* 　修改自《食貨月刊》，復刊卷 9 期 4（1979 年 7 月），頁 18-32。

1 　打狗原本未在 1858 年天津條約（含 1860 年北京之修約）開港範圍內。原本清政府與各國 v 中俄、中英、中美、中法）簽定的條約中，最多只有臺灣府及淡水二港。雞籠和打狗乃後面真正展開開港談判時提出。最初二口地位僅為淡水、府城子口。詳見：黃寶雯，〈打狗為何開港？一個動態的海關制度史（1858-1865）〉（臺北：國立臺灣師範大學歷史研究所碩士論文，2020)。

圖 2.2.1　中英天津條約第十一款中英對照

ARTICLE XI.

In addition to the Cities and Towns of Canton, Amoy, Foochow, Ningpo and Shanghai, opened by the Treaty of Nanking, it is agreed that British subjects may frequent the Cities and Ports of Newchwang, Tăngchow, Taiwan [Formosa], Chawchow [Swatow] and Kiungchow [Hainan].

They are permitted to carry on trade with whomsoever they please, and to proceed to and fro at pleasure with their Vessels and Merchandise.

They shall enjoy the same privileges, advantages and immunities at the said towns and Ports as they enjoy at the Ports already opened to trade, including the right of residence, of buying or renting Houses, of leasing Land therein, and of building Churches, Hospitals and Cemeteries.

第十一款　一廣州福州廈門甯波上海五處已有江甯條約舊准通商外即在牛莊登州台灣潮州瓊州等府城口人買賣貿易買屋租地起造禮拜堂醫院墳塋等事並另有取益防損嗣後准英商亦可任意與無論何人買賣船貨隨時往來至於聽便居住貿易買屋租地起造禮拜堂醫院墳塋等事並另有取益防損諸節悉照已通商五口無異

資料來源：Inspector General of Chinese Maritime Customs, *Treaties, Conventions, etc., Between China and Foreign State*, 2nd edition, Miscellaneous Series, No.30 (Shanghai: Chinese Maritime Customs, 1917), Vol. 1, p. 408.

圖 2.2.2　中法天津條約第六款中法對照

ARTICLE VI.

L'expérience ayant démontré que l'ouverture de nouveaux ports au commerce étranger est une des nécessités de l'époque, il a été convenu que les ports de Kioungtchau et Chaouchaou dans la province de Kouangton, Taiwan et Tanshwi dans l'île de Formose, province de Fokien, Tantchau dans la province de Shangtong, et Nankin dans la province de Kiang-nan, jouiront des mêmes privilèges que Canton, Shanghaï, Ningpo, Amoy et Foutcheou. Quant à Nankin, les Agents Français en Chine ne délivreront de passeports à leurs nationaux pour cette ville, que lorsque les rebelles en auront été expulsés par les troupes impériales.

第六款　中國多添數港准令通商屢試屢驗實爲近時切要因此議定將廣東之瓊州潮州福建之台灣淡水山東之登州江南之江甯六口與通商之廣東福州廈門甯波上海五口准令通市無異其江甯俟官兵將匪徒剿滅後大法國官員方准本國人領執照前往通商

資料來源：Inspector General of Chinese Maritime Customs, *Treaties, Conventions, etc., Between China and Foreign States*, 2nd Edition, Vol. I, p. 818.

# 二、貿易發展的幅度與動因

　　根據海關報告統計，清末臺灣的貿易總值，1868 年有 203 萬海關兩，而後呈增加趨勢，至 1894 年多達 1,270 萬海關兩（見圖 2.2.3）。1868 至 1894 年臺灣貿易總值年平均成長率為 7.99％，同時期中國貿易總值之年平均成長率僅為 3.43％，可見臺灣貿易發展的速度較大陸為快。而臺灣

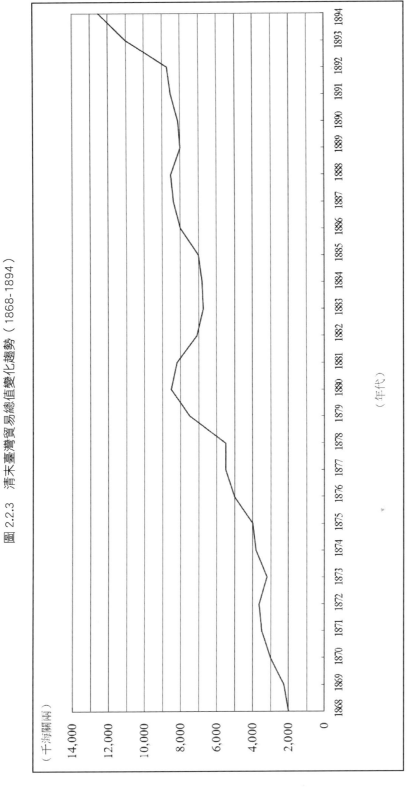

圖 2.2.3　清末臺灣貿易總值變化趨勢（1868-1894）

資料來源：《茶、糖、樟腦業與晚清臺灣經濟社會之變遷（1860～1895）》，頁 181 打狗與淡水貿易值之加總。

貿易總值占全國貿易總值的比例，1868 年為 1.59％，1880 年多達 5.25％，
1868 至 1894 年歷年臺灣貿易總值之和占同期全國歷年貿易總值之和的比
例為 3.74％，可見由 1868 到 1894 年間臺灣對外貿易在全國對外貿易中所
占的地位日趨重要。另以臺灣的每人平均分攤貿易額（per capita trade）
與大陸或全國比較：在 1879 年全國有通商口岸開放的各省當中，其每人
平均分攤貿易額，安徽、山東、江西、浙江、直隸均在 1 海關兩以下；
湖北、江蘇、盛京在 1 海關兩以上，2 海關兩以下；福建、廣東在 2 海關
兩以上，3 海關兩以下；而臺灣則有 3 海關兩。而就 1868 至 1894 年平均
計算，臺灣的每人平均分攤貿易額為 3.9 海關兩，至 1894 年更高達 5 海
關兩，而全國至 1901 年之每人平均分攤貿易額僅為 1.09 海關兩。[2]

　　清末臺灣貿易大幅發展的直接動因是：市場的開拓及臺灣人民高度
的市場取向（market-oriented）。

# （一）市場的開拓

　　臺灣在入清以後以米、糖為出口大宗。米的出口市場以福建為主，
糖的市場以華北、華中為主，偶而亦及日本、南洋。通商口岸開放以後，
米因島內人口增加，市場擴大，不復成為出口大宗。[3]糖則除出口到華中、
華北市場之外，還大量出口到日本、香港，在通商口岸開放到 1886 年期
間進而還出口到澳洲、英國、美洲等地。除糖之外，另有茶與樟腦崛起
為通商口岸開放後的出口大宗。在 1868 至 1894 年間，茶、糖、樟腦的
出口值分別占此時期臺灣出口總值之 54％、36％及 4％。茶分烏龍、包
種兩種。烏龍茶以美國為主要市場，包種茶以南洋華僑為主要市場。樟
腦市場則有德、法、美、英與印度等國，印度用於宗教儀式，其他地區
在 1890 年以前用於治療皮膚病、神經衰弱症，防蟲，製造煙火、香水及
油漆之穩定劑等。1890 年以後則作為賽璐珞工業原料，賽璐珞又為塑膠

2　林滿紅，《茶、糖、樟腦業與晚清臺灣經濟社會之變遷（1860～1895）》臺灣研究叢刊（臺
　　北：聯經出版事業股份有限公司，1997 初版，2008 八刷），頁 6；〈清末臺灣與中國大陸之
　　貿易型態比較（1860-1894）〉一文。

3　林滿紅，《茶、糖、樟腦業與晚清臺灣經濟社會之變遷（1860～1895）》，頁 7-10。

發明以前梳子、紐扣、膠卷、玩具等之主要原料。因此在通商口岸開放以後臺灣的出口市場由通商口岸開放以前之中國大陸為主，拓展而遍及全球。[4]

## （二）臺灣地區人民高度的市場取向

早在 1696 年臺灣知府高拱乾所修的《臺灣府志》中即指出：臺灣地區人民「唯利是趨」。因為臺灣人民不顧米產日缺，糖價一漲，即種蔗而不種稻，「舊歲種蔗，已三倍於往昔；今歲種蔗竟十倍於舊年」。[5]在19世紀中葉，通商口岸開放以後，臺灣地區人民也充分流露出這種性格，如淡水的英國領事指出：「年復一年，漢人不斷向山區開發，一山占過一山，砍下了樹木，種下了茶」；[6]打狗的領事報告、海關報告也經常報導蔗園日拓的消息。[7]同光年間寫《一肚皮集》的臺籍士紳吳子光也記載著說：「村人業樟腦者，起山寮，作土竈，偵樟腦堅光微臭者，削令成片。今錐刀之末，民爭恐後，牛山濯濯，頓改舊觀」。[8]

茶、糖、樟腦均屬於為市場生產的經濟作物。在 16 世紀的福建尚有人以種植經濟作物會破壞風水而加以排拒，[9]而臺灣地區人民何以如此「唯利是趨」？推究其根本因素在於臺灣開拓以來與大陸間密切的區域分工關係。明末清初漢人大量移入臺灣，臺灣的土地、氣候適合米、糖種植，但臺灣的氣候不宜於生產棉花、桑蠶。移民日用所需的針線、乾貨、雨傘、磚瓦、酒、鍋等等一時也無法由島內供應。由於臺灣所適合生產的米、糖適為大陸所需，而移民所需的棉布、絲織品及其他日用品均可取給於大陸，遂形成臺灣與大陸間，一方供應農產品，一方供應日

---

4　林滿紅，《茶、糖、樟腦業與晚清臺灣經濟社會之變遷（1860～1895）》，頁 19-56。

5　高拱乾修，臺灣銀行經濟研究室編，《臺灣府志》，康熙三十五年（1696）刊本，臺灣文獻叢刊第 65 種（臺北：臺灣銀行經濟研究室，1960），頁 250-251。

6　*British Parliamentary Papers*, Vol. 12, Report from Tamsui, 1877 (Shannon: Irish University Press, 1971), p. 375.

7　*British Parliamentary Papers*, Vol. 13, Report from Takou, 1880, p. 661; "Report from Takou," *Chinese Maritime Custom Reports*, 1874, microforms, 中央研究院近代史研究所圖書館藏, p. 141.

8　吳子光著，臺灣銀行經濟研究室編，《臺灣紀事》，清同、光年間選作，臺灣文獻叢刊第 36 種（臺北：臺灣銀行經濟研究室，1979），頁 14。

9　林滿紅，《茶、糖、樟腦業與晚清臺灣經濟社會之變遷（1860～1895）》，頁 11、13。

用手工業產品的「區域分工」。隨著移民留臺日久，臺灣本身也有簡單的日用手工業的發展，如製麻繩、榨油、製鳳梨布等等，但由於陸臺間區域分工的存在，臺灣的日用手工業一直不發達。[10] 由於臺灣日用手工業的不發達，也一直造成臺灣地區人民對貿易的仰賴。除此之外，臺灣係屬島嶼地形，資源種類較為有限，原已需要貿易；臺灣的海上交通位置優越，便於貿易；臺灣屬熱帶、副熱帶氣候，作物較易繁殖，作物的選擇性較大等等因素，也都強化了臺灣地區人民為市場而生產的行為模式。

這種市場取向的行為模式往往較能掌握經濟發展的契機。

## 三、貿易與經濟發展

清末臺灣的對外貿易如前所述，是屬於後進地區與先進地區貿易的一個個案。後進地區與先進地區貿易在經濟方面究竟有何利弊得失？經濟學者曾提出正反兩面看法。持反面論者認為後進地區的出口品主要是農產品，先進地區的出口品主要是工業產品，後進地區的本土工業將因為資本、技術無法與先進地區競爭而遭壓抑。其次，隨著經濟越發展，工業產品的需要增加率將大於農業產品的需要增加率，即工業產品價格上漲的幅度將大於農業產品價格上漲的幅度。後進地區與先進地區的貿易條件（terms of trade, 即歷年進口物價指數除以出口物價指數之商）也將惡化。再者，先進地區較高的消費水平對後進地區會有示範作用（demonstration effect），而減少了後進地區的儲蓄。此外，後進地區與

---

10　據 1869 至 1872 年的淡水海關報告指出：「北部臺灣只有大龍峒一帶村民利用閒暇將寧波進口的棉花織成布，但產量很少，此地的紡織業並不重要。此外，竹塹（今新竹）有製棉布衣帶和棉線的，錫口（今松山）有製裝米用麻袋的；大甲有織蓆的。不過北臺灣的手工業也只有這些」。見："Report from Tamsui," *Chinese Maritime Custom Reports*, 1869-1872, p. 158. 又據 1876 年打狗海關報告指出：南部臺灣有自己生產的鳳梨布、番布，但「洋布、大陸土布、鳳梨布、番布在南臺灣使用的數量分別占總使用量 40%、35%、17%、8%」，可見南臺灣所生產的鳳梨、番布只能供應本身需要量的四分之一，仍有四分之三需仰賴進口。見："Report from Takou," *Chinese Maritime Custom Reports*, 1876, p. 98. 而就歷年海關報告有關臺灣的進口內容亦可看出臺灣本身所需的日用品大抵均需進口。歷年臺灣的進口品內容：洋貨：鴉片、棉織品（灰、白、花、素各種襯衫）、毛織品（英、義、西各國毛料），金屬（鐵釘、鐵棍、鉛），較晚又添了俄、美煤油、日本火柴及軍需品等。華貨：麻袋、土布、玉器、糕餅、醫藥、絲織品、煙、建材、棉毛混織品。

先進地區貿易也常在後進地區境內形成現代部門與傳統部門對立的雙元經濟（dual economy），有礙整體經濟的均衡發展。持正面論者認為後進地區與先進地區間的貿易在滿足以下任何一項條件下均將成為後進地區「成長的引擎」：（1）後進地區具有有利的市場結構（favorable market structure），使出口品的需要快速增加；（2）後進地區的生產位置作有利調整（favorable adjustment of production location）；（3）後進地區的出口品的生產技術有所改進；（4）後進地區的生產技術有向前或向後連鎖（forward or backward linkage）的作用發生；（5）後進地區出口所賺取的外匯分配給儲蓄傾向（propensity to save）較高的人；（6）後進地區的社會基層建構（infrastructure），如政府、銀行、稅制、交通、教育等的改善。[11]

以下將由正反兩面逐點討論清末對外開放貿易對臺灣內部經濟所發生的影響。

## （一）反面理論

1. 本土工業被壓抑的問題：這可由三方面加以討論。

第一，臺灣原先是否有本土工業的問題。如前所述，臺灣自從明末清初以來即與大陸建立很密切的區域分工，本身的手工業並不發達，所以幾乎沒有手工業被破壞的問題。[12]

第二，臺灣在通商口岸開放以前所需日用品幾乎仍仰給於大陸，對外開放貿易以後，由國外大量進口洋貨，是否會影響到大陸上本土工業的發展？根據海關資料統計，1868 至 1895 年臺灣由外國進口洋貨的總值是由大陸進口華貨總值的八倍。但是在洋貨進口的同時，由大陸進口的華貨並沒有減少。臺灣進口的大陸華貨總值在 1868 至 1895 年間增為 7 倍，故隨著對外貿易的拓展，臺灣有更多的錢購買大陸上的日用手工業產品，

---

11　本書，〈清末臺灣與中國大陸之貿易型態比較（1860-1894）〉一文。
12　少數被壓抑的本土工業：是臺灣原以花生油等充當照明用燃料，進口外國煤礦油後，花生油業曾受到打擊。

並未妨礙大陸日用手工業的發展。[13]

　　第三，是否有臺灣原可發展工業卻因與西方貿易而未發展的問題。譬如此時期臺灣出口的樟腦和糖，均可採取工廠加工技術，是否因為與西方貿易，使臺灣只出口原料，而無出口加工成品的機會？當時臺灣地區的中國人並沒有設廠的努力。至於外國人，雖然他們沒有在臺灣設廠，但曾介紹了樟腦、糖的加工技術，卻不為臺灣地區的人民所接受。此外，設廠就糖業來講，亦有其不便之處。因為設廠所需的原料，臺灣一地尚不足以供應，而設廠製造的精製糖，將會與其他地區的精製糖發生競爭。在原有技術下所製的粗製糖，反可保有日本與中國大陸市場，因為兩地偏好臺灣含糖蜜較多的粗製糖。[14]故總括言之，臺灣的對外貿易發展之後幾乎沒有本土工業被壓抑的問題發生。

　　2. 貿易條件惡化的問題：「貿易條件」的概念旨在比較進出口品單價漲跌幅度之大小。由於清末臺灣進口品內容與全國進口品內容相近，而臺灣進口品單價資料較不完整，[15]故由全國進口品單價的變化情形窺知臺灣進口品單價變化之梗概。全國進口品單價的變化情形如表 2.2.1 所示：

表 2.2.1　清末進口單價變化

| 年代 | 1874 | 1875 | 1876 | 1877 | 1878 | 1879 | 1880 | 1881 | 1882 | 1883 | 1884 |
|------|------|------|------|------|------|------|------|------|------|------|------|
| 指數 | 100 | 96 | 92 | 90 | 91 | 87 | 91 | 86 | 88 | 84 | 83 |
| 年代 | 1885 | 1886 | 1887 | 1888 | 1889 | 1890 | 1891 | 1892 | 1893 | 1894 | 1895 |
| 指數 | 81 | 79 | 87 | 94 | 93 | 91 | 90 | 89 | 99 | 108 | 112 |

資料來源：林滿紅，〈對外匯率長期下跌對清末國際貿易與物價之影響（1874-1911）〉，《教學與研究》，期 1（1979 年 2 月），頁 159，表 5。

　　由上表可知清末進口品單價在 1895 年以前並無顯著變化。

　　而臺灣的出口貨價格，茶價由 1868 年之每擔 10 元上漲為 1894 年之

---

13　林滿紅，《茶、糖、樟腦業與晚清臺灣經濟社會之變遷（1860～1895）》，頁 156。

14　林滿紅，《茶、糖、樟腦業與晚清臺灣經濟社會之變遷（1860～1895）》，頁 83-89。

15　本書，〈清末臺灣與中國大陸之貿易型態比較（1860-1894）〉一文。

每擔 45 元，即上漲了 3.5 倍，糖價由 1867 至 1874 年間每擔 1.7 海關兩上漲到 1875 年以後之每擔 2.2 海關兩，亦上漲了 29.14％，樟腦價格則由 1860 年的一擔 16 元上漲到 1894 年之一擔 60 元，亦上漲了約有 3 倍。[16]故清末臺灣的貿易條件實有所改善而非惡化。因上述比較的基期不全一致，且為全國資料，另就 1864 至 1892 年間臺灣南部主要進口的鴉片價格與臺灣南部主要出口的糖價格比較，其貿易條件以 1864 年為 100，1892 年為 95.93。再以 1864 年、1892 年北部主要進口的鴉片單價與北部主要出口的茶價比較，其貿易條件 1864 年為 100，1892 年則為 52.3，[17]亦顯示出臺灣貿易條件的改善。

　　3. 示範作用的問題：隨著對外貿易的擴張，臺灣進口品的項目也越來越多，在增加的項目之中有燕窩、人參、玉石、絲織品、雪茄、洋酒等炫耀性消費品。此等炫耀性消費品的大量進口固然減少了臺灣的儲蓄，但其進口總值比起鴉片來實微不足道，因為在 1868 至 1895 年間，鴉片一項進口品的進口值即占臺灣總進口值的 60％，[18]鴉片雖不是先進地區示範使用的消費品，卻是先進地區推廣的消費品，而這項消費品的使用的確是減少了臺灣的儲蓄。

　　4. 雙元經濟的問題：在通商口岸開放以前，臺灣與大陸進行貿易的地區主要是西、北部的平原、盆地，因為只有這些地形才有米、糖的生產。通商口岸開放以後，由於糖出口的增加，使糖產地由原來的濁水溪以南的嘉南平原，再往南拓展至下淡水溪平原。而通商口岸開放以後新增產的茶和樟腦主要是中北部丘陵和內山的產品。原為邊區的中北部丘陵、內山及臺灣南端因此納入臺灣對外貿易的腹地之內。[19]這些邊區所生產的茶、樟腦和糖也是在淡水、安平等通商口岸集散而後出口，故漢人足跡所至的臺灣是渾然一體的經濟單元，而未形成如中國大陸上口岸腹地與非口岸腹地截然劃分的對立現象。

16　本書，〈清末臺灣與中國大陸之貿易型態比較（1860-1894）〉一文。
17　本書，〈清末臺灣與中國大陸之貿易型態比較（1860-1894）〉一文。
18　林滿紅，《茶、糖、樟腦業與晚清臺灣經濟社會之變遷（1860～1895）》，頁 155-16。
19　林滿紅，《茶、糖、樟腦業與晚清臺灣經濟社會之變遷（1860～1895）》，頁 57-68。

## （二）正面理論

1. 市場結構與出口變化趨勢的問題：清末臺灣出口到美國的烏龍茶，因茶產地係新闢地區，所產茶有一股特殊的芳香，深得美國市場偏好。出口量約為烏龍茶十分之一的包種茶，主要供南洋華僑啜飲，亦不與其他地區所產茶發生競爭，故清末的臺茶市場具有高度的壟斷性質。至於樟腦，由於在清末的全世界當中，只有臺灣和日本生產樟腦，故臺灣的樟腦市場原具有寡頭壟斷的性質。在 1860 至 1877 年間，1893 至 1895 年間，因日本樟腦減產，臺灣更獨享世界樟腦市場的壟斷權。

臺糖出口所受到的競爭則較劇烈。因為在世界上南北緯 30 度以內的地區均是蔗糖產區，西北歐洲又有甜菜糖生產，而臺糖在 1886 年以前的市場又遍及全球，臺糖與其他地區所產糖必然發生競爭。這也是 1886 年以後臺糖市場縮小而只包括中國大陸、日本和香港的原因。但不論在 1886 年之前、之後，臺糖市場一直是以日本、華北、華中為主，因為臺灣接近這些地區，而且所生產含糖蜜較多的粗製糖深為這些市場所喜。故臺糖市場較之臺茶市場或臺灣樟腦市場固然較具競爭性，但實際上仍具有某種程度的壟斷性。這種市場結構的壟斷性使得臺灣出口的茶、糖、樟腦，不論出口量或是單價，均呈增加趨勢。茶、糖、樟腦單價上漲趨勢正如貿易條件一節所述。其出口量增加趨勢則為：茶由 1866 年之出口 1,359 擔，逐年增加，至 1894 年，達 1866 年之 100 倍；樟腦 1861 年出口 6,000 擔，1861 年至 1894 年之間起伏較大，但至 1894 年已為 1861 年之 7 倍；糖的出口量 1866 年為 22 萬擔，至 1880 年增為 1866 年的 4.5 倍。1880 年以後稍跌，但至 1894 年亦有 67 萬擔，為 1866 年的 3 倍。[20]

2. 生產位置的調整問題：通商口岸開放以前臺灣主要生產的米和糖大致均產於平原和低丘，而占全島三分之二面積的山地，除了種植經濟價值不大的甘薯、靛藍之外，並未善加利用。通商口岸開放以後，茶、樟腦以及第四大出口品──煤，均產於山區，不但未與米、糖爭地，反

---

20　林滿紅，《茶、糖、樟腦業與晚清臺灣經濟社會之變遷（1860～1895）》，頁 19-56。

而使臺灣的生產位置做更有利的調整。[21]

　　3. 技術改變的問題：就清末臺灣與貿易直接相關的茶、糖、樟腦業而言，其生產技術除茶業由通商口岸開放以前之只知粗製，改為通商口岸開放後之兼有再製以外，其他生產技術無論是耕作（或採伐）或加工技術均仍極粗放而無大改變。

　　樟腦是腦丁由樟樹刮取樹片蒸餾而成。腦丁刮取樹片時，只取含腦較多的部分，含腦少的部分即予棄置。樟樹為天然林，採伐之後並不補植。樟樹片是用木箱裝著，放在一個鍋上。木箱與鍋之間間隔一塊中空的木板。木箱上倒放一個陶缸，鍋中放水加熱之後，熱蒸氣可以使樟樹片的含腦成分蒸餾到陶缸上。因製腦地多在山中，山中夜間氣溫較低，在陶缸上的腦蒸氣即結晶而成樟腦。這種製腦技術較日本在明治維新以後改進的製腦技術落後，但日式樟腦蒸餾法除 1890 年代苗栗大湖地區曾予引用外，一直未為臺灣所普遍採用。

　　茶在栽種的技術部分，茶農種下茶樹後，頭 3 年還除草、施肥、摘掉過多的葉子，但在這 3 年以後約 17 年當中，茶農只到茶園採摘茶葉，而不再給予茶樹任何照顧，直到茶樹老死。茶葉採摘之後，要經過粗製、再製兩階段的加工。粗製目的在使茶葉經過曬、翻、炒、揉、烘、篩等手續而使茶葉發酵、乾燥。發酵之後才有茶的香氣，也才利於保存。但只有粗製，乾燥程度仍然不夠，如果運到像美國那麼遠的市場將會長霉，所以開放口岸以後才有再製技術的引入。再製主要是要加烘，使茶葉更為乾燥，然後要經過一連串的篩和揀以便分出各種品級的茶。整個茶葉的加工過程也因此是高度勞力密集的。

　　蔗農種蔗是將舊蔗砍成幾段，浸水後斜插在土中，初插下時還略予施肥、灌溉，過後即不再如此做，直到甘蔗為期 3 年的生長年限結束。甘蔗收成後要加工製成糖時，需先將甘蔗加碾。清代臺灣用石磨碾蔗，西方或西方國家的殖民地則用鐵磨。鐵磨一副平均 87.5 元，石磨即使安

---

21　林滿紅，《茶、糖、樟腦業與晚清臺灣經濟社會之變遷（1860～1895）》，頁 57-68。

裝好了，使用成本還需要 130 元。同樣的 100 擔甘蔗，鐵磨碾一次可得 68 擔糖汁，石磨碾三次可得 50 擔糖汁。根據熊比得（J. A. Schumpeter）的理論，新生產方法的平均變動成本若低於舊生產方法的平均總成本，則新生產方法應被接受。鐵磨的平均變動成本，低於石磨之總成本，而清末在臺外人亦極力鼓吹採用鐵磨，但臺人除少數以外均未採用鐵磨。

　　清末臺灣的茶、糖、樟腦業雖直接與西方發生密切關聯，但生產技術無顯著改變，其因可歸納為以下幾點：（1）民性的安於現狀：由於臺灣對外貿易的大幅拓展，使臺灣地區的人民覺得即使技術不改進，產品仍然暢銷，而不求改良；（2）民性的念舊：如 1876 年海關報告指出：南部臺灣人民之拒用鐵磨，是因為對舊日的石磨懷著一種宗教式的敬意；（3）民性的排外：如 1886 年臺南英國領事報告指出：南部臺灣的人拒用鐵磨，是唯恐買了鐵磨之後外人所獲利益要大於臺人；（4）臺灣係新開發地區，利於採取多用土地、少用資本的種植技術，故在茶、蔗、樟腦的耕作（或採伐）技術之中，很少採用施肥、灌溉等耗費資本的技術；（5）文盲率高，交通不便等社會條件的不足，限制了新技術的傳播。[22]

　　4. 向前、向後連鎖作用的問題：由於任何一種產業必與其他產業相關聯。某一產業的增產，必然造成提供此一產業原料的產業增產，也會造成其所提供原料的產業增產，前者稱「向後連鎖作用」，後者稱「向前連鎖作用」。[23] 就清末臺灣茶、糖、樟腦等三項主要出口產業言，由於茶葉加工時需要薰花，故茶業的發展也促成花業的發展。茶、樟腦產於山區，需要隘勇防番，故茶、腦業的發展亦造成隘勇就業的增加。茶、糖、樟腦業的發展也促成舟筏、牛車、苦力等運輸業的發展。[24] 凡此均屬向後連鎖作用。至於向前連鎖作用，因茶、糖以最終消費品的形態出口，樟腦以原料的形態出口，並未在本島做進一步的加工，故無向前連鎖作用發生。

---

22　林滿紅，《茶、糖、樟腦業與晚清臺灣經濟社會之變遷（1860～1895）》，頁 68-93。

23　施建生，《經濟學原理》（臺北：作者出版，1971），頁 627。

24　林滿紅，《茶、糖、樟腦業與晚清臺灣經濟社會之變遷（1860～1895）》，頁 149-152。

5. 出口所得外匯分配的問題：出口所換取的外匯，如果主要是分配儲蓄傾向較高的人，則出口將有助於經濟發展。清末臺灣茶、糖、樟腦等三大出口品的利潤，茶農、茶商、糖商、腦商獲利最多，蔗農、腦丁所得較少。[25] 根據馬若孟（R. Myers）統計，一個擁有兩畝地的茶農，其全部收入幾乎都用於食物，[26] 故茶農的儲蓄傾向不高。茶商、糖商、腦商的收入雖有很多花在文教活動、救濟事業及炫耀性消費上，其儲蓄的可能性仍較茶農為高。1905 年臺灣有 7 位企業家財產在 50 萬元以上，居全臺之冠。其中臺北的李春生、板橋的林本源與茶業有關，新竹鄭如蘭、霧峰林烈堂、林季商與腦業有關，高雄陳福謙與糖業有關。[27] 這些企業家的儲蓄亦日治時期民營企業的重要資金來源。

6. 基層建構的問題：清末臺灣在交通方面，在日治前夕有鐵路、電報的架設，大宗出口品也由外國帆船、輪船運輸到國外市場；在生產組織方面，有少數糖商、腦商採取由生產至出口的統一作業方式；在產業的經營權方面，市場開拓初期系由外商掌握，繼之則有華商取而代之；在政府方面，牡丹社事件以後漸多振興產業之舉，如開山撫番、禁止擾雜、改進交通設施等。但除此之外，整個基層建構並無顯著的現代化跡象。

交通方面，山區仍以肩挑為主，平原地區則有牛車，少數地區則有河川可通舟筏。教育方面，文盲率高達 90％。產銷組織方面，仍有很多中間商人居間轉手，增加成本，租佃制度亦極盛行。金融方面，清末臺灣尚無銀行之設，生產所需的資金常由出口商提供。這種由出口商提供的資金，就出口商而言，有被生產者倒帳的缺點；就生產者而言，由於接受出口商的預先貸款，產品收成時，必須以較市場為低的價格賣給出口商，有受出口商剝削的弊病。[28] 在政府方面，對貿易最不利的是政府沒有關稅自主權。1870 至 1894 年間，臺灣的進出口稅率，北部進口稅率為

25　林滿紅，《茶、糖、樟腦業與晚清臺灣經濟社會之變遷（1860～1895）》，頁 95-104。

26　Ramon H. Myers, "Taiwan under Ch'ing Imperial Rule, 1864-1895: The Traditional Society," *Journal of the University of Hong Kong*, 5:2 (December 1972), pp. 413-453.

27　林滿紅，《茶、糖、樟腦業與晚清臺灣經濟社會之變遷（1860～1895）》，頁 175-176。

28　林滿紅，《茶、糖、樟腦業與晚清臺灣經濟社會之變遷（1860～1895）》，頁 105-145。

1.13%，出口稅率為 10.8%，南部進口稅率為 0.7%，出口稅率為 6%，[29]出口稅率均較進口稅率高出甚多。此外政府的山地政策並不足以使原住民加入經濟發展的行列，「漢番衝突」時起。這些因素均提高了出口成本，而使出口可能帶動經濟發展的幅度縮小。

　　由以上的驗證可以得知，就後進地區與先進地區貿易不利的諸多論點看來，臺灣除了進口大量鴉片，減少資本累積之外，幾乎沒有本土工業被摧殘、不平衡的雙元經濟等問題發生，臺灣的貿易條件非但沒有惡化，反而有所改善。就後進地區與先進地區貿易有利的諸多條件看來，小規模的技術改進，小幅的向後連鎖作用的發生，出口所賺取外匯由茶商、腦商、糖商取得的部分有若干資本累積，基層建構的若干改善等尚不足以使整個經濟大幅發展，但有利的出口結構，生產位置的有利調整則對臺灣的經濟發生大幅的正面影響。清末臺灣在 1868 至 1894 年間出口總值由 88 萬海關兩增為 725 萬海關兩，年平均成長率為 10.05%，進口總值則由 115 萬海關兩增為 545 萬海關兩，年平均成長率僅為 3.51%。[30]由此可以看出清末出口的大幅增加，使臺灣由入超轉為出超，即使扣除鴉片進口值，清末臺灣出口所得外匯尚有剩餘。故清末臺灣以一個後進地區與先進地區貿易的結果是利多於弊。而如上所述，清代臺灣對外貿易所促成的發展，主要是由於有利的市場結構及生產位置的有利調整，至於基層建構、生產技術、向前、向後連鎖作用等發展幅度很小。但即使就這些發展而言，對當時或日後臺灣的經濟已造成如下三種影響：

　　（1）緩和 19 世紀中葉臺灣的人口壓力：臺灣在 18 世紀仍是一個「四方奔趨圖息」的樂土，但到 1850 年前夕，由於主要產業是米和糖，適合米、糖種植的平原和低丘在 18 世紀又已經開發殆盡，而臺灣本身的人口還不斷自然增殖，大陸的移民又不斷湧進，因而到 1846 年閩浙總督劉韻珂指出：「臺灣夙號殷富，近因物力有限，戶口頻增，以至地方日形凋敝」。面臨這種人口壓力，劉韻珂的對策是：「開闢則地利較溥可產米

---

29　本書，〈清末臺灣與中國大陸之貿易型態比較（1860-1894）〉一文。
30　本書，〈清末臺灣與中國大陸之貿易型態比較（1860-1894）〉一文。

百萬石，他如木料、茶葉、樟腦、藥材等物，為數更屬不少。通商惠工，培養生機，元氣可期漸復，是其興利者一」。也就是一面要繼續開墾，一面要為山區的豐富資源找尋市場。1860年臺灣的對外開放市場，促使山區和南部的進一步開發，適可解除這一人口壓力。發展出口之後，臺灣的人口且由1860年之200萬人左右，增為1895年之255萬人左右。其中直接受茶、糖、樟腦業扶養的人口約有60萬人。[31]

　　（2）促成臺灣經濟重心的北移：在通商口岸開放以前，臺灣的生產既以米、糖為主，適合米、糖種植的平原和低丘主要又分布在臺灣的南部，故通商口岸開放以前臺灣的經濟重心亦在南部。通商口岸開放造成北部山區得以大量生產茶和樟腦出口，茶、樟腦出口種植占北部出口總值的比例，在1868至1895年間分別為90％、5％。生產在南部的糖，其出口值占南部出口值的比例，在1868至1895年間則為89％。北部茶和樟腦的出口市場結構又較南部糖的出口市場結構具有壟斷性，茶和樟腦出口量、出口單價的增加幅度又較快。進口又為出口的函數，因此南部的貿易額，1871年原為北部的2倍，到1881年已為北部迎頭趕上，至1885年以後更為北部之一半。臺灣既然是一個高度市場取向的地區，南北貿易地位的逆轉也象徵著南北經濟地位的易勢。[32]

　　隨著北部茶、腦業的發展，在茶和樟腦生產或集散的地區崛起了很多新興市鎮。其中最顯著的是大稻埕，因是茶葉加工、集散的中心，由通商口岸開放時之一個小村發展成1895年之全臺第二大城。有些開發較早的北部城鎮如宜蘭、汐止、松山、新埔、中港、新竹亦因茶和樟腦的轉運而更繁興。此外，由臺北到南投的山區更有一連串城鎮因為茶、腦業而興起，如：石碇、深坑、大溪、三峽、關西、竹東、南莊、苗栗、大湖、三義、卓蘭、東勢、南投、集集等等。城鎮的興起象徵著人口的增加，人口增加之後政府隨之必須增設行政區域，因而在1722至1875年當中約150年，大甲溪以北的北部臺灣，除宜蘭於1810年獨立為一廳以外，均隸屬於淡水廳。但在1875至1885年的10年當中，北部的行政

---

31　林滿紅，《茶、糖、樟腦業與晚清臺灣經濟社會之變遷（1860～1895）》，頁148-152。

32　林滿紅，《茶、糖、樟腦業與晚清臺灣經濟社會之變遷（1860-1895）》，頁180-188。

區劃卻有兩次大規模調整，有許多新的縣、廳設立。而最大的一次調整即是 1887 年臺灣首府之由臺南移到臺北。[33] 之後，雖曾醞釀將省會遷至臺中，但一直未遷成，至 1894 年臺北更取得正式的省會地位。[34] 政治重心的北移固然牽涉到劉銘傳與劉璈間的恩怨，但主要仍是順應經濟重心的北移。[35] 而政治重心的北移更使臺北成為全省經濟重心所在。這次經濟政治重心的北移，使得臺灣南北的經濟得以更加平衡發展。但臺北居舉足輕重地位不斷加強之後，則使臺灣之後的整個發展有過度以臺北為中心的偏頗。

　　（3）奠定日治以後臺灣經濟發展的基礎：清末由對外貿易促成臺灣更進一步的開發，出口所賺取的外匯所造成的若干資本累積，均有助於日治時期臺灣的經濟發展。此外，最重要的是：隨著貿易的拓展，每人平均分攤貿易額不斷增加，由 1879 年之 3 海關兩增至 1894 年之 5 海關兩，[36] 意即臺灣人民市場取向的性格益加強化。研究日治時期臺灣經濟發展的學者一再指出，日治時期臺灣經濟之發展除了日本政府加強基層建構的設施，如交通、貨幣、金融、度量衡、治安、教育、農業機構、山地政策之外，臺灣人民高度的市場取向也是重要因素。如寫《日治時代臺灣米穀經濟論》的川野重任即指出：「朝鮮的農民或地主，常固守在與科學世界無緣的貧弱米作上，數百年來甘於做單純的業主，對於新技術，如果不以強力的非經濟手段推廣，則不能使其採用，但在臺灣，施以經濟的邏輯則能實現」。[37] 著有《帝國主義下の臺灣》（《日本帝國主義下之臺灣》）的矢內原忠雄亦指出：「1899 年到 1926 年間臺灣急劇資本主義化的理由有三：一為日本自中日、日俄、第一次世界大戰以來累積的資本；二為臺灣熱帶、亞熱帶的自然環境，勤勉、富於貨殖心，而

---

33　林滿紅，《茶、糖、樟腦業與晚清臺灣經濟社會之變遷（1860～1895）》，頁 170-174。

34　溫振華，〈清代臺北盆地經濟社會的演變〉（臺北：臺灣師範大學歷史研究所碩士論文，1978），頁 135。

35　林滿紅，《茶、糖、樟腦業與晚清臺灣經濟社會之變遷（1860～1895）》，頁 186-187，註 106。

36　林滿紅，《茶、糖、樟腦業與晚清臺灣經濟社會之變遷（1860～1895）》，頁 6-7。

37　川野重任著，林英彥譯，《日治時代臺灣米穀經濟論》，臺灣研究叢刊第 102 種（臺北：臺灣銀行經濟研究室，1969），頁 14-15。

生活程度又低的住民，乃使臺灣企業利潤率提高，足以誘引日本的投資；三為日本政府的力量」。[38] 所謂臺灣人民「富於貨殖心」，「施以經濟的邏輯即能採取新技術」，即是市場取向性格的表現。

# 四、貿易與社會變遷

除了影響臺灣的經濟發展以外，清末臺灣的對外貿易對臺灣的社會、政治、文化亦有如下的影響：

## （一）社會影響

1. 社會動亂的消滅：前述 19 世紀中葉臺灣人口壓力的存在，曾帶來 1782 至 1867 年間臺灣民變與械鬥的頻繁。在 1683 至 1781 年之 99 年當中，才發生 8 次民變或械鬥，即每 12.38 年發生 1 次社會動亂，但在 1782 至 1867 年之 86 年當中，就發生了 56 次的民變或械鬥，即每 1.46 年發生一次社會動亂，但在 1868 至 1894 年當中之 27 年僅發生 3 次民變或械鬥，即每 9 年才發生一次社會動亂。[39] 1782 至 1868 年以前社會動亂的頻繁既為人口壓力所促成，1868 年以後社會動亂的減少，與清末臺灣對外貿易之緩和人口壓力自然有很大的關聯。

2. 偏狹的地方主義的消失：早期由中國大陸到臺灣的移民，多與同鄉聚居。不同祖籍移民之間時起械鬥，不同祖籍移民也信奉不同的鄉土神，如粵籍信奉三山國王，漳籍信奉開漳聖王，泉籍之同安人信奉保生大帝，安溪人信奉清水祖師，南安人信奉廣澤尊王等。[40] 但是械鬥發生的頻率，在 1683 至 1781 年當中之 99 年只發生 2 次，1782 至 1867 年當中之 86 年則發生 26 次，而在 1868 至 1894 年間則不復有籍貫別的械鬥發生。[41]

---

38　矢內原忠雄著，周憲文譯，《日本帝國主義下之臺灣》，臺灣研究叢刊第 39 種（臺北：臺灣銀行經濟研究室，1956，帕米爾書店 1985 年重印），頁 20。

39　李汝和主修，《臺灣省通志》，卷二·人民志·人口篇，冊 2（南投：臺灣省文獻委員會，1972），頁 132。

40　李國祁，〈清代台灣社會的轉型〉，《中華學報》，卷 5 期 2（1978 年 7 月），頁 140-141。

41　李汝和主修，《臺灣省通志》，卷二·人民志·人口篇，冊 2，頁 132。

此外，鄉土神的信仰在 1850 至 1870 年代之間則逐漸為一般性神明如社神、關帝、天公、觀音、媽祖等信仰所取代。[42] 由此可見不同祖籍移民偏狹的地方主義在通商口岸開放後已逐漸消失。這種偏狹的地方主義的消失，除與移民定居臺灣既久，漸漸淡忘了祖籍的畛域有關之外，與清末臺灣對外貿易的發展也有如下幾種關聯：（1）不同祖籍移民的械鬥多為爭地、爭水，或細故而起，貿易增加了生計基礎，不同祖籍移民為生計而衝突的可能性減小。（2）貿易縮短了閩籍與漳、泉籍移民間的貧富差距：各籍移民來臺之際，以泉籍人數居多，故泉籍除安溪人住山區外多占有西部平原，粵籍人數最少，住於近山之處或山區，漳籍介於泉、粵籍之間。西部平原因係米、糖產地，又便於對大陸貿易，故泉籍較富，漳、粵籍較貧，這種貧富差距亦不同祖籍移民衝突之原因。清末對外開放貿易促成山區的開發，使漳、粵籍經濟地位改善，如前述通商口岸開放後，由臺北山區至南投山區的新興城鎮之中，除石碇、深坑乃泉州安溪人分布區之外，幾盡為粵籍、漳籍分布區。漳、粵籍經濟地位的改善自然縮短了泉籍與漳、粵籍間的貧富差距，也有助於彼此畛域或衝突的消弭。（3）清末對外開放貿易後的出口產業，使閩粵籍利害一致：清末茶、糖、樟腦的產銷通路由粵、漳籍所住山區一直延展到泉籍所住的平原、口岸，閩、粵籍常並肩從事茶、糖、樟腦的產銷，如閩人投資腦業時，常需透過粵人與原住民交涉取得樟木林，[43] 如此自然也會減少彼此之畛域觀念。（4）貿易為臺灣帶來的財富，使臺灣更有餘力致力於文教工作，這些文教事業所提倡的儒家文化一向主張「合作」思想，自然也會減少各籍移民的衝突。如從事茶業的漳籍士紳——板橋林本源，曾興設大觀義學，並請泉人莊正執教，並容許泉籍子弟入學以化除泉、漳之衝突。[44]

　　3. 「漢番衝突」與原住民的東移：當漢人於通商口岸開放之後上山採集樟腦或開闢茶園之時，只有少數山區的原住民參與此等產業。大多數的原住民與漢人之間時起衝突。在「漢番衝突」之際，根據清末在臺

---

42　李國祁，〈清代台灣社會的轉型〉，頁 141。

43　林滿紅，《茶、糖、樟腦業與晚清臺灣經濟社會之變遷（1860～1895）》，頁 130。

44　林衡道口述，林滿紅整理，〈板橋新莊史蹟調查〉，《臺灣文獻》，卷 24 期 4（1973 年 12 月），頁 31。

灣的外國人觀察，原住民身手矯捷，山區的地形為其天然障壁，山區的瘧疾又為漢人一大剋星，漢人很難用武力征服原住民。但原住民最後還是節節東退而徙入深山之中，最主要是受漢人的「銀彈」攻擊而非「子彈」攻擊。漢人與原住民間的衝突及原住民的東徙均為清末嚴重社會問題。[45]

4. 市鎮結構的改變：通商口岸開放以前，臺灣西、北岸有很多港口城市與大陸進行貿易。這些港市與其腹地構成許多分殊的市場體系。這些港市是其所構成市場體系的中央市鎮（central place）。因此通商口岸開放以前臺灣的中央市鎮是以點狀分布於臺灣的西、北海岸。通商口岸開放以後，因為口岸開放在臺灣的南、北兩端，在彰化以北的所有市場體系轉為隸屬於淡水（大稻埕）的單一市場體系，彰化以南的各個市場體系則轉為隸屬於打狗、安平（臺南）的市場體系。臺灣的中央市鎮因而兩極化而分布於臺灣的南、北兩端，而不再是點狀分布於西、北海岸。這種兩極化的市場結構一直存在到 1945 年之後。[46]

5. 社會結構的變動——買辦、豪紳成為社會的新貴。當茶業與樟腦業崛起於北部臺灣的山區時，最先前往經營這兩種產業的往往是擁有武力與財力的豪紳。因為茶、樟腦的產區主要是分布在原住民所住的地區，在經營這兩種產業之前必先做「撫番」的工作。率先經營茶、腦業既給豪紳帶來財富，其「撫番」行動也往往受到政府的嘉許而授予官職，更提高豪紳的社會地位。對外貿易發展之後，即有洋行買辦應運而生。買辦與外商接觸之後，較能熟知市場行情，也較易激起經濟的民族主義（economic nationalism），常獨立而自營產業。買辦由於較外國人熟知本國的風土人情，經營成本亦較低廉，往往可以取外國人的商權而代之。[47]

在通商口岸開放以前，由於臺灣的經濟以米、糖及對大陸貿易為主體，社會上的豪富是地主和郊商——從事陸臺貿易的商人。通商口岸開

45　林滿紅，《茶、糖、樟腦業與晚清臺灣經濟社會之變遷（1860～1895）》，頁 167-169。
46　林滿紅，《茶、糖、樟腦業與晚清臺灣經濟社會之變遷（1860～1895）》，頁 170-174。
47　林滿紅，《茶、糖、樟腦業與晚清臺灣經濟社會之變遷（1860～1895）》，頁 174-176。

放之後崛起的豪紳、買辦或亦出身於這兩種人物。但不論是否出身於這兩種人物，通商口岸開放以後的豪紳與買辦，地位要高於一般的地主或郊商。因為豪紳與買辦經營貿易的範圍較廣，致富的機會較多。1905 年臺灣七大首富，陳福謙是買辦出身，板橋林家、霧峰林家、新竹鄭家等均屬豪紳。[48]

圖 2.2.4　橫濱中華街之順和棧

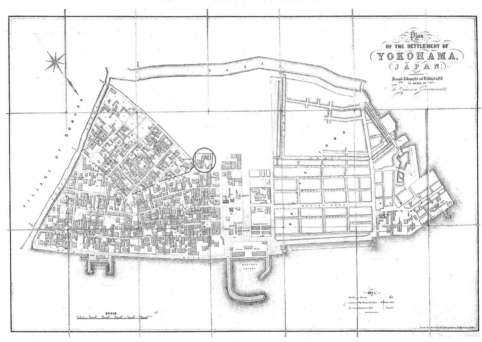

說明：順和棧所在地橫濱中華街 186 號地大約就在圈出來的部分。
資料來源：神戶市立博物館編，《神戶‧橫浜「開化物語」図録：居留地返還 100 周年記念特別展》（神戶：神戶市立博物館，1999），頁 38。

　　1871 年的中日修好通商章程條規第一條規定，為使中日兩國的商人及百姓能夠自由往來貿易，兩國需各自開放港口以互市。日本開放了橫濱、函館、大阪、神戶、新潟、夷港、長崎、築港；中國則是除了開放本土的上海、鎮江、九江、漢口、天津、牛莊、芝罘、廣州、汕頭、瓊州、廈門、福州之外，還開放臺灣的安平、淡水兩港。加強了日本與臺灣之間的貿易關係。陳福謙因此在橫濱發展。[49]橫濱「中華街」的 186 號地上，

48　林滿紅，《茶、糖、樟腦業與晚清臺灣經濟社會之變遷（1860～1895）》，頁 174-176。
49　林東辰，《臺灣貿易史》（臺北：日本開國社臺灣支局，1932），頁 178；林熊祥、李騰嶽監修，林恭平纂修，臺灣省文獻委員會編纂組編校，《臺灣省通志稿》，卷四‧經濟志商業篇（臺

出現了陳福謙「順和棧」的商號。這個商號所占地是英商怡和洋行所占地的一半，而約與美商太平洋郵船公司所占地相當，也是橫濱華商最大的商家（圖 2.2.4）。

## （二）政治影響

臺灣的經濟潛力先後引起美國的關注。先是，美國提督培里（Commodore Matthew Calbraith Perry, 1794-1858, 圖 2.2.5）在〈有名之美國人〉為題的論文中，讚揚臺灣島的豐富自然資源，且臺灣島在地球上的位置與亞米利加〔美國〕所設立的貿易倉庫大有關係，強調以此可與中國、日本、琉球、柬埔寨、暹羅〔泰國〕、菲律賓等島嶼互通有無，可將臺灣島收歸為亞米利加領土。而他上述計畫雖因諸多反對無法實現，其他國家的人民卻對其已發表論說中的目的大感興趣。事實上，歐美貿易諸國的人民紛紛矚目臺灣，歐美人懷抱著至少能開放一個島內港口的希望。天津條約即實現了此願望。[50] 臺灣開港之後，美國領事李仙得（Le Gendre）因對臺灣的關注，轉而協助日本政府 1874 年的侵臺。[51]

圖 2.2.5　美國提督培里

資料來源：　大都會藝術博物館（The Metropolitan Museum of Art），https://www.metmuseum.org/art/collection/search/190036376，2021 年 5 月 18 檢閱。

北：臺灣省文獻委員會，1958），頁 164-165。

50　林東辰，《臺灣貿易史》，頁 171-172；林熊祥、李騰嶽監修，林恭平纂修，臺灣省文獻委員會編纂組編校，《臺灣省通志稿》，卷四・經濟志商業篇，頁 161-162。

51　Chantal Zheng, *Les Européens aux portes de la Chine: l'exemple de Formose au XIXe siècle* (San Francisco: Chinese Materials Center, Inc., 1978), pp. 279-280; 白尚德（Chantal Zheng）著，鄭順德譯，《十九世紀歐洲人在台灣》（臺北：南天書局有限公司，1999），頁 52、58-60。

　　1874 年牡丹社事件發生以後清政府對臺灣的關注加深。在此同時，由於貿易為政府帶來豐裕的財源，也使政府更能有所作為。清政府在臺灣的財政收入在 18 世紀時，仍以田賦為主，占全部稅收的 75%，但至清末，在 1860 至 1890 年間，與貿易有關的稅收占總稅收的 56%，1890 至 1895 年間則占 66%。[52]

## （三）文化影響

　　1. 臺灣地區人民世界觀的改變：儘管 17 世紀荷、西兩國曾一度占有臺灣之局部地區，但入清以後，臺灣的人民對這些洋人的印象似極模糊，統以「紅毛番」稱之。臺灣人民對世界的印象仍以中國為主，偶而亦知日本、南洋。但通商口岸開放以後，臺灣相當多數的人要關心烏龍茶在美國、樟腦在德國的銷售行情，臺灣人民使用的物品之中也出現了印度鴉片、美國煤油、英國棉毛織品。這種貿易關係加上清末外國人的在臺傳教、經商，使臺灣人民心目中的世界已由東亞拓展而包括全世界。

　　2. 中國文化中的大傳統在臺灣生根：人類學者雷德菲爾德（R. Redfield）曾將鄉民社會（peasant society）的文化分為大傳統（great tradition）與小傳統（small tradition）兩大主流。大傳統文化是全國性的，是少數人經過深思並且有意識地傳承下來的文化，小傳統文化是比較富有地方色彩的，是多數人在習焉而不察之中傳遞下來的文化。[53] 這就中國來講，以儒家思想為主幹的中國哲學是中國文化中的大傳統，民間的習俗、戲劇、諺語、信仰等等則為小傳統。由於早期來到臺灣的移民主要是來自大陸上的社會基層，其所帶到臺灣的中國文化以小傳統文化為主，如迎神賽會的鋪張，結拜的盛行，民謠、諺語的產生等等。在通商口岸開放以前雖然有明鄭及清代官吏等的倡導儒家文化，[54] 但是臺灣地區的民

---

52　林滿紅，《茶、糖、樟腦業與晚清臺灣經濟社會之變遷（1860～1895）》，頁 162-165。

53　Robert Redfield, "The Social Organization of Tradition," in Robert Redfield, *The Little Community and Peasant Society and Culture* (Chicago: University of Chicago Press, 1956), pp. 40-59 (Ch. 3).

54　林滿紅由臺灣各地方志歸納得知：清代在臺官吏由以下途徑倡導儒家文化：（一）在官學（包括府學、縣學、書院、義學、社學）或私塾直接教授儒家知識；（二）捐出薪俸買學田、建書院、義學、社塾、試寓、文廟、聖廟、敬聖樓，或提供學子學費、生活費及應考費等。

眾研讀儒家經典或參與科考的人仍然不多。[55]在清代每地有科考限額的規定下，臺灣地區的科考錄取率特別高，因而常有福建考生冒充臺灣籍來參與臺灣的科考。[56]此外，清政府亦常需借重民間信仰，如關公、城隍廟等來移風易俗。[57]但隨著清末對外貿易的發展，臺灣的財富增加。所謂「富而後知禮儀」，在經濟條件許可的情況下，任何小傳統文化都會努力向大傳統文化提升。以清代臺灣設立的書院總數觀之，1683至1860年間設立23所，平均每年設0.13所，在1860至1893年間設14所，平均每年設0.42所，通商口岸開放後每年設立書院的數目為口岸開放以前的3倍。地方上的權勢階級由純粹以武力、經濟為基礎的人，轉化而兼以學術為基礎的也逐漸增多，如板橋林家、霧峰林家等皆是。[58]而日治以後霧峰林家對漢學的維護更是不遺餘力。[59]凡此均可看出大傳統文化在臺灣是已生根。[60]

# 五、結語

由於臺灣地區人民高度的市場取向，掌握了有利的貿易機會，並使

---

55　林滿紅由地方志歸納其原因為：清初由於臺灣初闢，學子常有缺書、缺老師的困難，而臺灣學子參與科考，考生員要到府、縣學考，考舉人要到福建省垣考。參與府、縣學考試，如宜蘭要到新竹考，澎湖要到臺南考，即有山、海之隔，已為不便。參與舉人考試的，還需渡過臺灣海峽，除需受潮汐、季風影響之外，費用亦多。

56　清初多冒籍考試的情形，參見薛紹元著，臺灣銀行經濟研究室編，《臺灣通志》，臺灣文獻叢刊第130種（臺北：臺灣銀行經濟研究室，1962），頁481；薛志亮、謝金鑾、鄭兼才纂，薛志亮修，臺灣銀行經濟研究室編，《續修臺灣縣志》，臺灣銀行文獻叢刊本第140種（臺北：臺灣銀行經濟研究室，1962），頁221、297。

57　李國祁，〈清代台灣社會的轉型〉，頁156。

58　李國祁，〈清代台灣社會的轉型〉，頁151-152。

59　霧峰林家於日治以後曾結集中部臺灣之詩人成立「櫟社」以專研漢學。櫟者，朽木也。櫟社成立之目的在以棄人「研究棄學」。櫟社成員在亡國之餘自比朽棄之人，棄學即為漢學。日治以後臺灣能夠苟延一線斯文，櫟社有其貢獻。參見王詩琅，〈霧峰林家與臺灣的文化教育〉，1969年6月調查紀錄，臺灣大學歷史系所藏手抄本。

60　本段承蒙李國祁〈清代台灣社會的轉型〉一文諸多啟發。但該文以「臺灣的內地化」描述清末臺灣儒化及政府力量加強的現象，有時會使人誤以為臺灣至清末才內地化。而事實上，臺灣自漢人移入以來即不斷在內地化。如高拱乾所修之《臺灣府志》指出：「明鄭在臺灣「興市廛、構廟宇、招納流民、漸近中國風土矣。」參見高拱乾修，臺灣銀行經濟研究室編，《臺灣府志》，康熙三十五年〔1696〕刊本，臺灣文獻叢刊第65種，頁4。本段之目的在補充指出：無論清初、清末，臺灣均在內地化，但清初臺灣引入的內地文化，雖有大傳統文化的成分，卻以內地的小傳統文化為主，清末則引入更多內地的大傳統文化。

生產位置做有利調整。同樣是對外開放貿易，大陸的市場結構、生產位置調整則不若臺灣有利，此外大陸有手工業被破壞，不均衡的雙元經濟產生等種種問題。故清末的對外貿易雖然也造成大陸的發展，但發展幅度不若臺灣之大。[61] 也由於臺灣貿易發展幅度之大，才能緩和臺灣在 19 世紀中葉所形成的人口壓力，促成臺灣經濟重心的北移，並使經濟更均衡發展。而日治以後臺灣的經濟發展，也因清末的資本累積，人民因應市場需要能力的更為敏銳而奠定良好基礎。

此外，這一發展，在社會方面也促成不同祖籍移民的融合、社會動亂的減少、市鎮中心的兩極化、經濟領袖之由郊商、地主轉為買辦、豪紳，但也不幸地造成「漢番衝突」及原住民的遷徙；在政治方面，促成列強對臺灣的更加關注，政府財政收入的增加，及隨之而起的政府對臺灣的建設增多；在文化方面，造成臺灣在世界化的同時，也更為儒化。

遠在西北歐洲的瑞典，在 1840 年時，與臺灣一樣，經濟以農為主，農業人口占全人口 70%，同時由於土地開發殆盡，人口不斷增加，在 19 世紀中葉也有人口壓力的存在，但隨著 1840 年以後歐洲市場對瑞典木材的大量需要，瑞典的經濟結構發生了很大的改變。瑞典利用木材出口所賺取的外匯，改進生產組織，如建立銀行制度，改進生產技術，以機械伐木代替手工，至 1880 年瑞典已躋身工業國家之林。[62] 清末臺灣則無類似的制度與技術變革。

---

61　本書，〈清末臺灣與中國大陸之貿易型態比較（1860-1894）〉一文。

62　E.F. Söderland, "Short-Term Economic Fluctuations and the Swedish Timber Industry, 1850-1900," *Journal of Economic History*, 8:4 (Fall 1953), pp. 388-397.

# 清末臺灣海關歷年資料的史料價值 *

## 一、形成背景

海關資料之彙編，肇因於外人之接掌中國海關。在外人接掌中國海關之前，無經常性彙編、出版的海關資料。外人所以接掌中國海關，乃因 1853 年的小刀會之亂，破壞了當時中國最大對外貿易口岸——上海租界的海關，使該海關無法照常對外國船隻課稅。中國政府方面，正值太平天國亂起，急需此項關稅以應軍需。英、美、法方面，自從中西貿易推展以來，礙於語言不通，外交、商務多所不便，希望有所改革。又因南京條約曾規定英國管事（superintendant）與領事與各港地方官公文往來，清楚交納貨稅（圖 2.4.1-2.4.3），中外雙方於是同意改由外國稅務司監督中國海關稅收。此項安排在 1858 年中英天津條約通商章程第 10 款（圖 2.4.4）及中法天津條約通商章程第 10 條（圖 2.4.5）中納入規章。次年起，即有外國稅務司主編的海關出版品發行。[1]

---

* 本文修改自林滿紅出版於張炎憲、陳美蓉、黎中光編，《臺灣史與臺灣史料（二）》，臺灣史料系列 1（臺北：吳三連基金會，1995），頁 353-366 之論文。曾發表於廈門大學，「第二屆國際海關史會議」，1990 年 8 月 1-4 日。此文亦為黃富三、林滿紅、翁佳音合編，《清末臺灣海關歷年資料》（臺北：中央研究院臺灣史研究所籌備處，1997），兩冊，共 1140 頁之序言。

1 鄭友揆，〈我國海關貿易統計編製方法及其內容改革考〉，原載於《社會科學雜誌》，卷 5 期 3（1934 年 9 月），頁 264-296。後收入包遵彭等編，《中國近代史論叢》，輯 2 冊 3（臺北：正中書局，1958）。本註引自後者之頁 135。

圖 2.4.1 中英南京條約第二款中英對照

ARTICLE II.

His Majesty the Emperor of China agrees that British Subjects, with their families and establishments, shall be allowed to reside, for the purpose of carrying on their Mercantile pursuits, without molestation or restraint at the Cities and Towns of Canton, Amoy, Foochow-fu, Ningpo, and Shanghai, and Her Majesty the Queen of Great Britain, etc., will appoint Superintendents or Consular Officers, to reside at each of the above-named Cities or Towns, to be the medium of communication between the Chinese Authorities and the said Merchants, and to see that the just Duties and other Dues of the Chinese Government as hereafter provided for, are duly discharged by Her Britannic Majesty's Subjects.

一自今以後
大皇帝恩准大英國人民帶同所屬
家眷寄居
大清沿海之廣州福州廈門甯波上
海等五處港口貿易通商無礙
且
大英
君主派設領事管事等官住該五處
城邑專理商賈事宜與各該地
方官公文往來令英人按照下
條開敘之例清楚交納貨稅鈔
餉等費

資料來源：Inspector General of Chinese Maritime Customs, *Treaties, Conventions, etc., China and Foreign State,* 2nd edition (Shanghai: Statistical Department of the Ispectorate General of Customs, 1917), Vol. 1, p. 352.

圖 2.4.2 中英南京條約所附五港通商章程第三款中英對照

III.—MASTERS OF SHIPS REPORTING THEMSELVES ON ARRIVAL.

III. Report to be made to, and ship's papers etc. to be deposited with Consul.

Whenever a British vessel shall have cast anchor at any one of the above-mentioned ports, the captain will, within four and twenty hours after arrival, proceed to the British Consulate, and deposit his Ship's Papers, Bills of Lading, Manifest, &c., in the hands of the Consul; failing to do which, he will subject himself to a penalty of two hundred dollars.

Penalty for neglect; for false manifest; and for breaking bulk before permitted.

For presenting a false manifest, the penalty will be five hundred dollars.

For breaking bulk and commencing to discharge before due permission shall be obtained, the penalty will be five hundred dollars, and confiscation of the goods so discharged.

Communication of arrival to the Superintendent of Customs.

The Consul having taken possession of the Ship's Papers, will immediately send a written communication to the Superintendent of Customs, specifying the register tonnage of the ship, and the particulars of the Cargo she has on board; all of which being done in due form, permission will then be given to discharge, and the duties levied as provided for in the Tariff.

一貨船進口報關一款
英國商船一經到口停泊其船主限一日之
內赴英國管事官署中將船牌艙口單報單
各件交與管事官查閱收貯如有不遵罰銀
二百元若投遞假單罰銀五百元若于未奉
官准開艙之先遽行開艙卸貨罰銀五百元
併將擅行卸運之貨一概查抄入官管事官
既得船牌及艙口報單等件即行文通知該
口海關將該船大小可載若干噸運來係何
宗貨物逐一聲明以憑抽驗明確准予開艙
卸貨按例輸稅

資料來源：Inspector General of Chinese Maritime Customs, *Treaties, Conventions, etc., Between China and Foreign State*, 2nd edition, Vol. 1, p. 384.

圖 2.4.3 中英南京條約所附五港通商章程第六款中英對照

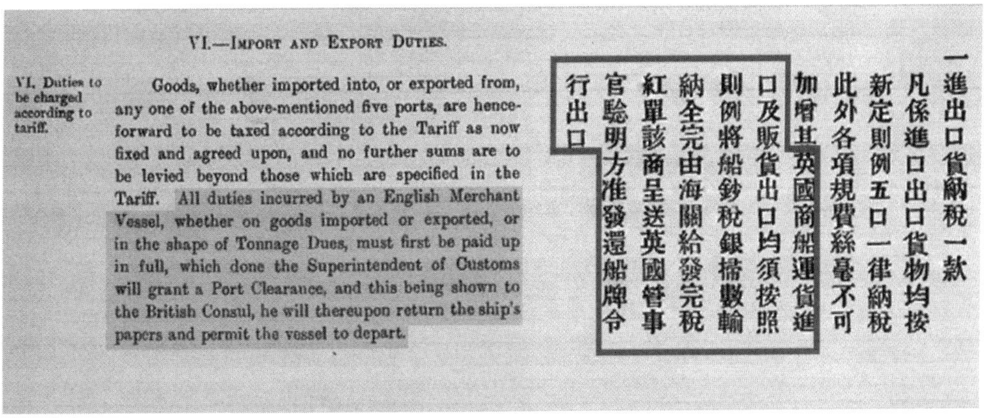
VI.—Import and Export Duties.

VI. Duties to be charged according to tariff.

Goods, whether imported into, or exported from, any one of the above-mentioned five ports, are henceforward to be taxed according to the Tariff as now fixed and agreed upon, and no further sums are to be levied beyond those which are specified in the Tariff. All duties incurred by an English Merchant Vessel, whether on goods imported or exported, or in the shape of Tonnage Dues, must first be paid up in full, which done the Superintendent of Customs will grant a Port Clearance, and this being shown to the British Consul, he will thereupon return the ship's papers and permit the vessel to depart.

一進出口貨納稅一款

凡係進口出口貨物均按新定則例五口一律納稅此外各項規費絲毫不可加增其英國商船運貨進口及販貨出口均須按照則例將船鈔稅銀搭數輸納全完由海關給發完稅紅單該商呈送英國管事官驗明方准發還船牌令行出口

資料來源：Inspector General of Chinese Maritime Customs, *Treaties, Conventions, etc.,Between China and Foreign State*, 2nd edition, Vol. 1,p. 385.

圖 2.4.4 中英天津條約所附通商善後章程第十款中英對照

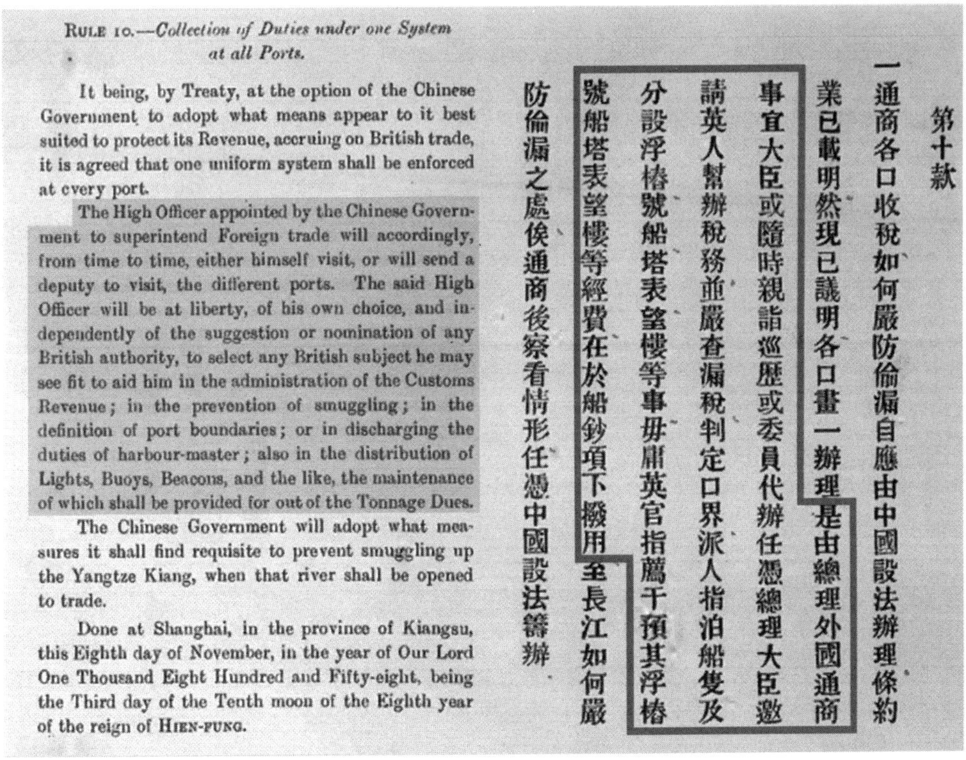
Rule 10.—*Collection of Duties under one System at all Ports.*

It being, by Treaty, at the option of the Chinese Government to adopt what means appear to it best suited to protect its Revenue, accruing on British trade, it is agreed that one uniform system shall be enforced at every port.

The High Officer appointed by the Chinese Government to superintend Foreign trade will accordingly, from time to time, either himself visit, or will send a deputy to visit, the different ports. The said High Officer will be at liberty, of his own choice, and independently of the suggestion or nomination of any British authority, to select any British subject he may see fit to aid him in the administration of the Customs Revenue; in the prevention of smuggling; in the definition of port boundaries; or in discharging the duties of harbour-master; also in the distribution of Lights, Buoys, Beacons, and the like, the maintenance of which shall be provided for out of the Tonnage Dues.

The Chinese Government will adopt what measures it shall find requisite to prevent smuggling up the Yangtze Kiang, when that river shall be opened to trade.

Done at Shanghai, in the province of Kiangsu, this Eighth day of November, in the year of Our Lord One Thousand Eight Hundred and Fifty-eight, being the Third day of the Tenth moon of the Eighth year of the reign of Hien-fung.

第十款

一通商各口收稅如何嚴防偷漏自應由中國設法辦理條約業已載明然現已議明各口畫一辦理是由總理外國通商事宜大臣或隨時親詣巡歷或委員代辦任憑總理大臣邀請英人幫辦稅務並嚴查漏稅判定口界派人指泊船隻及分設浮椿號船塔表望樓等事毋庸英官指薦干預其浮椿號船塔表望樓等經費在於船鈔項下撥用至長江如何嚴防偷漏之處俟通商後察看情形任憑中國設法籌辦

資料來源：Inspector General of Chinese Maritime Customs, *Treaties, Conventions, etc.,Between China and Foreign State*, 2nd edition, Vol. 1, p. 428.

圖 2.4.5 中法天津條約所附通商善後章程第十款中法對照

DIXIÈME RÈGLEMENT.

*Paiement des droits sous un même système dans tous les ports.*

Le Traité de Tientsin donnant au Gouvernement Chinois le droit d'adopter toutes les mesures qui lui paraitront convenables pour protéger ses revenus provenant du commerce français, il est convenu qu'un système uniforme sera adopté dans tous les ports qui sont ouverts.

Le haut fonctionnaire Chinois désigné par le Gouvernement de l'Empire comme surintendant du commerce étranger pourra, de temps à autre, ou visiter lui-même les différents ports ouverts au commerce ou y envoyer un délégué. Ce haut fonctionnaire sera libre de choisir tout sujet français qui lui paraitrait convenable, pour l'aider à administrer les revenus de la Douane, à empêcher la fraude, à déterminer les limites des ports, à pourvoir aux fonctions de capitaine de port et aussi à établir les phares, les bouées, les balises, etc., à l'entretien desquels il sera pourvu au moyen des droits de tonnage.

Le Gouvernement Chinois adoptera toutes les mesures qu'il croira nécessaires pour prévenir la fraude dans le Yangtzé-kiang, lorsque ce fleuve sera ouvert au commerce étranger.

第十款

一通商各口收稅如何嚴防偸漏自應由中國設法辦理條約業已載明然現已議明各口畫一辦理是由中國總理通商事宜大臣或隨時親詣巡歷或委員代辦任憑總理大臣邀請法國人幫辦稅務並嚴查漏稅判定口界派人指泊船隻及分設浮樁號船塔表望樓等事其浮樁號船塔表望樓等經費在於船鈔項下撥用至長江如何嚴防偸漏之處俟通商後察看情形任憑中國設法籌辦

資料來源：Inspector General of Chinese Maritime Customs, *Treaties, Conventions, etc., Between China and Foreign State*, 2nd edition, Vol. 1, p. 880.

就在外人接掌中國海關一事納入條約規定的 1858 年，天津條約規定臺灣對西方開放通商。中英天津條約原只規定開放臺灣府（即安平）一港，但在 1860、1861、1863 年該約附款之中相繼追加淡水、雞籠、打狗各港（圖 2.2.1、2.2.2）。淡水海關設於 1863 年 10 月 1 日，雞籠為其附屬港，有附設海關。打狗海關設於 1863 年 10 月 26 日，而臺灣府海關遲至 1865 年 1 月 1 日才開，臺灣府反為打狗之附屬港。[2]

由 1859 年以來開始出版的中國海關資料，以歷年資料為主。此項歷

2 以上參見 James W. Davidson 著，蔡啟恆譯，《臺灣之過去與現在》（*The Islands of Formosa: Past and Present*），臺灣研究叢刊第 107 種（臺北：臺灣銀行經濟研究室，1972），頁 119-125。*British Parliamentary Papers: Embassy and Consular Commercial Reports*, in Area Studies Series, China (Shannon, Ireland: Irish University Press, 1971), Vol. 6, p. 219; Vol. 8, p. 71; 鄭友揆，〈我國海關貿易統計編製方法及其內容改革考〉，頁 173。有關打狗開港，也參考：黃寶雯，〈打狗為何開港？一個動態的海關制度史（1858-1865）〉（臺北：國立臺灣師範大學歷史研究所碩士論文，2020）。

年資料只有各海關貿易統計而無全國貿易統計，1867 年以後才有全國貿易統計。1865 年以後各關另有貿易報告，以文字說明每年之內各關所在地商業、政治、社會情形。1875 年以後且由位於上海之總稅務司統計科主任繕寫全國貿易報告，以政治、經濟、社會情形解釋該年貿易之盛衰消長，1882 年以後統計冊與報告冊並予合併。[3] 除逐年之統計、報告之外，1882 至 1931 年間每 10 年且有 10 年報告之撰作。亦以各關為單位，綜述各關在 10 年之內司法、軍事、貿易、財政、金融、交通、農業、礦業、工業、教育、文化、移民、饑荒、病災等等之一般情形。[4] 若干口岸另有日報和季報。

　　臺灣淡水、打狗設立海關之後，打狗關自 1864 年起即有貿易統計；淡水關則至 1865 年方始有貿易統計。[5] 之後，臺灣兩關每年都有貿易統計。清末很多地區並沒有海關之設，也就沒有海關資料，而就有海關設立的地區而言，全中國於 1865 年以前有貿易統計的 13 個海關之中，淡水、打狗是為其二。其他 36 個海關開始有貿易統計的年代，5 個開始於 1870 年代，4 個開始於 1880 年代，12 個開始於 1890 年代，10 個開始於 1900 年代，5 個開始於 1910 年代。[6] 因而臺灣兩關之有貿易統計在全清朝中國係屬較早者。與中國大陸不同的是，臺灣兩關至 1875 年方有有文字敘述的貿易報告。亦即有全國貿易報告的一年，臺灣兩關才有貿易報告。所有打狗關資料內容以南部臺灣為主，淡水關則以北部臺灣為主。唯 1891 年以後以南部臺灣為主要記載基礎的打狗關資料改稱臺南關資料。

---

3　鄭友揆，〈我國海關貿易統計編製方法及其內容改革考〉，頁 135-142。

4　鄭友揆，〈我國海關貿易統計編製方法及其內容改革考〉，頁 146。

5　鄭友揆，〈我國海關貿易統計編製方法及其內容改革考〉，頁 173。

6　由鄭友揆，〈我國海關貿易統計編製方法及其內容改革考〉，頁 173 資料算出。

圖 2.4.6  淡水海關 1882-1891 十年報告首頁示例

# TAMSUI.

## DECENNIAL REPORT, 1882-91.

(*a.*) REVIEW OF TRADE.—Before beginning to review the trade of this period, it will be well to refer briefly to three events which will be more fully described below, in their proper connexion.

The attack in 1884–85 on Tamsui and Kelung by the French forces, under the command of Admirals COURBET and LESPES, described under (*k.*), had a temporary effect in restricting the operations of trade during the time of the blockade, and a more permanent result in attracting the attention of the Chinese Government to the strategic importance of the island, leading to administrative reforms which have resulted in industrial changes, or attempts at change, conducted more boldly than is possible in the older provinces on the mainland.

The second event is the construction of a railway, for an account of which see under. (*h.*), built not purely for military reasons and in a strategic direction, but following the line of the routes contributing to the trade of the triple emporium of Taipei–Twatutia–Banka, which together form the basis of the trade of this port.

The third event is the separation of the island from the administrative control of Fuhkien and its creation into the separate province of Formosa (Taiwan in Chinese nomenclature), described further under (*u.*); this has had the effect of infusing new blood into the administration and, incidentally, of quickening the movement of trade, though the heavier taxation arising from the increased cost of more efficient government has prevented that movement from having full development.

Foreign Imports show a considerable increase in the period under review, but the total quantity is even now insignificant, forming, indeed, but a small portion of the amount which should be introduced into the district to meet the export of Tea.

Excluding Opium, which will be considered later on, the value of the net Foreign Imports in 1882 was *Hk.Tls.* 364,684, and in 1891, *Hk.Tls.* 874,547—an increase of 140 per cent. in 10 years. In the same time the increase in the value of Cotton manufactures was from *Hk.Tls.* 155,189 to *Hk.Tls.* 270,005, or 75 per cent. only.

The following table shows the imports of Cotton Goods at intervals during the decade, together with the per-centage which the quantity of each kind bears to the total quantity

資料來源：Inspector-General of the Chinese Maritime Customs, ed., *Decennial Reports, 1882-1891* (Shanghai: Chinese Maritime Customs, 1891).

臺灣兩關除了歷年向上海總稅務司提出的統計與報告之外，也有 1882 至 1891 年的 10 年報告（圖 2.4.6）。該項報告已有謙祥翻譯，並登

載於臺灣銀行研究叢刊之中，[7]學者易於查閱。1867年另有月報告，但資料很少。此外，中國其他各關也有與臺灣有關之報導，但較為零星。故本文將著重討論清末臺灣海關歷年資料的史料價值。

## 二、內容介紹

海關歷年資料，數量統計部分，體例較為固定，大抵均有該港該年貿易摘述及其他細項統計。以1867年打狗關的貿易統計為例，有1867年打狗與臺灣府之貿易統計。其中包括貨物及貴重金屬之總貿易值。貨物之貿易值又分進口值與出口值。進口值又有毛進口值、淨進口值之分，也有由外國直接進口之洋貨、由中國其他口岸進口之洋貨、由中國其他口岸進口之土貨等之分項資料。出口值中也就各出口品所輸至之地舉出其出口總量和總值。繼該年貿易摘述之後，則有以上各項統計該年與之前數年之比較。其他細項統計，有關稅及特別重要進出口品、貴重金屬、各項出口品、各項進口品之貿易量、值之統計。這些貿易統計的編製，係先以進出口船航為單位，將每一船航所有報單（application）的各貨細目，逐一記錄在進出口的「總記簿」（summary book）之上，即使相同貨品，也不加以合併。一個月或一個季節之後，再將「總記簿」中各船航之貨物，以貨別為綱，以「量值」、「去向」、「來源」為目，又分進口、出口、轉口，再分洋貨、土貨等予以歸納。[8]所有統計由各關所設統計室完成，再交總稅務司署審查、彙編。[9]

歷年文字報告部分的內容則不如統計部分固定，但大抵都有影響該年各項貿易因素的檢討，其他則就各稅務司調查所及報導。以臺灣開始有貿易報告的1875年淡水關報告為例，其中即曾說明何以該年淡水因茶出口增加，各項洋貨進口均告增加，而唯獨鴉片進口較少的原因，在於

---

7　詳見 H. B. Morse 著，謙祥譯，〈1882～1891年臺灣淡水海關報告書〉；P. H. S. Montgomery 著，謙祥譯，〈1882～1891年臺灣臺南海關報告書〉，均收入臺灣銀行經濟研究室編，《臺灣經濟史六集》，臺灣研究叢刊第54種（臺北：臺灣銀行經濟研究室，1957），頁85-107、108-132。

8　鄭友揆，〈我國海關貿易統計編製方法及其內容改革考〉，頁162-163。

9　鄭友揆，〈我國海關貿易統計編製方法及其內容改革考〉，頁146。

鹿港改由臺南進口鴉片而不再由淡水進口。此外此項報告也曾說明茶、煤、樟腦、糖的出口情形及其影響因素。其他報導，就此年報告看來，還有臺灣東海岸發展情形、官員異動、船難、氣候、公共衛生、往來船隻等等。有關往來船隻之報導，有輪船、帆船分別停泊在淡水和雞籠的船數與噸數資料。海關在庚子賠款開始以前原不列管中國式帆船的進出口，但臺灣部分海關資料常載有中國式帆船的進出數目。

除了 1875 年淡水海關文字報告包括的這些內容之外，其他各年文字報告另涉及其他許多內容。有關政事者，如 1875 年以後幾年的打狗關對牡丹社事件曾多所報導。有關重要建築之興建者，如 1881 年打狗關有關鵝鑾鼻燈塔興建之報導；1880 年打狗關有關基督教醫院興設之報導；1877 年淡水關有關電報興設之報導；1879 年淡水關有關臺北府城興築過程中各城門興築費用、經費來源、考棚、孔廟、巡撫衙門等完成日期之詳細報導。有關海盜者，如 1881 年淡水關提及臺灣沿海海盜情形。有關自然地理者，如 1881 年淡水關對北部臺灣的地質、植物、花卉、動物、農業、水果、氣候、海潮曾予詳細報導。有關人物者，如 1879 年淡水海關年報有夏獻綸之小傳。有關人民生活週期者，如 1878 年打狗關有南部臺灣各種作物及收成季節資料。

# 三、史料價值

海關歷年資料除了可利用來分析清末臺灣的貿易結構，包括貿易品內容及貿易地區的演變、清末對外開放貿易對臺灣內部所發生之影響等等之外，[10] 還有以下幾項史料價值。

其一，可供重建清末臺灣的物價史。由於歷年資料中各項進出口品均有進出口總值與總量的資料，將總值除以總量即為每項進出口品的單價。又由於清末臺灣是個高度貿易取向的經濟體，每項產品幾乎均出現

---

10 參見林滿紅，《茶、糖、樟腦業與臺灣之社會經濟變遷（1860～1895）》，臺灣研究叢刊（臺北：聯經出版事業股份有限公司，1997 初版，2008 八刷），頁 14-16；見本書，〈清末臺灣與中國大陸之貿易型態比較（1860-1894）〉、〈貿易與清末臺灣的經濟社會變遷〉二文。

在出口項目之中。由樹皮、竹筍、牛骨、苧麻、龍眼到藥材、米、魚翅、牡蠣均可算出其歷年單價。由進口洋貨、華貨之進口值除以進口量亦可得知清末臺灣所使用進口品之單價。對各物品在清末臺灣人民生活中的比重給予一個權數之後，即可求得清末臺灣的物價指數。權數之計算可參考臨時臺灣舊慣調查會經濟資料報告的臺灣家庭收支調查資料，由此可知每類物品在清末臺灣人民生活中的比重。

其二，提供清末臺灣人民生活材料之完整紀錄。由海關資料的進出口細目可以得知清末臺灣人民的生活材料內容。在食的方面，有仍為今天臺北迪化街南北貨店所賣的大部分中國式食品，如燕窩、魚翅、人參、火腿、紅棗、蓮子、香菇、鹹蛋、柿餅、瓜子、糖果。又有來自天津的中藥，還有來自國外的鷹牌煉乳、胡椒及其他香料。此外，另有臺灣自產的米、糖、茶、龍眼、芝麻、豆、麥、薑、花生、鳳梨、橘子、甘藷、筍子、魚，大陸進口及臺灣自產的龜腱、牛腱。在衣的方面，有來自寧波、上海的棉花與土布，來自天津的羊皮件，來自汕頭的簑衣，來自英國的白衫、夾衫、內衣、毯子、染料、棉紗，臺灣自產的麻布與鳳梨布等。住的方面，有臺灣自產的籐，來自福州、廈門的磚瓦、木材、花崗岩、陶瓷、家具、掃帚、燈、漆器、草蓆、石磨、肥皂，還有來自國外的鐵、鉛、錫、火柴、煤油、玻璃等。行的方面，有肩挑、牛車、民船、外國輪船、帆船等。育的方面，有大陸進口的書和紙，如 1865 年南部臺灣即進口大陸書籍 2 萬多冊，又如 1867 年南部臺灣進口大陸書籍有 1 千 2 百萬斤之多。樂的方面，有臺灣自產的茶、大陸進口的琴絃、菸絲、水菸，外國進口的鴉片等。

其三、協助重建清末臺灣的產業史，如：煤業、石油業、硫黃業、紡織業、輪船等。

以上所列前三項與海關資料之主體——進出口貿易資料較有關聯。除進出口貿易之外的其他資料雖較零星，但也有史料價值。如有關氣候、土著、地質、疾病、建築、人物、工作週期等材料均有助於這方面歷史之考訂。

以工作週期為例,如 1876 年打狗關資料指出南部臺灣農村之工作時間,即有助於社會史的研究。其內容是:陰曆一月播種的作物有稻米,收割的作物有甘蔗、大豆;二月播種的植物有芝麻、花生、靛藍,收割的作物有小麥、甘蔗;三月播種的植物有甘蔗和麻,收割的作物有萱草;四月收割第一季稻米;五月收割鳳梨;六月種下甘藷,收成麻;七月播種第二季稻米及豆,收成龍眼、芝麻、靛藍、花生等;八月播種菸草,仍有龍眼收成;九月種下小麥,萱草收成;十月種小麥、豆,收成第二季米、豆、甘藷;十一月種豆,收成米、豆、甘藷;十二月種生薑,甘蔗、菸草和麻可以收成。

此外,海關資料附有北部臺灣地圖、打狗及東部臺灣新開發地區,均極珍貴。

## 四、與其他重要資料之比較

研究 1860 至 1895 年間的臺灣經濟史,到目前為止可以憑藉的資料,主要有中、日、英文三方面。

日文材料有日治初期臺灣經濟之調查報告,如臺灣總督府民政局殖產部所作之《臺灣產業調查表》,臨時臺灣舊慣調查會所作《經濟資料調查報告第二部》、《臺灣慣習記事》等,及日治時期所修各地的方志。這些資料雖有其價值,但所記載之清末史實多為 1895 年前後幾年之事,不能完全用來說明 1860 至 1895 年間的臺灣經濟。相對而言,海關歷年資料對於 1860 至 1895 年間之臺灣經濟史則提供較完整的時間序列資料。

中文材料大致可包括方志、奏摺、文集、檔案等。方志部分,由於清代臺灣的方志多修於清初及日治前夕設通志館時,1860 至 1892 年間,除了 1870 年修成之《淡水廳志》外,無其他方志修成。通志館成立後所修方志,其所包含的經濟資料與文集、奏摺等,均很零星;檔案如淡新檔案、劉銘傳撫臺前後檔案,經濟資料雖多,但不如海關資料豐富。

英文材料中私人記載與中文材料相同，如有經濟方面報導，較為零星。官方記載與經濟較有關聯者則以各國領事報告及中國海關所存之海關材料為主。

有關 1860 至 1895 年間臺灣的領事報告，除美國駐廈門領事李仙得兼理臺灣業務時提出的報告之外，其他各國在臺業務均委託在臺英國領事辦理。廈門美國領事報告，其 1868 至 1869 年分者曾有周學譜譯於《臺灣經濟史九集》之中。[11] 其他每年之報告，就中央研究院近代史研究所所藏之微卷看來，有關臺灣經濟者極少。故有關清末臺灣經濟史之領事報告仍以英國領事報告較為重要。

英國領事報告分政務報告與商務報告兩種，以商務報告與經濟史關係較多。英國領事商務報告的體例與海關歷年報告非常相似。兩者都是歷年資料，都有該年與前幾年之貿易統計及該年重要經濟活動之報導。故與海關資料同為研究 1860 至 1895 年臺灣經濟史之重要材料。與海關資料不同的是，英國領事商務報告較著重涉及英國部分之資料，而不如海關資料以各國貿易關係為報告對象。英國領事商務報告所用單位亦多折算成英國的重量與貨幣單位，而非如海關資料用中國之單位。

綜括而言，在研究清末臺灣的經濟史時，海關歷年資料是較為完整的一手材料。在海關資料之外，雖有中、日文資料留下零星經濟資料，但有時其含意不如海關所留下的資料完整客觀。

以戴國煇先生〈清末臺灣的一個考察〉一文所引劉家謀〈海音詩〉為例。該詩指出：「英咭唎（即英國）販呂宋諸麥米入於中國，臺米亦多賤售，商為虧本而失業，農為虧本而賣田，民愈無聊賴矣。」[12] 這則資料本身披露了一個信息，即英國之進口呂宋米到中國，打擊了臺灣米

---

11　Le Gendre C. W. 著，周學譜譯，〈廈門與臺灣〉（*Reports on Amoy and the Island of Formosa*），收入臺灣銀行經濟研究室編，《臺灣經濟史九集》，臺灣研究叢刊第 76 種，（臺北：臺灣銀行經濟研究室，1963），頁 138-175。該報告書由李仙得於 1689 年寄給美國駐華公使。原文為 *Reports on Amoy and the Island of Formosa* (Washington: Government Printing Office, 1871).

12　戴國煇著，陳慈玉譯，〈清末臺灣的一個考察〉，《臺灣風物》，卷 30 期 4（1980 年 12 月），頁 7。

業。但此資料本身並沒有說明這個現象的持續時間。這麼一條資料，很可能被用來推斷清末臺灣對外開放貿易之後有洋貨打擊土貨的現象。但如就海關資料各年進口華貨之量與值加以統計，發現華貨進口並未因洋貨進口而減少，反而因臺灣有更多產品出口，購買力提高而使華貨進口增加。[13]

又如清末臺灣物價之重建。王世慶先生曾廣泛收集中、日文材料寫成〈清代臺灣的米價〉一文。[14] 王業鍵教授也曾試圖由奏摺資料重建清代中國之物價，其中也包括清末臺灣部分。[15] 以王世慶先生一文為例，其有關同治朝米價所找到的資料，只有 1862 至 1864 年臺南地區、1870年臺北地區、同治年間（1862-1874）新竹樹杞林、新埔的幾則米價資料。王業鍵教授廣泛使用奏摺資料，當可再補充一些資料，但也常感到奏摺資料往往是此地區甲年有米價奏報，乙年無之，而乙年有奏報者又為另一地區，如此難就一地做長時間序列觀察其米價變動。而且奏摺資料以糧食方面價格資料居多，其他物品價格較少，嚴格說來仍無法重建過去物價。相對而言，海關資料則是年年都有各類物價密存，而且資料的保存非常完整。

# 五、編者背景

在與其他資料比較，海關資料顯得豐富而完整的情況之下，撰寫海關資料的稅務司的背景也就值得探討。一般說來，清末長期擔任海關總稅務司的赫德（Robert Hart），一直要求海關資料記載的詳細與準確。[16]而分散各關的稅務司不少為當時世界各國的一時之選。以 1865 年赫德要求中國駐美國公使蒲安臣（Anson Burlingame）由美國方面推薦稅務司

---

13　林滿紅，《茶、糖、樟腦業與臺灣之社會經濟變遷（1860～1895）》，頁 156-158。

14　王世慶，〈清代臺灣的米價〉，《臺灣文獻》，卷 9 期 4（1958 年 12 月），頁 11-20。

15　王業鍵先生此項研究工作之成果，已經於 2008 年由中央研究院近代史研究所數位化建置完成，名為「清代糧價資料庫」。該資料庫目前已向大眾公開，可供相關領域研究者靈活運用。清代糧價資料庫，http://mhdb.mh.sinica.edu.tw/foodprice/，2021 年 4 月 28 日檢閱。

16　Liang-lin Hsiao, *China's Foreign Trade Statistics, 1864-1949* (Cambridge East Asian Research Center, Harvard University, 1974), p. 6.

人選一事為例。當蒲安臣向美國國務院轉達此項要求時，他特別指出，任職中國海關者均為一流人才，多畢業於劍橋、牛津，經過嚴格的考試制度拔擢而出，為了能夠與這種人競爭，希望美國國務卿能再由其母校——聯合書院或耶魯、哈佛等校各挑出一名優秀的年輕人選。該國務卿由三個學校所推薦人選之中選出哈佛畢業的一位，十年之後，又再由美國推薦四個年輕人任職中國海關，其中三人均為其校友。而此三人之一的馬士（H. B. Morse）曾於 1892 至 1895 年間擔任淡水關的署理稅務司，後來升任為海關統計局局長。[17] 其有關中國研究方面的專著有六種之多，對戰後美國哈佛學派的中國研究有很大的影響。

其他撰寫臺灣兩關報告的稅務司名單，如表一所示，其中 12 人在《近代來華外國人名辭典》之中留有小傳。12 人中 7 人屬英國籍，2 人屬美國籍，其他籍屬匈牙利、德國、法國者各 1 人。由此可見其以英國人居多，但國際色彩非常濃厚。以上 12 人當中，除 1 人未言及其在海關之任期以外，其他 11 人均在海關工作 20 年以上，其中任職期間達 30 年者甚多，達 50 年者亦有之。此 12 人之中有學歷背景者唯有 2 人，一人為馬士，是哈佛畢業生已如前述，另一人亦畢業於哈佛。有專著出版者，除馬士外，1877 年擔任淡水海關稅務司的李華達（Walter Lay）曾翻譯李秀成的行狀。1891 年任淡水代理稅務司的夏德（Hirth Friedrich）由海關工件退休之後，是美國哥倫比亞大學第一位漢學教授，漢學方面作品有 10 種之多，偏重貿易史及藝術史方面。1883 年擔任打狗助理稅務司的司登得（Stent, G. C.），著有漢英字典兩種及中國宦官研究一書。[18]

由這樣的背景可以了解何以清末在臺灣的海關稅務司除了貿易資料做得完整之外，還有能力從事多方面的探討，而為清末的臺灣歷史不只留下商貿，還有其他諸多方面的寶貴資料。

---

17　Liang-lin Hsiao, *China's Foreign Trade Statistics, 1864-1949,* p. 6.

18　中國社會科學院近代史研究所翻譯室編，《近代來華外國人名辭典》（北京：中國社會科學社，1981），頁 76-77、134、190、208-210、276-277、279、342、358-359、456。

# 附錄：清末臺灣海關稅務司人名表

| 年分 | 海關別 | 稅務司姓名 | 職稱 |
|---|---|---|---|
| 1866 | 打狗 | 惠達（Francis W. White） | ＊稅 |
| 1866 | 淡水 | Wood S. Schenck | ＊代 |
| 1866 | 打狗 | 費世（Henry James Fisher） | 代 |
| 1867 | 臺灣府、打狗 | 惠達 | 稅 |
| 1867 | 淡水、雞籠 | 葛顯禮（H. Kopsch） | ＊署 |
| 1874 | 淡水 | 好博遜（H. E. Hobson） | 稅 |
| 1874 | 打狗 | 愛爾格（Henry Edgar） | 署 |
| 1875 | 淡水 | 好博遜 | 稅 |
| 1875 | 打狗 | H. O. Brown | 稅 |
| 1876 | 淡水 | 好博遜 | 稅 |
| 1876 | 打狗 | T. F. Hughes | 署 |
| 1877 | 打狗 | 好博遜 | 稅 |
| 1878 | 淡水 | 李華達 | 稅 |
| 1878 | 打狗 | 好博遜 | 稅 |
| 1879 | 淡水 | 李華達 | 稅 |
| 1879 | 打狗 | 馬根（F. A. Morgan） | 代 |
| 1880 | 淡水 | 李華達 | 稅 |
| 1880 | 打狗 | 勞偲（W. B. Russell） | 代 |
| 1881 | 淡水 | 韓威禮（William Hancock） | 代 |
| 1881 | 打狗 | 那威魯（A. Novion） | 稅 |
| 1882 | 淡水 | 費世 | 代 |
| 1882 | 打狗 | 那威魯 | 稅 |
| 1883 | 淡水 | 費世 | 代 |
| 1883 | 打狗 | 司登得（G. C. Stent） | 代 |
| 1884 | 淡水 | 法來格（E. Farago） | 稅 |
| 1884 | 打狗 | 墨賢禮（H. F. Merrill） | 代 |
| 1885 | 淡水 | 法來格 | 稅 |
| 1885 | 打狗 | 格類（E. Fitzagerald Creage） | 稅 |
| 1885 | 淡水 | 法來格 | 稅 |
| 1886 | 打狗 | 馬吉（Jas. Mackey） | 署 |
| 1887 | 淡水 | 湛瑪斯（J. L. Chalmers） | 代 |
| 1887 | 打狗 | 吳得祿（F. E. Woodruff） | 稅 |
| 1888 | 淡水 | 湛瑪斯 | 代 |
| 1889 | 淡水 | 葛顯禮 | 稅 |
| 1889 | 打狗 | 白萊喜（Jas. R. Brazier） | 署 |
| 1890 | 淡水 | 夏德（F. Hirth） | 署 |
| 1890 | 打狗 | 白萊喜 | 署 |
| 1891 | 淡水 | 夏德 | 署 |

| 年分 | 海關別 | 稅務司姓名 | 職稱 |
|------|--------|-----------|------|
| 1891 | 臺南 | 孟國美（P. H. S. Montgomery） | 署 |
| 1892 | 淡水 | 馬士（H. B. Morse） | 署 |
| 1892 | 臺南 | 愛格爾 | 稅 |
| 1893 | 淡水 | 馬士 | 署 |
| 1893 | 臺南 | 司必立（W. F. Spinney） | 署 |
| 1894 | 淡水 | 馬士 | 署 |
| 1894 | 臺南 | 司必立 | 署 |
| 1895 | 淡水 | 馬士 | 署 |
| 1895 | 臺南 | 司必立 | 署 |

註：＊稅＝稅務司；署＝署理稅務司；代＝代理稅務司。

資料來源：各關稅務司之名取自各關歷年統計或報告，其中文譯名則取自 *Chinese Maritime Customs Publications, 1860-1948*, Service Files, No. 1, Service List, Vol. 144.

# 第三篇　日治時期

# 日治時期臺灣經濟史研究之綜合評介[*]

## 一、評介目的與評介方式

經濟史之成為一門學問乃 19 世紀末葉以後之事。自是而後，經濟史研究法迭經兩變。二次大戰以前經濟史研究法堪稱為制度史研究法，即將經濟視為一種制度而加以研究。制度史研究法又分一般性制度史研究法及階段性制度史研究法。所謂一般性制度史研究法即分別探討經濟部門中的貨幣制度、財政制度、土地制度、租佃制度、交通制度、產業等等，其研究重點在找出這些制度的內容、演變及特點，撰文特點是以簡單明瞭的文字平鋪直敘。階段性的制度史研究法是以馬克斯主義者的階段史觀研究經濟史，其分析經濟史的重點在於生產方式與生產關係。依憑著這兩項基準，將人類的經濟發展納入「原始共產社會」、「奴隸社會」、「封建社會」、「資本主義社會」、「社會主義社會」等等階段之中，撰文特點是順著階段史觀的理論邏輯，用具有煽動力的文筆寫出腐敗、落伍、不平等種種現象以激起讀者共鳴。二次大戰以後新發展的經濟史研究法稱「新經濟史研究法」或「計量歷史研究法」，其研究特點是根據經濟理論，將所要研究的諸多變數以數學公式指出其間的關係，再用大量的統計資料及精密的統計方法測出這項關係是否成立，如果成立，成立的程度為何，再找相關的文字資料說明這種關係存在或演變的原因。[1]

---

[*] 本文修改自《史學評論》（臺北：華世出版社），期 1（1979 年 7 月），頁 161-209。

[1] 參見 David L. Sills and Robert K. Merton, eds., *International Encyclopedia of Social Science: Economic History* (London: The Macmillan Company & The Free Press, 1968); 于宗先，〈經濟史研究的新趨向〉，《食貨月刊》，復刊卷 1 期 4（1971 年 7 月），頁 208-211；Ralph W. Hidy（勞夫・希迪），劉石吉譯，〈經濟史家所走的路〉，《食貨月刊》，復刊卷 3 期 2（1973 年 5 月），頁 80-87；劉翠溶，〈近二十年來美國新經濟史研究的成果與展望〉，《美國研究》，卷 5 期 2（1975 年 6 月），頁 63-81；Gavin Wright, "Econometric Studies of History," in M. D. Intriligator ed., *Frontiers of Quantitative Economics* (Amsterdam: North Holland Publishing Co., 1971), pp. 412-458.

有關日本統治時期臺灣經濟史的學術性研究始於曾經擔任東京帝大校長的矢內原忠雄。所著《帝國主義下の臺灣》（周憲文譯《日本帝國主義下之臺灣》，以下用譯著）完成於 1929 年。而 1930 年代前後正值階段性制度史研究法在中日兩國風起雲湧之時，[2]《日本帝國主義下之臺灣》一書的研究法自深受其影響。戰前日人繼矢內原之後而寫日本統治時期臺灣經濟史者有北山富久二郎、根岸勉治、川野重任、鹽見俊二等人，其研究方法除川野以外大抵介於一般性制度史研究法與階段性制度史研究法之間，川野則以計量研究法之系統研究精神揉合階段史觀撰文。

二次大戰期間美軍對日作戰需了解日人治下之臺灣，而有《今日臺灣》一書之作，其方法與 1950 年代張漢裕、周憲文、潘志奇等於臺灣銀行經濟研究室出版有關日治時期臺灣經濟之著作同樣採用一般性制度史研究法。但臺灣銀行經濟研究室諸研究者之於矢內原，或親炙或私淑，史觀多少受其影響。1950 年以後以著作出版地點論，研究日本統治時期臺灣經濟史之重心漸漸遠離臺灣而移至美國、日本。在美國研究的美國學者巴克雷（G. W. Barclay）、馬若孟（R. Myers）方法介於一般性制度史研究法與計量研究法之間，在美國之華人李登輝、何益民、何寶山、李文朗等則以計量研究法研究。日本戰後研究日治時期臺灣經濟史的重心，一為東京大學，一為一橋大學亞細亞經濟研究所。其研究者，東京大學 1970 年代有華人涂照彥、江丙坤兩人，涂君研究方法遠較戰前富含歷史興味，但仍未脫階段史研究法之影響；一橋大學則有日本學者石川滋、溝口敏行、篠原三代平、尾高煌之助、江見康一等從事計量研究。（參見圖 3.1.1 及本文附錄日治時期臺灣經濟史研究書目）

由此等著作研究法之分析當可見三種經濟史研究法之得失，此為本評介目的之一。本評介目的之二，則因有感於 1960 年代以後臺灣之日治經濟研究並不豐富，前列諸研究者又多為經濟學者，無一為歷史學者，

---

2　階段性制度史研究法 1920 至 1930 年代在中日兩國的發展，可參見 J. Gray, "Historical Writing in Twentieth-Century China: Notes on Its Background and Development;" Hugh Borton, "Modern Japanese Economic Historians," in W. G. Beasley and E. G. Pulleyblank ed., *Historians of China and Japan* (London: School of Oriental and African Studies, 1961), pp. 186-212, 288-306.

而日治時期臺灣經濟之研究又關乎臺灣現況淵源之了解，與中國大陸近代經濟發展之比較研究，故不惴筆者日語及經濟學知識不能得心應手之諸多障礙而為此評介，俾便了解前人研究之既有成果，再由此試圖提出幾個可能繼續研究之方向，以就教於各方。

圖 3.1.1　日治時期臺灣經濟史研究譜系

——表示繼承關係<br>……表示常有對立情形

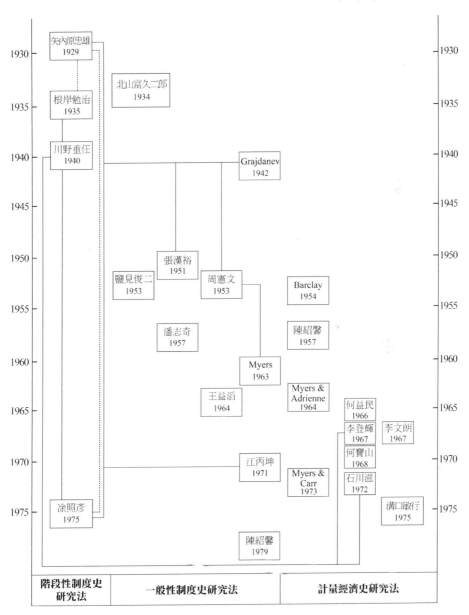

本圖繪製由蔡蓉茹小姐協助

　　本評介將以研究方法為綱,以所研究之時期、所探討之主題為目將各著作加以歸類,而後評介各書或各類著作之方法與論點。研究方法介於兩者之間者納入較接近之方法類別之中。

　　至於日治時期臺灣經濟史之分期,本文綜合潘志奇、王益滔、凃照彥三者之分期法,分第一期為近代基礎工程建設期(1895-1905);第二期為經濟繁榮及製糖業勃興時期(1905-1920);第三期為經濟恐慌及蓬萊米與蔗作並存而相剋時期(1920-1937);第四期為戰時發展軍需工業與多元化農業之統制經濟時期(1937-1945)。[3]

## 二、階段性制度史研究法著作之評析

　　屬階段性制度史研究法之著作除矢內原之著作以外,有根岸勉治1935年所寫之〈日據時代臺灣之農產企業與米糖相剋關係〉一文、川野重任於1940年所寫之《台湾米穀経済論》一書(林英彥譯《日據時代臺灣米穀經濟論》,以下用譯著)、凃照彥1975年所出版之《日本帝國主義下の臺灣》一書(李明俊譯《日本帝國主義下的臺灣》,以下用原著)[4]。

　　階段性制度史研究法研究經濟史的一個重點在將某一時期的歷史納入一個固定的階段之中,此派學者於研究日本統治時期臺灣經濟史時必然要問:日治臺灣究竟是資本主義社會還是前資本主義社會?結果矢內原以為是資本主義社會,根岸勉治與川野重任以為是資本主義與前資本主義並行的社會,後面一種論點為凃照彥所承襲。

　　矢內原一書所寫主要是日治第一、二期的經濟發展。此期之中,近

---

3　潘志奇、王益滔、凃照彥之分期法分別見於臺灣銀行經濟研究室編,《日據時代臺灣經濟之特徵》,臺灣研究叢刊第53種(臺北,臺灣銀行經濟研究室,1957),頁27-43;臺灣銀行經濟研究室編,《臺灣經濟史十集》,臺灣研究叢刊第90種(臺北,臺灣銀行經濟研究室,1966),頁78-79;凃照彥,《日本帝国主義下の台湾》(東京:東京大學出版會,1975),頁59。

4　凃照彥著,李明俊譯,《日本帝國主義下的臺灣》,人間台灣政治經濟叢刊第1卷(臺北:人間出版社,1991)。

代化、日本化之基礎工程大量建設於臺灣，日本財閥紛紛在臺興辦附設大規模熱帶栽培業之現代加工廠，一次大戰期間臺灣銀行之投資活動除日本、臺灣之外，還遍及華南與南洋。故在矢內原心目中，臺灣業已資本主義化。矢內原著作指出日本帝國主義不同於歐美帝國主義，歐美帝國主義乃內部資本主義發展後為了銷售其工業產品、資本、爭取生產原料而推動政府向外侵略，日本帝國主義則為先有帝國主義之發展，再由政府卵翼資本家崛起。矢內原著作重點即在指出日本政府卵翼日本株式會社在臺拓展事業之過程。

日本政府之所以進行土地調查主要目的在確定土地所有權以便資本家購買土地；貨幣、度量衡所以統一主要目的在便於資本家資本、商品的流通；港口的挖浚、鐵路的架設主要目的在利於原料供應資本家及其商品的銷售，警察制度、保甲制度設立目的之一在為資本家締造安定的投資環境，警察也可協助資本家強制收購土地，政府也常予以資本家貸款、津貼，並斷絕大陸資本、外國資本的移入。此等株式會社發展之後，進而合併為 Kartel，更加強其對原料、市場之控制。矢內原著作分〈日本帝國主義下之臺灣〉及〈臺灣糖業帝國主義〉兩篇，前篇在申論前述之一般發展，後篇則以糖業為個案更細密地指出以上發展的過程。資本家大量收購土地之後，臺灣即產生許多無地農民，此等無地農民多就業於資本家之熱帶栽培業中而成所謂之「無產階級」，臺灣之「無產階級」在知識上原不足以有「革命」之企圖，但因受日本國內「無產階級運動」之蠱惑也躍躍欲動。

以階段性制度法研究日治臺灣經濟史者並不一定是馬克斯主義信徒。就此派初創典範之矢內原而論，即為充滿宗教熱忱的自由主義者。矢內原專攻殖民政策，深悉殖民統治終將瓜熟蒂落的原理，在《日本帝國主義下之臺灣》一書中歷陳日人給予臺灣人民在經濟上之種種剝削，政治、教育上之種種不平等待遇，呼籲臺灣人民以民族運動取代「無產階級運動」而爭取自我民族之解放。

　　與矢內原著作並稱日本統治時期研究臺灣經濟史兩大名著之《米穀經濟論》，主旨在分析日治第三期蓬萊米與蔗作並存而相剋之現象。米、糖為日本統治時期臺灣經濟之兩大支柱，矢內原所著重研究者為糖業，川野所著重研究者則為米業。日本統治時期臺灣糖業有大規模之熱帶栽培業，有大至數千甲蔗園，甘蔗的加工技術已機械化，加工場所也由舊式糖廍、改良糖廍轉為新式糖廠；而稻田則多僅一至三甲，其經營方式則為傳統之小農經營，而稻作除了有新品種、化學肥料、殺蟲劑之引進、水利的興設之外，生產工具仍為中國傳統的農具。故兩者之經營規模與生產工具有著明顯對比。復次，在米的產銷過程中交織著傳統性與現代性。稻田多由租佃而來，佃業關係並非平等的契約關係而多為附屬關係，因佃約多未書諸文字，租率高低隨業主調整、佃期亦無保障。將稻穀加工成糙米的「土壟間」往往身兼「地主、高利貸、資本家三位一體」的身分，往往先給稻農預付款，再予收割時廉價購入稻穀，農民生活困難時予以高利借款。土壟間原為一種中間商人，除土壟間以外，在米穀賣出的過程中還有許多中間商人，增加米穀的運銷成本。運銷過程中又多所摻雜，凡此均屬前資本主義之性質。但在土壟間將稻穀賣給日本出口商時又需經過嚴格的品質檢查，全臺米出口商僅為 4 家，1935 年以後又有產業合作社之創辦，部分取代土壟間為農民負責保管、包裝、運輸、加工的一貫作業，則又屬資本主義性質。故川野由米業的研究指出臺灣經濟呈現著資本主義與前資本主義並存的雙元性。

　　與矢內原相較，川野固然較矢內原看出了日治時期臺灣經濟的真正面貌，但與矢內原一樣，川野也忽略了：即使在糖業部門，前近代色彩亦與近代色彩並存。在糖業公司的大農場周遭仍有許多小農從事蔗作，這些農田也有由租佃而來，與業主也存有佃業關係。此外，糖業公司常以支付非糖業公司屬下蔗農預付款的方式以便農民收蔗時廉價賣蔗給糖業公司，並確保原料供應。這是清末陳福謙在南臺灣壟斷糖業時一向採取的措施，[5] 為舊制度的援引。與土壟間的貸款稻農一樣使農產品價格不

---

5　林滿紅，《茶、糖、樟腦業與晚清臺灣經濟社會之變遷（1860～1895）》，臺灣研究叢刊（臺北：聯經出版事業股份有限公司，1997 初版，2008 八刷），頁 121。

能依市場供需而定，使農產品不能自由銷售，有違資本主義維護健全之市場機能之旨意，而屬前資本主義性質。

與矢內原著作比較，川野著作較為嚴謹。就資料言，兩者都使用了當時臺灣總督府及民間的出版物，但川野成書在後，撰文時又曾到臺灣做過實地觀察，所用資料自然較多；而在主題的選擇上，川野將焦點集中在米業的分析上，較為緊湊，矢內原則除討論資本主義在臺灣的擴張之外，兼論政治、教育、民族運動等等，較為鬆散；在方法上，川野的分析較具體系感，他將臺灣的米放在日本、朝鮮、臺灣合一的米供需市場上論其消長，將臺灣的米放在臺灣的自然環境、相關作物的關係上論其榮枯，論及每種關係也引用了很多資料證明，文中並用了變異數的統計分析法，故川野著作已略援引計量研究法。矢內原著作的研究方法亦均依證據作客觀論斷，但也許因矢內原為殖民政治專家，川野為農業經濟專家，許多川野知道去探尋的經濟現象，如產品產量、價格的季節變化，產品商品化程度等，矢內原則未予考察、衡量。雖然如此，在著作的原創性上，川野則不如矢內原。矢內原所論均為一己之創見，而川野所論則多承襲自根岸勉治。

除了傳統與現代並存的經濟雙元論之外，川野著作的重要論點另有米穀相剋論及農村商業化論。農村商業化論是指農村稻穀為市場生產的部分比自給的部分越來越多。其市場擴大一則由於日本對稻米的需要，日本本土及朝鮮所產不足供應，年需由外國進口 400 至 500 萬石，為平衡國際貿易收支，確保糧食供應，於是也由臺灣供應；二則因臺灣島內人口、非農業人口增加。兩種需要使臺米商品化率高達 73.84%。隨著米的大量賣出，貨幣收入增加，農村的支出也以貨幣為主。此外農民生產的米有一大部分由地主以地租的形式徵收出口，農民生產米的超額利潤多為地主所得。地主所獲利潤既相對較農民為多，因而造成土地的越加集中。米糖相剋論是指米市場擴大之後，米利潤較糖為高，氣候、制度對農民選擇作物的意願又無多大限制，米、糖遂有爭地的現象。

根岸勉治的〈臺灣農企業と米糖相剋關係〉（〈日據時代臺灣之農

產企業與米糖相剋關係〉）一文除論及日本統治下治臺灣日人、原住民、漢人不同的產業活動之外，經濟雙元論、米穀相剋論、農村商業化論即為其重要論點，川野著書中有關米價、米市場的討論，根岸文中也曾論及，但根岸自己明白指出其所論述不過理論架構而已，有待進一步之科學研究，而川野便是日本統治臺灣時期唯一進行此科學研究並且相當成功的學者。

除將根岸的論點加以發揚光大之外，川野所論之米作農業改良問題則屬新創。川野著作有一章討論米作農業發展的各項過程，詳細說明日治時期臺灣灌溉如何拓展，稻米的品種如何由多變少，如何由形狀上的改良演進為品質的改良，亦即如何由在來米的改良轉為蓬萊米的種植，使用的肥料如何由稻穀、草灰、燒土轉為動植物肥料再轉為化學肥料，每甲田肥料使用量如何變化、施肥量與產量的關係、栽植、防治病蟲害知識如何傳播，再用變異數統計分析指出這些改革如何增加農產量穩定程度。由於這個主題也是 1945 年以後使用計量經濟研究法研究日本統治臺灣時期經濟史的學者所討論的重要主題，這使川野在方法上、主題上與計量經濟史研究法的學者關係更為密切。

川野撰作《日據時代臺灣米穀經濟論》之時是東京大學農業經濟系助教，1966 年時是該校東洋文化研究所所長、農業經濟系教授。雖然川野著作略具計量研究法的性質，而二次大戰以後計量研究法又極盛行，但川野並未在東大開創出一個計量經濟史的研究傳統。東大在二次大戰以後有江丙坤、涂照彥兩人研究日本統治時期臺灣經濟史，江、涂二君又分別為東大農業經濟系博士，並未走計量研究法的研究路線。江著《臺灣田賦改革事業之研究》寫法較近一般性制度史研究法，容後討論，涂著《日本帝國主義下の臺灣》，則為東大以階段性制度史研究法治日治時期臺灣經濟史的傳承中一本集大成的佳作。

矢內原與川野所著兩書有關日治時期臺灣經濟史的討論偏重於第一、二、三期的基礎工程建設及糖業、米業經營，第四期經濟活動則未

論及。第二期中經濟景氣之現象尚可見於矢內原著作之中，第三期之經濟恐慌原與川野所論之米穀發展同時，但由川野著作絲毫看不出經濟循環與米生產間的關係。而矢內原著作、川野著作兩書論臺灣之經濟發展多由日本政府的措施著眼，雖然他們都承認日治時期臺灣之發展除得力於日本政府的措施以外，還得力於臺灣本身的因素。[6]

但矢內原、川野並未對臺灣本身的因素加以申論。故就日本統治時期臺灣經濟史的研究而言，即使綜合矢內原、川野二著仍不完整。涂著目的即在更完整地由被治者的立場看日治時期臺灣經濟史的發展，並分四個時期探討各期發展的特色。

涂著為求由被統治者之立場看日治時期臺灣經濟的發展，故先探討日本統治以前臺灣傳統經濟對日本統治時期經濟的影響，在各期經濟發展的討論中並注意到臺灣本身社會階層的變化，在探討日治經濟發展之後又指出 1945 年以後臺灣經濟發展所受日治時期經濟的影響。

涂著認為臺灣傳統經濟影響日治經濟的有：1. 高度的商業性，能夠對新的經濟需求做很快的回應；2. 土地私有權制的確立使殖民政府在劃定糖業公司的原料供給區時不敢剝奪業者種植作物的自由，也為米、糖相剋留下伏筆；3. 臺灣在日本統治之前已有很高的人地比例，而且有完整的村莊組織，導致日本無法大量移民來進行其殖民政策，結果只好利用臺灣鄉村現存的領袖階層—地主來協助其殖民統治。地主在充任保甲、傳播新技術方面給予日本政府很大的協助，地主本身也由農業改良中得到好處；4. 臺灣原有的零細農業與商業組織也一直延續到日本統治時期。5. 日本統治時期的保甲制度建基於清代庄堡組織。

在社會階層變動的研究中，涂著指出在 1945 年以後的土改之前臺灣的大地主階級已漸趨式微。日本政府以公債去除大地主的大租權時，因

---

6　矢內原忠雄著，周憲文譯，《日本帝國主義下之臺灣》，臺灣文獻叢刊第 39 種（臺北：臺灣銀行經濟研究室，1956，帕米爾書店 1985 年重印），頁 20；川野重任著，林英彥譯，《日據時代臺灣米穀經濟論》，臺灣文獻叢刊第 102 種（臺北：臺灣銀行經濟研究室，1969），頁 14-15。此二引文可詳見於本書，〈貿易與臺灣的經濟社會變遷〉一文。

為地主對公債沒有信心，廉價賣出；日本政府整理林地時，所謂的「緣故地」，即開墾而未登記產權的土地，收歸國有也造成地主的損失，1920至1930年大恐慌期間，日本政府一直設法將經濟恐慌所帶來的經濟危機轉嫁給臺灣本地人，臺灣地主所經營的林本源、興南糖業株式會社為日人所合併。

雖然大地主有逐漸式微的趨勢，但農村仍有土地集中的現象。與川野著作不同的是，川野著作認為土地集中，以五甲以上的地主增加最多，但凃著認為以一甲至三甲的地主增加最多，故土地集中的結果是減少了極貧的農夫，增加了小地主，而不是增加大地主。土地集中的結果，也造成極貧的農夫離開農村。凃著則認為日本統治時期臺灣人口快速增加，小地主有足夠的自家勞力可以利用，僱用佃農、僱農的機會減少。

日治時期臺灣經濟對1945年以後的影響，凃著認為有基礎工程的遺留、政府在經濟決策中的地位加強、國營與民營企業的並存等。

凃著全書共502頁，220張表，所收資料之豐富為以往研究者之冠。更難能可貴者：此書運用了很多文字資料，如日本統治時期臺灣的日本財閥的公司史、臺灣名人的傳記等，不若若干經濟學者治史之只重視統計資料。而全書由源及流，兼顧治者與被治者探討日治時期臺灣經濟之發展，是目前可看到的日治時期臺灣研究中非常具有「通史」性質的一本。文中論及日本財閥在臺灣的投資及臺灣社會階層結構之變遷將會引起許多讀者的興趣。只是很可惜的是：作者畢竟受了階段性制度史研究法的影響，在討論的主題以及使用的方法上仍有所囿限。

矢內原、川野、凃照彥三者均為極有學養的客觀學者，不若若干有政治偏見者運用階段性制度史研究法治經濟史有歪曲史實的流弊。由三者之研究成果當可看出以階段性制度史研究法研究經濟史可能達到的一種境界。

由三者之研究可看出階段性制度史研究法較傾向以民族本位的立場

治史，如矢內原雖同情臺灣人民，但仍站在日本統治者的立場看臺灣的
經濟發展，川野亦然。凃照彥雖身在異邦，但仍站在臺灣人民的立場看
臺灣經濟的發展。民族本位是許多史家共有的傾向，但以階段性制度史
研究法治史者尤其有這種傾向。了解我群在所研究史事中參與的情況應
是史家根本的要求。此外，以階段性制度史研究法治史另有一長處，即
其論經濟活動絕不僅言經濟活動而後已，必言該經濟活動所引起社會階層
的變動，如矢內原、川野均論及日治臺灣的階層關係，凃照彥討論尤多。

　　治史的目的原在通古今之變。由於影響古今之變的變數太多，有社
會因素、政治因素、經濟因素、思想因素、軍事因素等等，故史家分頭
探討不同種類的因素在歷史中的影響，而有專門史的成立。經濟史成立
的本意原在了解若干對歷史有重大衝擊的經濟變數對歷史的影響。因此
如僅言歷史上某些經濟變數自身的關係而未進一步探究其與社會變遷的
關係，則未符合經濟史研究之本意。故階段性制度史研究法能留心及經
濟及社會階層變化的關係是其優點。

　　但很可惜的是階段性制度史研究法所關心的社會階層只是以擁有生
產工具與否劃分的社會階層，如地主及佃農，資本家及無產階級等等。
事實上社會地位可以透過專業知識、武力、領袖魅力、公益心、家族成
員的多少、家族舊有榮耀、個人創新能力的高低等來獲得，[7]而不一定透
過生產手段而獲得，故階段性制度史研究法以生產手段為中心所研究的
社會階層變化實不能涵蓋社會階層變化之全貌。此外，社會階層僅為社
會之垂直結構，社會另有家庭、村莊、市鎮、都會等所構成的水平社會
結構，經濟變遷對於這些水平社會結構而言有何影響，就矢內原、川野、
凃照彥三者而言均未言及。經濟發展中也常引起婦女地位的轉變，日本
統治時期女工人數必然因工廠興起而有所增加，她們的地位如何？傳統

---

7　參考 Shao-hsing Chen, "Family, Lineage, and Settlement in Taiwan," Draft for the conference on Kinship in Chinese Society, Sept. 15-18, 1966, New York, Sponsered by the Subcommittee on Contemporary China of the American Council of Learned Societies and the Social Science Research Council; Ramon H. Myers, *Some Reflections of Taiwan Economic History*, unpublished paper for the Conference on Chinese History: Taiwan, Sept. 24-29 1972, Asilomar, Pacific Grove, California, Sponsered by the American Council of Learned Societies.

時期民間常有一些互助組織，如同鄉會、宗親會等，隨著經濟發展，這些組織是興是衰？亦均為討論社會變遷所可注意之問題。以孔恩《科學革命的結構》一書的理論而論，在矢內原寫出《日本帝國主義下之臺灣》後，已為以階段性制度史研究法治日治經濟史者創一典範，繼起的根岸、川野、涂照彥則不斷再提出修正與補充，這種修正與補充至涂而集大成。但涂只能再寫一本《日本帝國主義下の臺灣》，而不能將研究課題明顯擴充或轉換，多少呈現固定典範的侷限。[8]

# 三、一般性制度史研究法著作之評析

納入此類研究法之著作有早至 1930 年代者，也有晚至 1970 年代者，其所討論之內容、種類繁多。今依其性質分通論性著作、討論日本官方及民間在臺投資之著作、討論財政之著作、討論貨幣之著作、討論土地制度之著作、討論警察與經濟之著作、討論米、糖價格之著作、討論農業之著作等分別加以評介。

## （一）通論性著作

初步想了解日治時期臺灣經濟史者，也許希望先看些簡明的通論性著作。最符合這種要求者當為張漢裕的〈日據時代臺灣經濟之演變〉及潘志奇的〈臺灣的社會經濟〉兩篇短文。

如前所述，討論日本統治時期臺灣經濟史的幾本巨著多由產業著眼，涂照彥雖注意及經濟循環對產業及土著資本、日本財閥資本的影響，但仍無法使人對日本統治時期臺灣的經濟循環有一個通盤了解，〈臺灣的社會經濟〉一文討論日治時期臺灣經濟，依「基礎工程建設期」、「一次大戰的黃金時期」、「經濟恐慌期」、「對外發動侵略戰爭期」等四期指出日治時期各期經濟的主要活動及其興衰，整個日本統治時期的經濟循環瞭然可見。

---

8　Thomas S. Kuhn, *The Structure of Scientific Revolutions* (Chicago: University of Chicago Press, 1962).

　　張漢裕的〈日據時代臺灣經濟之演變〉分基礎工程（包括土地制度之改革、度量衡與幣制之改革、交通建設、警察與經濟行政）、糖業、工業、財政等概述日本統治時期臺灣經濟之演變，極為簡單扼要。

　　葛拉但傑夫（A.J.Grajdanzev）1942 年所寫的 *Formosa Today*（《今日臺灣》）及周憲文 1958 年所出版的《日據時代臺灣經濟史》所討論的以政府部門的經濟活動（葛、周：交通、銀行、財政；周：基礎工程、專賣事業）以及民間重要產業（葛、周：農、漁、牧、林、工；周：礦）為主，此外，兩書還討論了土地分配形態，葛著還討論了人口。

　　葛書寫於美日交戰之際，周書著於 1945 年之後不久，兩書都以批評的態度評估日本殖民政府在臺灣的經濟活動。故兩書的結構均為：先言日本統治時期臺灣經濟發展，再言其發展幅度小或其發展乃得自對臺灣人民之剝削。日本統治臺灣時期有些殖民官僚及御用學者，如寫《現代臺灣經濟論》的高橋龜吉、寫《臺灣農業殖民論》與《臺灣殖民發達史》的東鄉實、寫《臺灣統治志》的竹越與三郎等常有歌頌日本帝國主義成就，臺灣人民廣被德澤的宣傳，[9] 葛、周兩著則有所批評。

　　葛著之批評日本常以臺灣生活水準與日本相比較，或以臺灣之生產水準與日本及其他國家相比較。結果臺灣人民每年消費之糖量、茶量、魚量、旅行距離分別為日人之 43%、20%、30%、20%，臺灣的農業單位面積產量亦遠低於日本及其他國家。周著則由臺灣人民在其產業的產銷過程中所受日人的剝削，食物內容植物性多於動物性，納稅負擔重，臺灣出口優等品如蓬萊米、檜木、鮮魚到日本，換取劣等品如西貢米、杉木、鹹魚，臺灣人民就學、就業與日人之不平等等來說明臺灣人民在日本統治下的苦況。葛著成書於戰時，資料零碎，引用其立論應與其他資料多加比較，周著則列出很多長時間序列的統計資料。葛著以為日人之統治乏善可陳，周著於日人公營企業之不與民營企業爭利，禁鴉片之採取漸禁而不採「寓禁於徵」政策則頗為讚賞。除此之外，葛著提及日

9　參見潘志奇，〈臺灣之社會經濟〉，收入臺灣銀行經濟研究室編，《日據時代臺灣經濟之特徵》，臺灣文獻叢刊第 53 種（臺北：臺灣銀行經濟研究室，1957），頁 25-54。

本統治時期臺灣的人口壓力，絕非馬爾薩斯所謂糧食增加速度趕不上人口增加速度的問題，而是農民在農村找不到工作的就業問題，是一個精闢的論點。周著之理論多承襲自矢內原，由於周著撰書時未及參考川野一書，所述較偏重日本領臺第一、二期。

葛、周二書及張漢裕一文較偏重民間產業及政府的經濟活動，《日據時代臺灣經濟的特徵》一書則較留意日治時期臺灣的空間經濟發展。《日據時代臺灣經濟的特徵》是多篇論文彙編而成，〈臺灣之自然經濟〉提及各地適合發展的經濟活動；〈臺灣農業之特徵〉提及各地各種農作物產值占總生產值的比例，各地的農作方式，各種作物在各地的發展情形；〈臺灣工業的特徵〉有各種工業的地區分布，由此均可進一步了解日本統治時期各地經濟發展的情形。〈臺灣之自然經濟〉提及交通及都市村落的分布雖極粗淺，但可為進一步研究日本統治時期聚落形態之參考。連同潘志奇〈臺灣的社會經濟〉不由產業及政府重要經濟活動而由經濟循環概述臺灣的經濟發展在內，本書所表現的特色是主題的新穎。除以上提及諸文以外，書中另有〈臺灣經濟與中國〉、〈臺灣經濟與南洋〉、〈臺灣經濟與日本〉，均為他書未詳談而甚有意義之論文。

## （二）討論日本在臺投資活動之著作

張漢裕、馬若孟的 "Japanese Colonial Development Policy in Taiwan, 1895-1906. A Case of Bureaucratic Enterpreneurship"（〈日本在臺殖民發展政策，1895-1906〉）一文與矢內原相同的是，不認為日治初期臺灣所發展的資本主義是日本民間資本自然發展的結果，而是少數官僚的企業心所促成。這些官僚以兒玉源太郎、後藤新平最為重要，他們採行赤字預算及專家政治、中央集權、生物政治學（在臺灣社會的傳統上建立現代化措施）等政治方針，完成了日治初期重要的基礎工程。而這些開支很快地由在臺灣所收的專賣收入、土地整理後增加的田賦、糖業振興以後的砂糖消費稅平衡，並未造成日本本國財政的負擔。文中曾由後藤新平所受的進化論思想來談他生物政治學的政治方針的基礎，頗具歷史學家研

究人物史的深度。

　　根岸勉治的〈日據時代臺灣之商業資本型殖民地企業形態〉一文主要說明一家日本人公司，原在臺灣進口外國肥料販賣，後來由純進口，改為自己加以調製，再轉為純製造，而由商業資本轉為工業資本。在這同時該公司又經營米的出口貿易，並設立很多農產加工工廠，也在臺灣東部開設許多農場。這種融合農工商於一爐的企業形態為殖民地企業的理想型。周憲文〈日本財閥之臺灣投資〉一文指出日本統治時期在臺灣的日人企業主要是由三井、三菱、住友等大財閥所控制。周文除作此導論之外，是一份有關各財閥在臺灣所經營產業的資金及股數的資料翻譯。周憲文的〈日據時期臺灣企業之資本構成〉則純為 1936 年度在臺日人企業報告日文資料的翻譯，內容包括臺灣重要日人企業的創設年代、這些企業的資金來源。有關日人在臺灣投資的討論，涂照彥《日本帝國主義下の臺灣》一書第四章「日本資本的支配與膨脹」一文做了最詳細的討論，其中包括各期日本在臺灣的企業的消長、分合、其吞併土著資本，及其與金融資本的關係等。

## （三）討論財政制度之著作

　　有關日治時期臺灣財政的研究有北山富久二郎的〈豐富的臺灣財政〉、張漢裕的〈日據時期臺灣經濟的演變〉財政部分，以及周憲文的《日據時代臺灣經濟史》財政部分。北山富久二郎認為臺灣財政的豐富，關鍵於間接稅收入之多。因間接稅是可以轉嫁的稅，如此臺灣的稅賦即轉嫁給臺灣所製造商品的使用者，如日本的砂糖使用者及歐美的樟腦使用者等等，臺灣人本身的稅負不但不高，而且比日本國內低。張漢裕利用了很多長時間數列的統計資料加以計算之後，發現日治時期臺灣的歲入是以官業收入為主，田賦次之，官業收入是一種間接稅。但張漢裕指出官業收入之多正反映出日本統治時期臺灣人本身所經營產業之無足輕重。此外張漢裕還計算臺灣人稅負遠比日本人為重，但臺灣人於財政收支全無過問之權。臺灣的財政收入雖多再用於臺灣，但多供在臺的日人

企業所用，如此反映了日本統治時期臺灣財政高度的殖民性。只是張漢裕認為日本在臺的財政支出以事業費居多，間接有助於臺灣人民生活的略微改善，此亦為臺灣人的一種「財政享受」。周文大多引用張文的論點，但於張文謂臺灣人獲「財政享受」一點不予贊同。周文指出：臺灣人所付稅收的使用情形，以日本的民政費支出而論，即有約50%用為警察費，意味著臺灣人花錢換取嚴密的控制，而臺灣人所付稅額較日人為多，結果在普通教育中臺灣人只有28.4%的人可以享用，日人有98.2%的人可以享用，中等以上的教育日人就讀的人數遠超過臺灣人的就讀人數，如此怎能說是「財政享受」？

### （四）討論貨幣制度的著作

　　北山富久二郎之〈臺灣に於ける秤量貨幣制と我が幣制政策：「銀地金を流通せしむる金本位制」〉（〈臺灣的秤量貨幣制度及日本的貨幣政策〉）一文，討論1897年以前臺灣的貨幣制度及1897至1909年間日本政府在臺灣所實施的貨幣改革。臺灣在1897年以前的貨幣是以銀、銅為主的金屬貨幣，這些金屬貨幣雖有定價，但因貨幣種類極多，各種貨幣成色又不一致，使用時需加秤量，故稱「秤量貨幣制度」。日本統治臺灣以後，認為這些情況是商業發展的障礙。而日本本國於1897年改採「金本位制度」，若不將臺灣的幣制改為金本位，日本與銀、銅複本位的臺灣交易將極為不便。但臺灣人民愛銀的觀念深固，而日本初改金本位，有多餘的銀幣供應臺灣，於是1897年先在臺灣推行流通日本銀元的金本位制度，即市面上可流通日本銀元，銀元與金之間有公定的比價，銀行發行銀圓券可供兌換使用。如此貨幣既已統一，亦可培養百姓使用紙幣的習慣。但因金、銀匯價波動很大，造成交易上盛行投機，而交易時要兼顧金價、銀價，也有諸多不便，於是在1904至1907年間逐漸改行使用紙幣的金本位制度，臺灣的貨幣制度方轉為統一、穩定與便利。文中列舉很多條令，較為繁瑣，但不斷探討每次改制的合理性及其缺點，則為本文長處。

### （五）討論土地制度的著作

　　王益滔之〈光復前臺灣之土地制度與土地政策〉對日治時期及其以前的土地制度、租佃制度有很清楚的說明，是初步作此期土地制度研究者很值得一讀的論文。該文提及政府利用官有地鼓勵種植特產物如樟腦、鳳梨等，為他文所未論及。該文租佃制度部分又論及日治時期佃農身分之不安定與租率之高。租率之高以雙期稻作區為最，即中北部水田區；佃業問題日治後期引起很多糾紛，而有協調團體「業佃會」的組成，但到戰時，則改由佃租統制會來維繫業佃關係，均值得參考。

　　東京大學農業經濟博士江丙坤的《臺灣改革田賦事業之研究》是一部研究日治初期土地制度與財稅制度的著作，內容主要在描述1895至1905年間田賦改革的機構、法令、調查細則，再由這些描述中看出日本政府從事土地整理時臺灣人稅負的提高。透過這項土地整理，徵課田賦的土地由一般的農業用地轉而包括建築用地，租率不斷提高，政府又常為日本財閥強制收購土地，引起百姓不滿，林圯埔事件與馬力埔事件即因強制購地所引起。

　　該書引用了臺灣省文獻委員會所藏《臺灣總督府臨時臺灣土地調查局公文類纂》、臺灣省地政局所藏《臺灣土地調查始末稿本》、東京市政調查會所藏《後藤新平文書》等資料，原資料又為日文資料，江著今已中譯，間接有將此等資料譯介之功。但對於這次田賦改革有何意義，除增加臺灣人民的稅負激起臺灣人民不滿，及此次田賦改革如矢內原所說為「臺灣資本主義化的基礎工程」之外，此書未多做歷史解釋。日本在明治維新時也有過田賦改革以籌措國家現代化的資金，日本國內的田賦改革與臺灣實施的田賦改革在精神上有何差異？又如李登輝指出：日本明治時代現代化的資金主要是田賦，而臺灣在日本統治時期現代化過程中的資金除田賦之外，另有專賣利潤、砂糖消費稅，[10]那麼臺灣田賦改革過程中臺灣人民的稅負是否大於日本田賦改革時日本人民的稅負也可

----

10　李登輝，《臺灣農工部門間的資本流通》，臺灣文獻叢刊第106種（臺北：臺灣銀行經濟研究室，1976），頁22。

加以比較。

## （六）討論警察制度的著作

不了解日治時期臺灣之經濟者也許會奇怪何以將警察制度當作經濟史的一個題目來研究。看了鹽見俊二的〈日據時代臺灣之警察與經濟〉之後會明白原來日本統治時期的警察不像現在的警察只管治安與戶政，日本統治時期的警察掌理地方行政部門的一切事務，如治安、戶政、衛生、課稅、募集公債、鼓勵儲蓄、監督新品種的採用、修橋鋪路、耕地防風林的設置等，戰時又負責物價控制、物品的分配等，故予經濟發展有最直接的關聯。根據鹽見指出，警察干預地方事務是所有殖民地共有的現象，但其他殖民地警察干預的程度不如臺灣之甚。由此亦可見警察制度是日本殖民政府效率特別高的根本因素之一。鹽見一文分期討論了日治時期警察制度的演變，其干預事務的種類，並介紹了與警察制度相輔相成的保甲制度，除了與其他許多一般性制度史的研究一樣有簡潔的優點之外，這還是一篇足以反映時代特色的好文章。

## （七）討論農產品價格的著作

曾汪洋〈日據時代臺灣糖價之研究〉一文引用了 Kartel 的理論，分析臺灣的糖業會社如何控制價格，如臺灣人民所使用糖的市價超過日本本國，甚而世界各地，藉此對臺灣糖消費者加價來補貼日本在國際市場上的損失。

張漢裕〈日據時代臺灣經濟的演變〉一文糖業部分曾以相關係數算出了米價比準制度（糖公司在甘蔗收穫以前即訂好蔗價，到收穫時，如果米價上漲，蔗價比照提高）實施之後，米價與糖價相關少，米價與蔗價相關大，但蔗價一直低於米價。綜合以上兩文，可見臺灣的糖消費者與生產者都受到日本資本家的盤剝。兩篇文章也用了簡單的經濟理論與簡單的統計分析。

## （八）討論農業發展的著作

1945 年以後學者有關日治經濟的研究有不少是日本統治時期著作的摘譯，獻生所寫〈日據時代臺灣米穀農業之技術開發〉一文即為其一。只要將該文與川野《日據時代臺灣米穀經濟論》第二章稍加比對，即知是該章的摘譯。川野一書臺灣遲至 1969 年才有林英彥的中譯本問世，而此文摘譯於 1955 年，有其貢獻，但未註明係屬摘譯，總是小疵。

以一般性制度史研究法研究日治臺灣的農業史者之中，華盛頓大學博士，1978 年時擔任史丹佛大學胡佛圖書館主任馬若孟是著作豐富的一位，其著作以 "Rural Institutions and Their Influence upon Agricultural Development in Modern China and Taiwan"（〈近代中國與台灣的農村制度及其對於農業發展的影響〉）一文最有創意。

地主或土壟間扮演所謂「地主、資本家、高利貸三位一體」的角色，在階段性制度史研究法者的心目中都認為這是一種前資本主義的制度，這個制度的基本精神在剝削農民。馬若孟一文將傳統農村的借貸制度與租佃制度以及分家制度給予新的評價。他認為在一個新開發的地區，治安常常不穩定，大地主認墾土地以後分租給佃農，一則可以提供就業機會，一則有助於邊區開發。即使在開發已久的地區，農村土地所有權雖有不平均的現象，但透過租佃制度，使無地農民仍有就業機會，借貸制度則可紓解農民的經濟困難，故兩種制度均寓有財產、金錢有無相通之意，而透過分家制度，大地主不能永遠是大地主，農村土地不平均的現象亦不致過分嚴重。

對於農村的租佃制度以及借貸制度，研究大陸農村經濟史者如陳翰笙、費孝通等多半認為是農業發展的根本障礙而需要廢除。但馬若孟就日治時期臺灣與同時期的中國比較，由於日本政府並未改變臺灣舊有的農村制度，兩者的農村制度基本上是相同的，而 1900 至 1937 年間臺灣的農業發展較中國快速。原因是臺灣得以在政治的安定當中引進新的技術如品種改良與肥料使用等，政府在基礎工程方面的投資也有助於此種

發展，而中國沒有這些條件。由此推知欲求農業發展關鍵在於提供安定的環境並由外界引進新技術，而不必然要先廢除舊有的租佃、借貸等農村制度。

馬若孟另有 "Taiwan's Agrarian Economy under Japanese Rule"（〈日治時期之台灣農村經濟〉）與 "The Agricultural Development of Taiwan, 1895-1965," in Rick Shand ed., *Agricultural Development in Asia*（〈亞洲的農業發展：臺灣篇〉，1969）討論臺灣的農業發展。第一篇文章扼要指出日治時期臺灣幾種重要的農業改革，並指出在此改革之後，農民生活並無多大改變，此外與凃照彥相同的是作者認為日治時期人口增多之後，家庭農場（family farm）增加，佃農占全部農民的比例減少。第二篇先則指出臺灣在 1895 至 1968 年間臺灣農業部門對整個臺灣經濟的貢獻，其中分期計算了臺灣農業總成長率、臺灣農業人口增加率，主要作物所占面積占總面積比例的改變，農產品出口總值占臺灣總出口值的比例，繼則指出 1920 年代臺灣農業改革之概況，接著指出 1945 年以後農業的復原及非農業所得改善了農民的生活。兩篇文章所用資料多為臺灣銀行、農復會的既有研究及日本統治時期的一些調查和學報。文章多為事實的說明，沒有用上多少經濟理論或是較精密的統計。但馬若孟另撰若干論文則運用了計量研究法，將另於計量研究法的著作中介紹。

## （九）小結

以一般性制度史研究法研究者中，除馬若孟、葛拉但傑夫用了比較研究法，曾汪洋、張漢裕試圖用較精密的經濟理論、統計分析，江丙坤用了許多原始資料之外，大抵有一共同特點，即：引用了很多日本統治時期的次級史料及統計資料將一個制度的內容、演變、特點進行分析，分析時已將資料陶鑄化裁，不列許多引文，也不太作註，故極簡明。

除馬若孟於傳統農村制度新的肯定之外，他們的史觀有時也承襲階段性制度法者的理論，如張漢裕承襲矢內原之「日據時代乃資本主義時代」、「政府政策是日據時代資本主義化的關鍵」的理論。他們之中，

除了葛拉但傑夫的「日本殖民政府剝削臺灣人民論」之外，臺灣學者對日本統治剝削臺灣及對臺灣有利之處，較為就事論事。

他們的研究主題除《日據臺灣經濟之特徵》一書論及經濟循環、區域經濟及與周邊地區的經濟關係外，以產業、政府部門的經濟活動及租佃制度為主，故在主題上並沒有相對階段性制度史研究法有了太多突破。他們也和階段性制度史研究法一樣不關心經濟所引起階級以外的社會變遷，而他們在階級結構變化方面，也無新論。

這個研究法的一個研究基地是周憲文領導的臺灣銀行經濟研究室，他們除了簡明地分析了日本統治時期的許多制度之外，還譯介了很多日本統治時期的著作，為今日的日治時期臺灣研究奠定初基。我們有必要效法其精神，一面出版史料，將臺大、中央圖書館臺灣分館（今國立臺灣圖書館）、省文獻會（今國史館臺灣文獻館）所藏日本統治時期不寓宣傳色彩的史料加以出版，一面譯述史料，以更加了解這段歷史。

# 四、計量經濟史研究法之著作評析

以計量經濟史研究法研究日本統治時期臺灣經濟史的著作以討論農業發展者最多，其次是人口、物價與國民所得。茲分別評析如下：

## （一）有關農業發展的研究

前面提及，川野重任曾論及臺灣的農業發展，但其論述仍以文字說明為主，計量分析僅占一小部分而已。馬若孟與卡爾（Carolle Carr）合寫的 "The Agricultural Transformation of Taiwan: The Case of Ponlai Rice, 1922-42"（〈以蓬萊米論臺灣農業的轉型，1922-1942〉，1973）引用了美國新經濟史學者 Griliche 研究美國雜交玉米（hybrid corn）傳播的數學模型計算臺灣蓬萊米的傳播率，此外並計算了臺灣蓬萊米的成長率、收益率，種稻的成本結構。這些計算結果顯示臺灣農產的快速擴張與利潤之高。這樣一個不藉著生產規模擴大而藉著品種改良所帶動的農業發展，和同

時間在錫蘭、菲律賓、印尼、馬來西亞、泰國、越南所發生的所謂「綠色革命」完全相同。[11]馬若孟指出此一綠色革命成功的因素，一為政府重視生產糧食的政策及政府廣設研究機構、農會等設施、改進灌溉、交通、並加強小學教育；二為在 1900 年以前臺灣人民即有高度賺取利潤的動機，因此只要有獲取利潤的經濟活動，他們會樂於參與；三為米價持續上漲，更刺激了農民種植新品種的動機。

雖有此等有利條件，但馬若孟與 A. Ching 合寫的 "Agricultural Development in Taiwan under Japanese Rule"（〈日本統治下臺灣的農業發展〉）一文，指出新農業技術普遍傳到各農村，前後也經過 25 年的時間，所以需要如此長的時間，治者與被治者間的鴻溝是主要的障礙。最後統治者藉以跨過此一鴻溝的橋梁是農村的地主。此文以洛侖茲曲線（Lorenz curve）繪出日本統治時期臺灣土地分配不均的形態，其中有 90%的農家才擁有 40%的土地。但此種土地制度的存在並沒有阻礙了農業的發展，反而由於地主感到引進新技術於之有利而協助新技術的推廣。此文又指出在諸多新技術之中對農業發展助益最大的是品種改良，至於化學肥料的引用，灌溉設施的增加等作用不大。如此則修正了川野重任《日據時代臺灣米穀經濟論》中指出「日本農業為勞動密集的農業，臺灣農業為肥料密集的農業」的偏失。

但〈日本統治下臺灣的農業發展〉與《日據時代臺灣米穀經濟論》一樣並未以計量方法算出各種農業投入（input）對農業產出（output）的實際貢獻率。而算出這個貢獻率即是 Yhi-min Ho（何益民），*Agricultural Development of Taiwan, 1903-1960*（《臺灣農業發展，1903-1960》，1966）一書與 Samuel Pao-San Ho（何寶山），"Agricultural Transformation Under Colonialism"（〈殖民統治下臺灣的農業轉型〉，1968）一文的共同重點。

何益民算出 1903 至 1960 年之間臺灣農業平均年成長率為 3.14%，其中 1.27%（占總數 40.6%）為流動資本增加投入的貢獻，1.14%（占總

---

11　參見王崧興、艾瑞門，《臺灣稻作農村之研究》，中央研究院民族學研究所專刊乙種第 5 號（臺北：中央研究院民族學研究所，1974），頁 194。

數 36.4％）為技術進步的貢獻，0.27％（占總數 8.6％）為勞力增加投入的貢獻，0.34％（占總數 10.8％）為土地增加投入的貢獻，0.11％（占總數 3.5％）為固定資本增加投入的貢獻。其中流動資本主要是指肥料，技術是指農村教育與農業研究的成果，勞力是指參與農作的 12 歲以上的男子。固定資本主要是指土地，土地是指作物面積（crop area），而非實際面積，如一塊農地一年兩穫則乘以 2 之後方為作物面積。

何益民所用以計算的模型為 Cobb-Douglas 生產函數，計算技術貢獻率則採用 Solow 模型，所用材料則有《臺灣省五十一年來統計提要》、《臺灣農業統計》、《臺灣糧食統計》、《臺灣農業年鑑》、《臺灣統計要覽》等。何寶山所用的模型、資料與發現均與何益民相近，只是各種農業投入的定義略有差異，計算的時間長度也有所不同。對於臺灣農業發展的成功，何益民強調農業研究與農村教育的貢獻，何寶山則強調農會的貢獻。

何寶山另外指出農業雖然發展了，但因政府課稅重，米、糖出口多為出口商壟斷，壟斷的出口商利潤高達 30-40％，農民仍生活在最低生活水準之上。何益民則另外還做了臺灣與日本農業發展的比較，他發現日本與臺灣近代的農業發展都是在維持小農制度的基礎上，從事土地節約、勞力集約（land-saving, labor intensive）的農作方式。而以 1878 年明治維新至 1917 年一次大戰之間的農業年平均成長率，與 1910 至 1960 年臺灣的農業年平均成長率比較，則前者為 2.3％，後者為 3.14％，可見在農業發展初期，臺灣與日本的農業成長率均高，臺灣的農業成長率尤高。

這種農業發展之所以有成效是因其提高農業生產力的方式是新品種、新的栽植法、新的化學肥料的研究、發明與引進，使原有的豐富勞力做更有效的利用，並不需很大的資本投入。因此何益民反對大規模農業機械化之運用於人多地少的地區。因為這種措施浪費了既有的人力資源，所需投資之大，亦常非地少人多地區所能勝任。

在農業發展理論中，對於落後的農業國家發展工業時，農工業並進

與否的問題一共有三種立論,一種認為在發展工業之前必先將已有的農業振敝起衰,因為有足夠的糧食是工業發展的先決條件,此外農業發展之後尚可出口賺取外匯以提供工業發展之資金,農業亦可提供工業勞力及商品市場,在農業發展中所習取的經濟發展的才能與態度也有助於工業發展。故如英國的農業革命即為工業革命的前階。第二種立論是農工應平衡發展,他們承認農業發展對工業發展的助益,但不認為工業必在農業發展之後才能發展,如日本就是很成功的例子。第三種立論主張要發展工業要由基礎工業著手,由之發生連鎖效果之後,帶動全面的工業發展,印度即為其例,但證明是個失敗。何益民較贊成農工並進的理論。但他指出:在日治時期臺灣,與農業並進的灌溉工程及肥料工業之發生效用,是在農業投入如品種改良發生效用之後。由李登輝的《臺灣農工部門間之資本流通》(由英文中譯本)一書更可看出落後的農業國家以農業發展來支持工業發展是最佳的工業化途徑。

很多國際貿易的理論可用於國內貿易的研究之中,李著即為一很好的範例。李著利用國際貿易中計算國際收支的資本帳與商品帳的概念設立一個計算農工部門間的資本帳與商品帳會計模型。在商品帳,農業部門的收入面有農業部門賣給非農業部門使用的消費品($Ca^n$)、原料的收入($Ra^n$)、農產品出口的收入($Ea$),支出面有農業部門購買非農業部門的消費品的支出($Cn_a$)、原料的支出($Rn^a$)、農業生產投資財的支出($Ia$)。如此($Ca^n + Ra^n + Ea$)/Pa —($Cn^a + Rn^a + Ia$)/Pn=B',B'為農業部門與非農業部門商品帳的差額,Pa 為農產品價格變化,Pn 為非農產品價格變化。資本帳,農業部門支出部分有地租、貸款所應繳的利息,向政府應繳的稅、捐款、規費,農民的淨儲蓄;收入面則有政府的公共投資與補貼、地主投資、金融機構貸款、農民的非農業所得等。作者利用農家所得調查資料、有關農作物的統計資料計算以上各項目各期的數額,再求出農業部門與非農業部門間的收支平衡關係,結果發現 1895 至 1960 年間臺灣的農業部門不斷有剩餘資本流到非農業部門。

全書再進一步檢視影響各期農業資本流出的因素,及各因素影響農

業資本移動的方向和其影響的程度。結果發現造成這流出的根本經濟因素就是農業生產力的增加。在衡量農業生產力增加時作者採用了生產函數計算技術進步率、土地產量彈性、勞力產量彈性、資本產量彈性等。該計算結果顯示「在土地資源稀少及人口壓力大的條件下，藉農業上的資本投資，而以高度的技術改進及節省土地的技術，即能促成農業發展」（中譯本，頁31）。「臺灣農業的創新，主要是以增加肥料的施用與推廣新品種為特色」（中譯本，頁41）。臺灣1911至1960年間農業生產淨額年平均成長率為3％，而1877至1960年間日本農業年平均成長率為1.17％（中譯本，頁8），故在農業發展方面，李著的發現與何益民相近。

而影響農村逐年增加農業收入移動方向的因素，李著分期指出其重要者為：第一期農業發展的初期（1895-1930），由非農業部門購入的資本財（Ia）多，但出口（Ea）多，由農業部門買入的消費品（Cn$^a$）少，農產品用於本身的消費的數額（Ca$^a$）少，政府稅收、地主田租徵課多，而高的技術改進率及投資乘數導致農業總產量（Ya）大，均足以抵消大的資本財消費（Ia）而有餘。第二期農業轉變與工業化時期（1930-1940），高度的技術進步率，資本、勞動的投入增加，而非農業部門購入的資本財減少，地租增加相對緩慢，農家的消費少於每人所得，對農業的貿易條件（非農產品價格除以農產品價格之商）改善，出口繼續擴張。第三期農業進一步發展的時期（1950-1960），農業、工業均快速成長，工業對農業的糧食需要增加、農業資本產出率高、農業賦稅、農民的儲蓄增加。由於臺灣的農業不斷向非農業部門提供資本，臺灣的工業因而得以發展。

而在臺灣農工業發展的同時，臺灣的人口仍不斷在快速增加，人口快速增加是因死亡率低，死亡率低是因每人實質勞動力所得提高，營養改善，醫療、保健改進，而每人實質勞動力所得提高即前述農業發展的結果，而臺灣人口增加率又小於農業成長率，故李著由臺灣的情形推論馬爾薩斯理論認為生活水準的提高將使人口增加到不夠扶養的地步，基本上是忽略了資本形成的快速增加、技術的快速進步，因此李著也反對

發展中國家在發展經濟時必先減緩人口增加率的說法。而臺灣的農業發展方式也是開發中國家躲過馬爾薩斯陷阱的最佳方式。

李著結構嚴謹，所用計量模型多經自己重加設計，所用材料亦有附錄說明其使用原則，於臺灣農業發展的研究中又能導出開發中國家發展的一般理論，為以計量經濟史研究法研究日治臺灣經濟史著作中上乘之作。但其以日治以前臺灣經濟停滯之說值得商榷，將於本節小結中申論。

## （二）關於人口的研究

日治時期日本政府在臺灣為便於統治曾做過 7 次戶口調查，這些調查的精密程度還超出日本本國之上，是有關東亞地區最早、最完整的一批人口資料。這批資料對於人口學家一直有很大的吸引力。葛拉但傑夫、周憲文雖均曾以這批資料說明臺灣的人口，葛著長處在以臺灣的人口現象與其他當時殖民地比較，與中國若干有人口調查地區比較；但葛著主要所用的是臺灣 1935 年的調查而已，並未完全看到其 7 次調查的資料，而周文則一本作者寫史慣例，將長時間序列的人口統計資料算出人口增加率、性比例、死亡人口的平均年齡、人口密度、婚姻狀況、職業分布等，並未做任何解釋，而所做計算多為百分比與簡單的成長率。首次以較精密的方法對這 7 次調查資料加以利用並做解釋的著作是巴克雷的 *Colonial Development and Population in Taiwan*（《臺灣的殖民發展與人口》，1954）。

本書計算 1905 至 1945 年間臺灣人口的複利成長率（compound growth rate）為 2.5%，同時期的世界人口成長率為 0.5%，可見日本統治時期臺灣人口增加之快速。人口如此快速增加的原因為傳宗接代的觀念仍然未變，農業發展後，尤其是複種制度（multiple cropping）發展之後，農村需要更多的勞力，以及日本政府優越的醫學行政、去除多種傳染病等。

這樣的人口增加並未引起臺灣人口區域間的大幅移動，因為可利用土地除臺東、花蓮以外已開發殆盡，經濟結構仍以農為主，三分之二的

人仍住在 2 萬人以下的鄉鎮裡,此時移民主要是同縣之內的移民,即 20 英里的距離以內的移民,故以 5 萬人左右的市鎮數目增加最多。

在臺日人多半住在臺北、臺中、臺南、基隆、高雄等大城市中,故僅以此等城市較具現代化色彩,其他城市如新竹、嘉義、彰化等仍保留濃厚的中國色彩。而就日人所住的幾個大城市而言,由於日人與臺灣人分住,在這些城市裡的臺灣人只更感到異族的存在,而不能享受到許多的現代文明。故日治時期臺灣的城市在現代文明的傳播方面並未扮演重要的角色。也因此日治時期臺灣除了人口成長這一顯著的社會變遷之外,並未發生其他顯著的社會變遷。

繼巴克雷之後研究日治時期臺灣人口問題的有陳紹馨與李文朗。陳紹馨在〈低度開發地區的人口問題〉一文中,主要是在討論低度開發地區的人口發展理論,再以臺灣作一個案研究。若干人口學家認為低度開發地區的人口問題應由限制人口增加來加以解決。但臺灣人口在日本統治 50 年間由 250 萬增為 600 萬,由於經濟發展,這些增加的人口仍得以扶養,陳紹馨由此引申說:解決低度開發地區的人口問題的計策,仍以經濟發展為根本之道。李登輝在《臺灣農工部門間的資本流通》一書中也曾提出類似觀點。巴克雷以為日本統治時期臺灣的社會,除人口成長以外無顯著的社會變遷發生。但陳紹馨指出,由於一次大戰以後的經濟繁榮、長期的和平、傳染病的控制、年輕人受教育率的提高,西方新思想、新文藝的傳入,臺灣在 1920 年代曾歷經一次很大的社會變遷。

這次社會變遷的幾個指標是:日本統治 50 年中人口增加 345 萬人,其中 1895 至 1920 年之 25 年人口增加數占此 50 年增加總數之四分之一,1920 至 1945 年,25 年間則增加四分之三;1920 年以後農民更能接受新的作物,農產大增;民間信仰、宗教團體、大家庭的功能逐漸式微、地主佃農間、主僕間、各種社會階層間的關係逐漸喪失其封建性質,而變得較民主、自由;社會上掀起了新文學運動、社會運動,傳統的表達方式也漸為西方的表達方式所取代等。

　　李文朗 1967 年在美國賓州大學的博士論文〈日治時期臺灣縣與縣之間的移民〉的研究動機是：日本統治時期臺灣各地的經濟發展程度並不一致，如在西部平原上，臺北、高雄即較臺中、新竹、臺南等發展快速，而較晚開發的東部地區，非農業部門產值占總產值的比例反而很高，這些區間經濟發展狀況的不同，對於區間的移民應有所影響。李文發現就日治時期臺灣的情形看來，顧志耐（Simon Kuznets）等認為一個地區農業與製造業、服務業三種產業的比重與移民的移出、移入高度相關是成立的。李文計算人口的生命預期、人口的移動量均用了複雜的數學公式。對於人口移動也有分期的討論，如討論到經濟恐慌期使一向為人口移入區的臺北轉為移出地區，此與 1974 年臺灣經濟蕭條時，城市人口回流農村相似。與巴克雷、陳紹馨兩文比較，李文的計算方法雖是較為精密，歷史解釋卻減少了。

## （三）有關物價與國民所得的研究

　　日本一橋大學亞細亞研究所於 1972 年出版的《臺灣の經濟成長──その數量經濟的研究》（《臺灣的經濟成長》）與 1975 年出版的《臺灣朝鮮の經濟成長──物價統計在中心として》（《由物價論臺灣與朝鮮的經濟成長》）兩書是互相關聯的。溝口敏行的《由物價論臺灣與朝鮮的經濟成長》算出了日治時期臺灣的國民所得。但其所計算的國民所得不是國民生產毛額（GNP），而是國民總支出（GNE），GNE 是由消費支出、政府支出、投資支出、與進口之和減去出口而成。由於在計算歷年總支出時要將歷年之物價波動加以平減，方能比較不同年次 GNE 之多寡，故有《臺灣的經濟成長》一書由溝口敏行先行計算了政府消費、貿易收支、投資財的物價指數，由石川滋、篠原計算了農產品、工業產品的物價指數。綜合這些資料及臺灣經濟成長中的農業成長率、工業成長率、資本形成率而成《由物價論臺灣與朝鮮的經濟成長》一書。其所計算之 GNE 在 1903 至 1938 年間年平均成長率為 3.8%。

　　兩書特點是由很完整的統計資料加以整理而成，但除石川滋一文之

外全未作歷史解釋。石川滋一文論點與何益民等相近，唯一不同的是石川文以日治時期臺灣的農業發展為土地密集，而何著以為是土地節約。但因石川文之方法、理論均不若何著細密，何著立論當較正確。

## （四）小結

在一般性制度史研究法與階段性研究法的著作中，讀者已可看到很多的數字、成長率。如灌溉面積成長率，肥料使用量成長率等，由這些成長率並無法看出灌溉、施肥對農產的實際貢獻有多少，經計量經濟研究者帶入生產函數後這些問題即豁然可解。這是計量研究法的最大好處，它把零星片斷的資料所呈現的沒有系統的概念轉化為具體的知識。

只是計量研究法的著作，即使在計量方法上也非無懈可擊。如李登輝、何益民、何寶山等所用的生產函數，均為一次齊次式的 Cobb-Douglas 生產函數，這種生產函數隱含固定規模報酬（constant return to scale）的假定，即所有生產因素投入量若增加一倍，總產量必然也會增加一倍。事實上，何益民的書中已指出許多農業生產因素規模報酬遞增的現象。在這種情況下，用沒有這個假定限制的生產函數如 CES 生產函數、VES 生產函數或二次對數（translog）生產函數都要更為適宜。

在影響農產的生產因素中，何益民把資本、勞動、土地等生產因素以外的殘餘因素（residual factor）的貢獻率全視為技術的貢獻率，則將技術之貢獻率高估了。

與使用一般性制度史研究法的著作的主題相比，可以看出計量經濟法所探討的主題仍然太少。到目前為止，農業問題除在方法上稍需修正之外，其研究已相當完整。物價與國民所得的統計雖已完成，但有待進一步的分析。此外一般性制度史家未以深入的經濟理論與計量方法研究的貿易、財政、金融、運輸等問題均有待計量經濟史研究者的逐步征服。

此外，計量研究法研究者之中只有巴克雷、陳紹馨等曾將經濟社會變遷一併討論，在將經濟社會變遷一併討論方面，計量研究法的貢獻尚

不如階段性制度史研究法。

在理論方面，幾本有關日本統治時期臺灣農業史的計量研究提供了歷史學者研究近代中國經濟史的一些啟示。這些研究指出：一個落後而人多地少的農業國家在發展工業時最好預先或同時使農業發展起來。要發展農業，最重要的是先設立農業研究機構以發明或引進新品種、新的栽植方式，並加強農村教育以提高農民的知識水準，繼之則需拓展市場，再其次才從事肥料、灌溉等成本較高的農業投資。新品種、新栽植方式的引進將能在不引起大量投資的情況下，提高勞力生產力而有助於農業發展，農業發展後則有剩餘的資本扶植工業崛起。

如以此種發展方式與近代中國的發展比較，中國在自強運動以後，工業化之未能成功是否即種因於農業之未顯著發展？

1945 年以後臺灣的土地改革成功，中國在 30 年代屢思土改而未成，何故？綜合馬若孟〈近代中國與台灣農村組織及其對農業發展的影響〉一文及前述理論，可以推知土改問題可以如下思考：

1. 任何制度的存在，均有其客觀存在的環境，如租佃制度之所以存在於農業社會，是因農業社會仰賴這個制度使土地、勞力可以有無相通。制度存在的客觀環境一旦改變，該制度自然會消失。故要土地改革成功要先使農業社會有轉變成工業社會的可能。

2. 農業社會要發展成工業社會以先發展農業為宜，租佃制度既是與農業社會相生的一個制度，其存在自不至於阻礙農業發展，此在臺灣已得到證明。故在農業發展階段不必先行廢除租佃制度。迨農業發展到足以扶植工業時，客觀環境已變，租佃制度的廢除自較易收成效。1945 年以後臺灣的土改成功，此亦為經濟因素，30 年代中國土改不能成功，其經濟因素或亦在此。

計量研究之著作以日治以前臺灣農業經濟乃停滯之說則值得商榷。明白提出這個說法的是李登輝，其說承自川野重任。川野、李兩人以荷

治時期至日治之初臺灣稻田單位面積產量僅由每頃 1 公噸增加為 1.3 公噸，這種成長率與日治時期 3.14%的年成長率相比，可說是停滯。

　　儘管臺灣在日治以前單位面積產量所增不多，但李著本身曾指出 1895 年臺灣的農業生產力與 1960 年代的東南亞各國相近（中譯本，21 頁），1895 年臺灣灌溉面積占農田總面積的比率較 1960 年代大多數的東南亞國家為高（中譯本，20 頁）、臺灣的稻米品種在 1895 年以前已不斷改進，至 1895 年已有在來米品種 1679 種（中譯本，17 頁），由這些指標看來，1895 年以前臺灣的稻米業已相對發達。此外，李著似乎將臺灣的農業視為稻米業。事實上，稻米業只是臺灣農業的一種而已，除了種植稻米以外，臺灣在 1895 年前夕另外還種植茶、糖、樟腦等經濟作物，這些作物對臺灣的所得增加有所貢獻。[12] 李著亦指出，1895 年臺灣的每人所得為 25 美元（以 1949 年美金的幣值計算），與 1949 年韓國、泰國、緬甸、葉門、沙烏地阿拉伯、厄瓜多爾、海地等國相近。此 25 美元的每人所得僅為 1840 至 1850 年間工業國家工業化初期之每人所得的三分之一，故李著以為 1895 年以前臺灣經濟落後，農業停滯。但如以此標準而論，即使在日治之後，臺灣的每人所得仍趕不上工業國家，那日治一期農業是否亦為停滯？故由 1895 年的臺灣經濟水平看來，說 1895 年以前臺灣的農業經濟停滯是不公平的。

## 五、繼續研究之方向

　　綜合以上評析，日本統治時期臺灣經濟史的研究可繼續努力之方向如下：

　　1. 由於以往研究日本統治時期臺灣經濟史的學者多為經濟學者。他們的研究傾向是：總體研究（macro study）多於個體研究（micro study）、同質研究（homogeneous study）多於異質研究（heterogeneous study）、同時期研究（synchronic study）多於不同時期的比較研究

---

12　參考林滿紅，《茶、糖、樟腦業與臺灣之社會經濟變遷（1860～1895）》，臺灣研究叢刊（臺北：聯經出版事業股份有限公司，1997 初版，2008 八刷）。

（diachronic study）、當代研究（contemporary study）多於歷史淵源的追溯研究（historical study）。這些總體的、同質化的、不加以細密分期的，不溯歷史源流的研究固然有助於我們了解日本統治時期整個時期、整個臺灣經濟之輪廓，但我們無法知道在這個時代裡區域別的經濟差異，一些對當時經濟活動有很大影響力的人或機構的所作所為，故區域別的經濟研究、人物史、公司史的研究均有待進一步的努力。

2. 雖然以往研究者多半偏重總體研究，但卻未必是系統分析（systematic analysis）。已用系統分析的著作如李登輝、何益民等的著作也都僅就經濟範圍內分析，而未將經濟變遷與社會變遷一併研究。故如何一面在經濟範圍內做更多的系統分析，如恐慌期對日治臺灣的經濟、財政、貨幣、土地制度等之衝擊，一面發展經濟社會變遷一併研究的系統分析如區域間的所得分配、日治時期市鎮結構的變化等亦是可以努力發展的方向。在這個發展方向中日治時期臺灣的傳統社會隨著經濟變遷是否改變、改變多少的問題仍可以再進一步探討。因為自從川野、根岸等提出臺灣乃前資本主義與資本主義並存的社會之後，繼之有何益民、何寶山、馬若孟、巴克雷、李登輝等也指出臺灣在日本統治時期農業發展的同時，傳統的社會並無多大改變，但陳紹馨又指出 1920 年代臺灣曾歷經一次很大的社會變遷，兩者之間即有所紛歧。而事實上，任何經濟變遷不可能不帶動社會變遷，只是有些制度變遷得早，有些制度變遷得晚。[13] 找出日本統治時期臺灣不同種類的制度在不同時期的變化將不無意義。

3. 以往研究者多半著重統計資料的研析，而少用文字資料。而事實上有關日本統治時期臺灣的史料另有豐富的報紙、雜誌、文集、傳記等可以利用，而這些資料的刊布與翻譯則又是一件急需完成的工作。[14]

---

13　美國新經濟史家 Douglass North 把制度分為基本的制度（primary institutional arrangements）與次級制度（secondary institutional arrangements）兩種。隨著經濟變遷之後次級制度變遷得較初級制度為快。參見劉翠溶，〈近二十年來美國新經濟史研究的成果與展望〉，頁 63-81。

14　在著手研究日治時代臺灣經濟史時，以下資料目錄可為入門的工具：

（1）臺灣省立臺北圖書館編，《臺灣文獻資料目錄》。南投：臺灣省文獻委員會印，1958 年。

# 附錄　日治時期臺灣經濟史研究書目

## 一、日治時期在臺灣或日本發表的日人著作

### 1. 矢內原忠雄

1929 《帝國主義下の臺灣》。東京：岩波書店。（周憲文譯，《日本帝國主義下之臺灣》，臺灣銀行研究叢刊第 39 種，臺北：臺灣銀行經濟研究室，1956。）

### 2. 川野重任

1940 《台湾米穀経済論》。東京：有斐閣。（林英彥譯，《日據時代臺灣米穀經濟論》，臺灣研究叢刊第 102 種，臺北：臺灣銀行經濟研究室，1969。）

### 3. 根岸勉治

（1）1932 〈臺灣に於ける製糖原料甘蔗の獲得特に其收費價格〉。高岡博士在職三十紀念論文集《農政と經濟》，頁 479-480。

（2）1935 〈臺灣農企業と米糖相尅關係〉。《社會政策時報》（1935 年 8 月），第 178、179 號。後收入氏著《南方農業問題》。東京：日本評論社，1942。頁 3-52。

（1958 年譯成〈日據時代臺灣之農產企業與米糖相尅關係〉。《臺灣銀行季刊》，卷 9 期 4，頁 166-189。或《臺灣經濟史七集》，臺灣研究叢刊第 68 種，臺北：臺灣銀行經濟研究室，1959。頁 66-115。）

---

（2）臺北帝國大學文政學部南方文化研究室編，《臺灣文獻目錄（人文科學）》，臺北帝國大學文政學部南方文化研究室業績第 1 號，臺北：臺北帝國大學文政學部南方文化研究室，1936 年。

（3）南方農業協会編，《台湾農業関係文献目錄》。東京：南方農業協會，1958 年，又稱《台湾農業関係文献目錄》。

（4）アジア經濟研究所図書資料部編，《旧植民地関係機関刊行物總合目錄—台湾編》。東京：アジア經濟研究所，1973 年。

（5）一橋大學經濟研究所編，《台湾の社史調查—統計表在中—》。東京：一橋大學經濟研究所，1970 年。

（3）1936〈垂直的米穀生產變化と「土壟間」階級〉。《農業經濟研究》，卷12期4，頁23-85。後收入氏著《南方農業問題》。頁53-125。

（4）1958〈日據時代臺灣之商業資本型殖民地企業形態〉。《臺灣銀行季刊》，卷10期1，頁186-197或《臺灣經濟史七集》。頁77-90。

## 4. 鹽見俊二

1953〈日據時代臺灣之警察與經濟〉。《臺灣銀行季刊》，卷5期4，頁253-273。（另收於《臺灣經濟史初集》，臺灣研究叢刊第25種，臺北：臺灣銀行經濟研究室，1954。頁127-147。）

## 5. 北山富久二郎

（1）1934〈「豐かな」臺灣の財政〉。《臺北帝國大學文政學部政學科研究年報》，輯1，頁227-286。（1959年由周憲文譯為〈日本統治時期臺灣之財政〉。收於《臺灣經濟史八集》，臺灣研究叢刊第71種，臺北：臺灣銀行經濟研究室。頁87-163。）

（2）1935〈臺灣に於ける秤量貨幣制と我が幣制政策：「銀地金を流通せしむる金本位制」〉。《臺北帝國大學文政學部政學科研究年報》，輯2，頁2-83。（1959年由許冀湯譯為〈日據時代台灣之幣制政策——自雜色貨幣進入金本位制過渡期中之諸問題〉，收於《臺灣經濟史七集》，頁91-144。）

# 二、1945年以後在臺灣發表的中華民國人著作

## 1. 周憲文（惜餘）

（1）1958《日據時代臺灣臺灣經濟史》2冊，臺灣研究叢刊第102種，臺北：臺灣銀行經濟研究室。

（2）1953〈日本財閥之臺灣投資〉。《臺灣銀行季刊》，卷5期4，

頁 291-301。（亦以〈日據時代日本財閥之臺灣投資〉收於《臺灣經濟史二集》，臺灣研究叢刊第 32 種，臺北：臺灣銀行經濟研究室，1955。頁 129-139。）

（3）1956 〈日據時代臺灣之農業經濟〉。《臺灣銀行季刊》，卷 8 期 4，頁 81-125。

（4）1956 〈日據時代臺灣之工業經濟〉。《臺灣銀行季刊》，卷 8 期 4，頁 126-163。

（5）1957 〈日據時代臺灣之礦業經濟〉。《臺灣銀行季刊》，卷 9 期 2，頁 14-46。

（6）1957 〈日據時代臺灣之林業經濟〉。《臺灣銀行季刊》，卷 9 期 2，頁 47-68。

（7）1958 〈日據時代臺灣之畜產經濟〉。《臺灣銀行季刊》，卷 9 期 4，頁 74-104。

（8）1958 〈日據時代臺灣之水產經濟〉。《臺灣銀行季刊》，卷 9 期 4，頁 105-122。

（9）1959 〈日據時代臺灣之人口〉。《臺灣經濟史八集》。頁 59-86。

（10）1963 〈日據時代臺灣鴉片史〉。《臺灣銀行季刊》，卷 14 期 1，頁 217-233。（亦收於《臺灣經濟史十集》，臺灣研究叢刊第 90 種，臺北：臺灣銀行經濟研究室，1966。頁 138-154。）

（11）〈日據時代臺灣臺灣企業之資本構成〉。翻譯自 1936 年調查報告。

## 2. 張漢裕

（1）1950 〈日治時代臺灣經濟之演變〉。《臺灣銀行季刊》，卷 4 期 4，頁 36-90。（亦以〈日據時代臺灣經濟之演變〉收於《臺灣經濟史二集》。頁 74-128。）

（2）── With R. Myers, "Japanese Colonial Development Policy in Taiwan,

1895-1906. A Case of Bureaucratic Enterpreneurship." *The Journal of Asian Studies*, 22:4 (August 1963), pp. 433-449.

### 3. 王益滔

1964 〈光復前臺灣之土地制度與土地政策〉。《臺灣銀行季刊》，卷 15 期 2，頁 295-329。（亦收於《臺灣經濟史十集》。頁 52-86。）

### 4. 蘇震

1951 〈光復前臺灣貨幣制度之研究〉。《臺灣銀行季刊》，卷 4 期 4，頁 91-105。

### 5. 曾汪洋

1955 〈日據時代臺灣糖價之研究〉。《臺灣銀行季刊》，卷 7 期 4，頁 264-279。（亦收於《臺灣經濟史四集》，臺灣研究叢刊第 40 種，臺北：臺灣銀行經濟研究室，1956。頁 73-88。）

### 6. 獻生

1958 〈日據時代臺灣米穀農業之技術開發〉。《臺灣銀行季刊》，卷 9 期 2，頁 69-84。（亦收於《臺灣經濟史七集》。頁 73-88。）

### 7. 臺灣銀行編

1957 《日本統治時期臺灣經濟之特徵》。臺灣研究叢刊第 53 種。臺北：臺灣銀行經濟研究室。

## 三、1945 年前後西人在西方發表的著作

1. A. J. Grajdanzev, *Formosa Today*. New York: Institute of Pacific Relation, 1942.

2. G. Barclay, *Colonial Development and Population in Taiwan.* Princeton, New Jersey: Princeton University Press, 1954.

3. Ramon H. Myers:

(1) —— With Chang Han-yu, "Japanese Colonial Development Policy in Taiwan, 1895-1906. A case of Bureaucratic Enterpreneurship." *The Journal of Asian Studies*. 22:4 (August 1963), pp. 433-449.

(2) —— with Adrienne Ching, "Agricultural Development in Taiwan under Japanese Rule." *The Journal of Asian Studies*, 23:4 (August 1964), pp. 555-570.

(3) "The Agricultural Development of Taiwan, 1895-1965," in Rick Shand ed., *Agricultural Development in Asia*. Canberra: Australia National University, 1969, pp. 25-52.

(4) "Rural Institutions and Their Influence upon Agricultural Development in Modern China and Taiwan." *Journal of Chinese Studies*（《中國文化研究所學報》), 2:2 (September 1969), pp. 349-370.

(5) "Agrarian Policy and Agricultural Transformation: Mainland China and Taiwan, 1895-1945." *Journal of Chinese Studies*, 3:2 (September 1970), pp. 521-544.

(6) "Taiwan as an Imperial Colony of Japan, 1895-1945." *Journal of Chinese Studies*, 6:2 (December 1973), pp. 425-453.

(7) —— With Carolle Carr, "The Agricultural Transformation of Taiwan: The Case of Ponlai Rice, 1922-42," in Rick Shand ed., *Technical Change in Asian Agriculture* (Canberra: Australia National University, 1973), pp. 28-50.

(8) "Taiwan's Agrarian Economy under Japanese Rule." *Journal of Chinese Studies*, 7:2 (September 1974), pp. 451-475.

# 四、1945 年以後在日本發表的華人著作

## 1. 江丙坤

（1）1971〈台湾地租改正の研究：日本領有初期土地調査事業の本

質〉。東京大學經濟學部農業經濟學博士論文。（後於 1974
　　　年由東京大學出版會出版成書。）

（2）1971《臺灣田賦改革事業之研究》。臺灣研究叢刊第 108 種。
　　　臺北：臺灣銀行經濟研究室。

## 2. 涂照彥

1975《日本帝国主義下の台湾》。東京：東京大學出版會。

# 五、1945 年以後在日本發表的日人著作：

## 1. 山邊健太郎著，鄭欽仁譯

1972〈日本帝國與殖民地——在日本殖民地統治下的臺灣與朝鮮之
　　　比較〉。《食貨月刊》，復刊卷 2 期 1，頁 30-56。

## 2. 篠原三代平、石川滋合編

1972《臺灣の經濟成長——その數量經濟的研究》。東京：アジア
　　　經濟研究所。

### 集中各篇見下附目錄：

（1）石川滋。〈日本領時期の臺灣農業の變化〉

（2）篠原三代平。〈工業化と貿易—戰前在中心として〉

（3）尾原惶之助。〈日本統治下における臺灣の雇用と貨金〉

（4）江見康一。〈臺灣の資本形成——總督府財政支出在中心とし
　　　て〉

（5）溝口敏行。〈臺灣の物價指數〉

## 3. 溝口敏行

1975《臺灣朝鮮の經濟成長——物價統計在中心として》。東京：
　　　岩波書店。

## 六、1945 年以後華人在西方或日本發表的西文著作

### 1. Yhi-min Ho（何益民）

*Agricultural Development of Taiwan 1903-1960*. Nashville, Tennessee: Vanderbilt University Press, 1966.

### 2. Samuel Pao-San Ho（何寶山）

"Agricultural Transformation Under Colonialism: The Case of Taiwan." *The Journal of Economic History*, 28:3 (September 1968), pp. 313-340.

### 3. Teng-hui Lee（李登輝）

"Intersectoral Capital Flows in the Economic Development of Taiwan, 1895-1960." Ph. D. dissertation, Ithaca, N. Y.: Cornell University, 1968.（出版為 *Intersectoral Capital Flows in the Economic Development of Taiwan, 1895-1960*. Ithaca, N.Y.: Cornell University Press, 1971. 1972 年由張溫波譯為《臺灣農工部門間的資本流通》，臺灣研究叢刊第 106 種，臺北：臺灣銀行經濟研究室。）

### 4. Sao-hsing Chen（陳紹馨）

（1）"Social Change and Demographic Change in Taiwan." 西宮：關西學院大學，1957。

（2）"The Population Problem of Underdeveloped Areas." 1957. 未發表論文。（1979 年此文及其他在西方發表五文，連同其他相關論文數篇出版為《臺灣的人口變遷與社會變遷》。臺北：聯經出版社。）

### 5. Wen-Lang, Li（李文朗）

1971 "Inter-Prefectural Migration of the Native Population in Taiwan, 1905-1940." Ph. D. dissertation, Philadelphia: Pennsylvania University, 1967.

# 第四篇　中華民國時期

# 臺灣所藏中華民國經濟檔案介紹[*]

## 一、計劃緣起

1990 年秋天，我所服務的中央研究院近代史研究所所長，後來當選中央研究院院士的張玉法教授，鼓勵我們一群同事著手 1945 年以後臺灣歷史的研究，當時同事們大多感到為難，因為：我們所熟悉的歷史資料，多半是 1949 年以前中國大陸歷史方面的資料，雖然少數同仁也接觸過臺灣歷史方面的資料，但除了最近大量刊行的「二二八資料」以外，同仁們所熟悉的臺灣歷史資料大多是 1945 年以前的。事隔五年，我於 1995 年 3 月 21 日應邀在臺原文化基金會報告「戰後臺灣經濟檔案的了解與利用」時，卻深刻體認到戰後臺灣的歷史資料，已足以發起全民寫史運動。[1]

這一轉變，肇因於美國哈佛大學（Harvard University）講授中華民國史的 William C. Kirby（柯偉林）教授的一個構想。1992 年春 Kirby 教授造訪南港，邀我參加一個以中國大陸及臺灣所藏中華民國經濟檔案為對象的調查計劃。我認為這個計劃很有意義。調查所得，不僅有助於學界充分了解是項檔案庋藏情形，且能激發中外學者開發更多的研究課題，於是毫不猶豫就答應了。是年秋天，他以 James L. Watson 教授領導下的哈佛東亞研究中心，及陳三井教授領導下的中央研究院近代史研究所名義，向蔣經國基金會的美洲支部提出申請，預定自 1993 年 6 月起至 1995 年 5 月止，以兩年時間完成此項工作。蔣經國基金會審核之後，同意贊助，工作於焉開始。

整個計劃分三部分進行；首先 Kirby 教授和我分別調查中國大陸與臺灣的有關收藏，並寫出報告；繼而由聖路易華盛頓大學（University of Washington, St. Louis）的石錦教授負責，將我們所搜集的檔案樣本，進行

---

[*] 本文改自林滿紅主編《臺灣所藏中華民國經濟檔案》，中央研究院近代史研究所檔案調查報告 1（臺北：中央研究院近代史研究所，1995），共 564 頁之「編者的話」。

[1] 〈經濟史談起目前研究經濟史的學者，屈指數數並不會太費力〉，《工商時報》，1995 年 3 月 27 日，版 7。知識贏家：http://kmw.chinatimes.com/，2021 年 5 月 13 日檢閱。

英文解讀；最後 Kirby 教授安排將以上檔案調查報告以及解讀，由哈佛東亞研究中心出版英文專書，該出版資訊為：William C. Kirby, Man-houng Lin, James Shih, and David A. Pietz, eds. *State and Economy in Republican China: A Handbook for Scholars* (Cambridge, MA. Harvard University Asia Center: Harvard University Press, 2001)。 臺灣地區的調查報告，另由中央研究院近代史研究所資助出版中文本《臺灣所藏中華民國經濟檔案》。

## 二、檔案定義

所謂檔案，與圖書、文物有別。圖書是歷史活動完成之後編寫的，檔案則是歷史活動進行過程中所留存的文件，如某人的傳記是圖書，某人的身分證是檔案。檔案除了具有這種原始性而非編寫性的特質之外，還具有另一特質，那就是記錄性。正因為這項記錄性的特質，使其和文物有別。如臺北僅存的幾個古城門，或是故宮博物院所藏的玉器，謂之文物，而非檔案。但檔案、圖書、文物的性質有時會相互重疊，如甲骨文可兼為檔案與文物，漢簡可兼為檔案與圖書。檔案既有強烈的記錄性質，故以文字記錄為主，隨著現代記錄技術的演進，攝影、錄影、錄音等等，亦可視為檔案。[2]本書所介紹的檔案以文字檔案居多，如中央研究院近代史研究所的經濟檔案藏有很多地圖的情況，則較為罕見。

## 三、本書內容簡介

這項計劃在臺灣的調查結果，可分為：（一）政府行政部門檔案；（二）民意機構檔案；（三）其他檔案等三部分。針對各部分中的各檔案，本計劃均央請專人撰寫調查報告。在此等調查報告之外，本書另闢「檔案的應用」部分，其中葉倫會的〈公文體例的演變〉一文，探索了檔案應用所涉及的公文體例問題；陳金滿所撰〈研究戰後初期臺灣肥料事業所用檔案〉則以實例說明如何利用散布在不同地點的檔案，由中華民國

---

2　參見中國人民大學檔案學院編，《檔案專業主要專業課程教學大綱》（北京：中國科學技術出版社，1991），頁9。

某個時點的經濟問題切入，探討其政治、社會、文化意涵。為了方便查閱，本書編有索引，並詳列各篇檔案調查報告的各層級目錄，以供讀者在閱讀與自己興趣相關的檔案調查報告之後，自行思索可以開展的研究題目。書末附錄了各檔案存藏機構的地址與電話，讀者可直接與之連繫。前面三部分的調查報告內容說明如下。

## （一）政府行政部門檔案

本書第一部分為政府行政部門檔案之調查報告。臺灣所藏中華民國的政府機構檔案，以國史館所藏最多。1947 年 1 月，國史館在南京正式成立，隨即開始積極徵集史料。早期徵集的史料多已移存中國大陸南京市的第二歷史檔案館。政府遷臺初期，國史館未及復館，業務暫由中國國民黨黨史史料編纂委員會代行。1956 年 5 月立法院修正通過〈國史館組織條例〉，規定「國史館隸屬於總統府，掌理纂修國史事宜」。行政院並曾函請「各機關大陸運臺舊檔案及在臺已失時效之案卷文牘，移送國史館珍藏」。同時政府積極籌備復館工作。1958 年 1 月，國史館在臺正式復館。此後該館所藏，除訓政時期國民政府原檔之外，戰後及遷臺以來行政院所屬單位如祕書處、主計處、衛生署、新聞局、人事行政局、經濟建設委員會、僑務委員會、國家科學委員會、國軍退除役官兵輔導委員會等，均已有檔案送交國史館典藏，其中不乏經濟史方面史料。財政部於 1973 年後曾送總計達 37,970 卷的檔案交國史館典藏，為目前國史館典藏檔案中，數量最龐大的一批。此外，國史館所藏資源委員會、農業復興委員會、糧食部等檔案亦直接與經濟事務有關。

中央研究院近代史研究所庋藏的經濟檔案亦極重要。這批檔案是在1960 年代中，由近史所所長郭廷以與當時的經濟部長李國鼎商洽，獲得同意，終將該部所藏自 1902 年以來中國大陸時期各經濟部門之檔案及在臺時期之經濟檔案移送近史所保管整理。1980 年代經濟部又陸續移送多批檔案，使得近史所的收藏更為豐富。這批檔案中，除少數機關如經濟安定委員會、美援會、日本賠償及歸還物資接收委員會、物資局、物價

督導會報處等，雖非屬經濟部，但亦興辦經濟事宜之外，其餘大部分均為經濟部本部資料。就檔案的時間而言，除善後事業委員會、日本賠償及歸還物資接收委員會，及物資局係於 1946 年在中國大陸成立之外，其他機構多為在臺設置。另外，該檔案中之鹽務專檔，則有日治時期臺灣之檔案。

國史館及中央研究院近史所所藏之檔案較為一般歷史學者所知，不過就國史館出版的《國史館概況》（1993 年版）而言，其中有關經濟檔案之描述不足千字，且多為已出版資料之介紹。中央研究院近史所雖亦出版過多冊檔案目錄，但內容未及最近整理之檔案，於各檔案形成背景之說明亦稍嫌簡略。基於此，本計劃特別商請國史館的卓遵宏、周琇環，與近史所的莊樹華，對兩個機構收藏的經濟檔案，進行更為詳細的介紹。

臺灣省文獻會收藏之臺灣區生產事業管理委員會（簡稱生管會）檔案，是重建戰後初期臺灣經濟史的重要史料。1949 年初，中華民國中央政府在中國大陸的局勢惡化，中央政府逐漸將重心移往臺灣。占全體產業 70％強的公營事業攸關臺灣經濟榮枯，故而加強公營事業的經營，成為政府施政的一項重點。當時中央政府遷臺在即，主力在中國大陸的資源委員會無法在臺灣充分發揮其功能；此外，據聞資委會的負責要員立場不穩，導致政府有意閒置其運作。原本在臺灣以省府及資委會共同經營的體制，運作起來其實相當繁雜。以糖業經營為例，涉及的單位包括資委會在內，就有五個之多，此亦加速政府成立一個事權統一的管理機構。1949 年 6 月生管會在這些背景下誕生。生管會雖為管理臺灣區各公營事業之機構，但因採委員制，委員包括各事業主管人員，及財政、金融、建設等單位首長，已具備綜管全臺經濟的功能。正如副主委尹仲容所言：「生管會雖沒有執行權力，但它把每個實際問題以會議方式討論，並負責建議，它的意見很少不為當局所採納」。生管會的權限，也因而在公營生產事業之外，還包括民營企業的輔導及金融、貿易的決策。該會發展到最高峰時，幾乎取代了中央政府經濟部及以前的資源委員會、省政府建設及財政二廳，與臺灣銀行的職權。故該會自 1949 年 6 月成立

迄 1953 年併入行政院經濟安定委員會止，一直是政府遷臺初期的經濟指揮中心。

　　1953 年生管會被裁併到行政院經濟安定委員會工業委員會後，其檔案全數移交臺灣省政府祕書處，由負責保管省府各單位檔案的檔案股收藏。1994 年 3 月 8 日再由檔案股移交臺灣省文獻委員會。基本上，臺灣省文獻委員會為臺灣省史料典藏機構，收存不少省府各單位的資料；但文獻會實際收藏之省府有關單位檔案，多屬殘缺不全。此次所接收之生管會檔案，是其接收政府檔案中較為完整者，深具意義。陳兆偉有關此檔案之介紹不僅簡述生管會成立始末，更詳細分析了檔案內容。

　　臺灣省議會所藏行政院外匯貿易委員會檔案亦極珍貴。戰後初期，臺灣經濟方面的機關非常龐雜。1949 年臺灣區生產事業管理委員會成立，改正了此一缺陷。不過，生管會只是整體經濟統籌機構。就外貿事務而言，固然由生管會轄屬的各小組負責，但另有很多機關亦涉及該項業務。一個外貿政策在生管會決定之前，形成的時間頗長，造成諸多不便。這種情況到 1956 年外匯貿易委員會成立時才獲改善。從 1956 到 1968 年，行政院外匯貿易審議委員會乃是臺灣有關貿易及外匯的最高決策單位。例如，臺灣的外貿政策自 1949 年起採複式匯率，這種情況一直到 1958 年公布〈改進外匯貿易方案〉，才改採單一匯率制度；這一劃時代的改革，是在行政院外匯貿易審議委員會手中完成的。是故，外貿審議委員會自成立到撤裁這段時間，其決策事項在臺灣經濟發展方面曾發揮極大的作用。該委員會採委員制，決策事項均有賴委員會開會決定，因此委員會決議案是其最基本的史料。本書亦請陳兆偉詳加介紹此項決議案的內容。

　　臺灣省議會所藏臺灣省政府委員會議事日程，乃是 1959 年起臺灣省政府決策過程之實際記錄。省、直轄市、省屬縣市、縣轄市等合稱地方政府。一般認為臺灣的地方政府只是中央政府的執行機關，不具任何實權。事實上臺灣的地方政府有其明確的職權。依照憲法規定，中華民國對於中央與地方權限劃分係採均權制：凡事務有全國一致之性質者劃歸

中央，有因地制宜者劃歸地方。例如軍事、外交宜統一不宜分歧，宜屬中央；教育、衛生，隨地方情形而異，宜屬地方。在 1994 年之前並無省縣自治通則的公布，依據省政府組織法第 4 條規定：省政府委員，由行政院會議議決提請總統任命，組織省政府委員會，行使職權，省政府的權力重心乃在省政府委員會。省政府雖有省主席之設，但主席的職權，不過是召集省政府委員會，於會議時擔任主席，執行省政府委員會之決議案，監督所屬行政機關執行職務，處理省政府日常及緊急事務而已。故陳兆偉所介紹的臺灣省政府委員會議事日程，就是 1959 年起臺灣省政府決策過程的最核心史料。

本書第一部分最後由葉倫會執筆介紹關稅總局關務圖書資料庫蒐藏的資料。其中以海關歷年的出版品為主，1861 迄 1949 年的總稅務司通令尤為重要，李度（Lester K. Little）總稅務司私人函件，海關在臺退休人員出版回憶，中華民國臺灣地區貿易、財稅、緝私及海關人事制度等相關檔案，亦可茲參考。

## （二）民意機構檔案

相對於戰後臺灣的政府機構，戰後臺灣民意機構的相關史料更方便利用，因為民意機構職在監督行政，比行政部門樂於提供史料。本書第二部分三篇文章，是由陳兆偉介紹各級民意機構所藏經濟檔案。

在修憲前的中華民國政府組織之中，國民大會、立法院、監察院乃所謂中央民意機關，相當於西方國家的國會；其中立法院負責審議決定法律、預算和條約，並具質詢行政系統的權限，故中央民意機關之中與行政部門關係最密切者非立法院莫屬。戰後臺灣，在 1980 年代以前，仍是以行政系統為政治體制的中心，立法院仍不過是行政系統的橡皮圖章，主要任務在將政策合法化，沒有發揮參與決策甚至制定政策的功能。但行政院長及各部會首長需到立法院做施政報告及備詢、重要法案（如耕者有其田條例，都市平均地權等）的審議，都要經過立法院。1991 年臺灣正式解除戒嚴令，立法院全面改選，選出第二屆立法委員，臺灣整個

政治生態大幅改觀，立法院擺脫了以往的包袱，儼然成為臺灣政治權力運作圈的要角。因此，重要經濟問題，無論在 1991 年之前或之後，立法院大多會涉及，立法院的會議記錄也因此極具經濟史的史料價值。

如同立法院之於中央政府，省議會係相對於省政府、縣市議會係相對於縣市政府的民意機構。立法院、省縣市議會的會議記錄已以《公報》的形式編輯成冊，[3] 但各級民意機構也典藏諸多行政部門提供參考的原始資料，也值得我們重視。

### （三）其他檔案

本書第三部分介紹其他檔案。首先高純淑報導中國國民黨黨史會典藏的相關檔案。中國國民黨雖非政府機構，但它長期以來是中華民國的執政黨；很多方面，黨的活動歷程，就是中華民國歷史的演進過程。因此，黨史史料無異為民國史史料之骨幹。黨史會身為中國國民黨中央委員會一個職司史料收藏與運用的單位，自然重要。

黨史會於 1930 年在南京成立，抗戰期間（1937-1945）遷往重慶，勝利後遷返南京。1949 年全部史料轉運來臺，庋藏於南投縣草屯鎮荔園。1979 年，由草屯荔園遷移至陽明山陽明書屋。黨史會歷經六十多年來廣事蒐求徵購，如今收藏的檔案總數在三百萬件以上。黨史會成立之初，所蒐羅史料多偏重於革命黨之組織與活動，經濟方面史料以 1937 至 1949 年間者較多。其中，1924 至 1936 年間者，大部分為剪報貼存簿，係將當時各大小報紙有關財經消息剪輯再加分類而成，雖然史料價值較低，但是中國歷經戰亂，許多報紙已經散佚，剪報可以提供蛛絲馬跡，仍然重要。1924 至 1927 年間，黨本身則留有工人、農民、青年、婦女、商民等五部的原始檔案，通稱「五部檔」，也含與經濟史有關的資料。抗戰期間檔案共計 590 件，有中央及地方各有關單位的組織概況與工作報告。所涉及問題包括：經濟管制、經濟建設、糧食問題、工業合作等。黨史

---

3　本文完成之後，卅餘年來數位科技突飛猛進。中央、地方民意機關的公報至今多已數位化，於各該機關的網頁公開供人使用。

會另藏諸多 1949 年以前出版與經濟有關之公報：如《工商公報》、《水利通訊》、《北京商標公報》等數十種中央政府出版品，《山西省建設公報》等數十種地方政府出版品，以及《經濟週訊》等期刊，均彌足珍貴。

　　葉振輝介紹的「李國鼎私人檔案」甚具特色。在這整個計劃即將結束時，無意中自葉教授處得知，臺灣大學三民主義研究所保存了李國鼎先生個人收藏自 1949 年起至 1981 年止的資料，而該批資料可供學界研閱。李國鼎先生於 1949 年參加美援小組，其後出任美援會祕書長、經濟部長、財政部長、行政院政務委員等要職，是臺灣近半個世紀經濟發展的重要決策者。這批私人檔案裡面，甚至包括當年李先生在英國劍橋大學唸研究所的經濟學筆記簿，有很多財經界重要人士參加的仁社的通訊，也有當年為了美援而由中華民國印交美國政府的資料。這些資料對了解戰後臺灣的經濟思想與經濟政策，必然有所助益。

　　相對於政府機構，企業也是推動戰後臺灣經濟的重要部門。此番調查，政府檔案中的企業資料，固然多所斬獲，但企業本身的檔案則較難掌握，故輔以介紹戰後臺灣公營事業自編歷史及各銀行的出版品，以為研究戰後臺灣的企業史鋪路。兩者分別由陳兆偉和邱景墩執筆。

　　公營事業是臺灣戰後經濟發展的重要支柱。臺灣地區公營事業資本形成毛額占國內資本形成毛額比值，在 1952 年是 42.6％，1960 年是 33.9％，儘管爾後逐年降低，然而在 1980 年代晚期仍高於 20％，約占同期民營事業資本形成毛額三分之一。甚至 1989 年臺灣公營事業（不含金融業）資產總值仍占全體公民營資產總值的 22.09％。以就業人數來看，1987 年在臺灣 20 家大企業中，以中國石油、臺灣電力公司、公賣局，及電信總局為主體的公營事業，[4] 占了全體的 69％。每一家公營事業就業人數幾乎都在 1 萬人以上，如電信總局就達 3 萬多人，反觀民間員工 1 萬人以上者並不多見。

---

4　公賣局即今日的臺灣菸酒股份有限公司；電信總局的營運部門則改為今日的中華電信股份有限公司（其餘部門於 2006 年國家通訊傳播委員會成立而解散）。

　　戰後臺灣各銀行受到財政部及中央銀行的鼓勵與督促，分別成立徵信單位。如此一來，銀行便主動積極地與國內各企業建立起密切的資訊網絡。同時各銀行皆有調查研究室，對國內外經濟動態進行調查、分析、研判。因此銀行以領導整個經濟體制的地位，對國內財經、貿易、金融等事務均有敏銳的觸覺。而這些資訊、資料，除了事關隱私機密之外，或多或少皆會在其發行的刊物中呈現出來。如第一商業銀行徵信室所編印之《調查資料》，省屬合作金庫調查研究室所編印之《產業經濟》，臺灣中小企業銀行調查研究室所編印之《產業動態報導》等等，均為有關國內經濟動向、產業動態之調查資料。由各銀行的週年誌，如《臺灣銀行四十年誌》、《彰化商業銀行六十年史》、《第一銀行七十年》、《第一銀行八十年》、《華南銀行改制四十年》、《中國農民銀行六十年》、《交通銀行七十五年》、《交通銀行八十年》、《臺北市銀行二十年》、《臺中企銀三十年史》等，可知各銀行略史。各銀行的期刊如《企銀季刊》，透露中小企業的一般問題，《基層金融》、《合作信用》等地方性金融機構之刊物，則可用以了解信用合作社、農會信用部以及漁會信用部等與地方社會的關係。

　　企業家的社團組織也是了解企業史的重要部分。近年來有關「商會」的研究在中國大陸蔚為風潮。中國大陸學者之所以能大量撰著「商會」的史作，主要係因「商會」檔案相繼的發掘與整理。從趙祐志所撰關於政治大學社會科學資料中心收藏的「戰後初期商工團體調查檔案」，可以看出 1950 年代各商工社團之實際運作情況、各商工團體的形塑過程，以及國民黨政府如何利用各商工社團統攝中國大陸與臺灣的經濟菁英，使之成為發達臺灣經濟的力量。

　　1958 年「中華民國民眾團體活動中心」為編印《全國各級民眾團體一覽表資料》，發文各民眾團體，令各團體填報〈概況調查表〉，並整理歷屆理監事及重要職員簡歷名冊、會員名冊、組織章程、工作計畫、決預算書、概況簡介、辦事細則、理監事會議記錄、會員（代表）大會會議記錄及提案、會訊等資料，於六月中旬寄達「中華民國民眾團體活

動中心」彙存列管。國立政治大學社會科學資料中心成立後，其中有關
「商工團體」部分乃移交政大。

　　此部分共約 151 大冊，包括 230 個商工團體，1,440 餘件資料。其中
所涵蓋的商工社團，粗略可畫分為「全國性」、「省區級」、「臺北市級」
三大部分，另有小部分臺北市以外縣市及海外華僑商會特刊之資料。此
項資料所涵蓋的時間，因其係 1958 年調查之所得，故大部分為 1958 年 6
月以前之資料，但「省區級」商工團體多附有 1953 年之〈團體調查表〉，
另有部分商工團體加錄 1968 年之資料。趙文列有此等資料的詳細內容。

　　就歷史研究而言，對於臺灣水利事業相關史料的掌握，不但可以理
解臺灣經濟發展的一個重要環節；也可以對近代臺灣「國家」（state）
與「社會」（society）關係的發展有更進一步的體察。郭雲萍所介紹的戰
後臺灣農田水利資料，包括了臺灣省政府水利局的完整收藏，及各水利
會的出版品。

　　由於同鄉會係屬社會團體，並不似職業團體或若干經濟業務團體具
有明顯的經濟職能，但同鄉會發起人、理監事人員，從事工商企業的比
例相當高，同鄉會的會務概況或組織章程也顯示出：若干同鄉會為增進
同鄉福祉所從事的經濟活動。因此，某些同鄉會可說仍兼具傳統會館的
經濟活動成分。鍾豔攸利用政府機關檔案與圖書館所藏同鄉會出版刊物，
報導戰後臺灣地區所設同鄉會經濟方面活動的原手資料。

　　本書第三部分也介紹戰後臺灣職業教育方面的相關檔案，由蔡明達
執筆。戰後臺灣高中和高職學生人數的比例，先是六比四，1962 年之
後轉變為三比七。透過技職教育培育的基礎技術人員，一直是戰後臺灣
政府與企業提昇經濟力量的重要張本。臺灣省政府教育廳資料室收藏有
五百多種與職業教育相關之計畫案研究成果，另有教育法規、歷年工作
報告等史料多種，雖然早期部分資料已經移送省立臺中圖書館，教育廳
的資料仍是研究近二十年來臺灣省職業教育發展的重點。

　　統計制度的演進，是研究經濟史不可忽視的一環。我們在黨史會翻閱其他計劃資料時，讀到胡元璋先生有關臺灣統計制度的文章；在請教前主計處第三局局長黃子貞先生的過程中，得知胡先生竟是將臺灣統計制度由日治時期接榫到戰後的關鍵人物，胡先生為本書所收其臺灣統計制度一文加上標題，使本書生色不少。本書第三部分黃子貞先生有關中華民國統計制度發展的賜稿，也使經濟檔案中極重要的統計部分得其梗概。

# 四、感謝各方的協助

　　由於我個人過去主要的研究方向，較少涉及民國時期，因此對中華民國的經濟檔案收藏情形，尤其是戰後部分，原本陌生。這個計劃雖於1993年6月展開，但由美方撥交的經費遲至次年元月才到，多少影響到整個計劃的預定進度。且整個計劃的補助主要是一年一個助理，一共兩年的經費。在諸多限制之下，若非各方鼎力相助，本書實難以問世。

　　首先值得一提的是我在1994年1月16日，曾向蔣經國基金會美洲方面負責人許倬雲教授請益；他提醒我們留意民意機構、銀行、統計、同鄉會等方面檔案，並提供讀者檔案應用的範例。許教授的寶貴意見相當程度地指引了整個計劃的進行方向。其中銀行方面資訊的搜集，獲得前中央銀行總裁梁國樹教授（1995年7月辭世），以及臺北彰化銀行總行圖書館的諸多協助。

　　為本計劃分別報導李國鼎檔案、海關資料、銀行出版品的葉振輝教授與葉倫會、邱景墩等先生，他們都十分熟悉各自介紹的檔案內容。臺灣地區的中華民國經濟檔案，就數量而言，當以國史館、近史所、黨史會所藏最為豐富。任職這些機構的卓遵宏、周琇環、莊樹華、高純淑等先生或女士，都是長年接觸這些檔案的專家。如果沒有他們的幫忙，再編列10個助理的經費，也難以窺見此等檔案的堂奧。

　　彭明輝教授慷慨提供他的排版樣本，張力先生給予不少編輯意見，

也為本書催生。

　　熟悉省府及民意機構檔案的陳兆偉，為此計劃調查出了很多學界原少知悉的檔案。他和調查了同鄉會、商工會、水利會等檔案的鍾豔攸、趙祐志、郭雲萍，寫職業教育檔案的蔡明達，以及寫檔案應用範例的陳金滿，都是我近幾年指導的碩士生。這些學生使我得以組一個團隊來進行整個工作。這個團隊的成員還包括幾位幫忙編輯與校對的同學，他們在作者和我的編輯與校對工作之後，又提供了一些修改意見。其中如宋惠中，除為全書再校對一遍之外，也幫忙編製索引。鍾豔攸、林美伶、連月娥與陳金滿等同學為了這本書的排版，有好幾個晚上加班到午夜，更讓我銘感。

　　然而在這樣一個群策群力的工作過程當中，卻辛苦了近史所詹婉信、李秋芳兩位會計小姐，她們由原來只要處理的一個助理的出納工作，轉為要處理二十幾位撰稿人、編輯校對的同學、或協助排版者的出納工作。整個工作完成之後，Kirby 教授和我曾在哈佛共同討論一些編輯方面的技術問題。他和我一樣對所有這些協助，以及協助這個工作的所有檔案存藏機構，都十二萬分的感謝。

# 五、兩點期許

　　本書所呈現的成果，當然可以再予補強；我們也衷心盼望各界不吝批評指正，以使經濟檔案的調查內容更臻完備。然而在此次調查工作完成之際，我個人也有以下兩點期許：

## （一）鼓勵全民寫史

　　目前在講求鄉土教育的情況下，將會陸續出現一些古蹟或口述歷史的採訪；中學以上的各級歷史教育其實可以善加利用各種政府公報，就學校所在地之某一專題進行研究實習。例如臺中市的學校可根據《臺中市政府公報》、《臺中市議會公報》，調查火災在臺中市的歷史發展，

其發生頻率、發生原因、政府在防範火災過程中之角色演變等等。此外，如《臺中縣議會公報》載有該地土地改革的資料，均可參用。此等公報，各公立圖書館或大學圖書館大都有所收藏。電腦的檢索功能更方便眾人投入研究。以往多半認為歷史教育有待歷史研究來支援，其實這個關係可以改為互動。藉此研究實習，除可增進對中華民國歷史的了解之外，其累積的佳作也可發表在各種園地，間接提供歷史學家更完整、深入地探討 51 年來臺灣的各種變遷。由於每一個人都是某部分歷史的縮影，所有國民事實上都可利用本書所介紹的檔案來寫歷史。這樣展開的全民寫史運動，將有助於國人或國際人士更加了解中華民國。

## （二）推進歷史學或社會科學研究、加強整體思考習慣

對於經濟現象，經濟學者較著重計量分析、數理推演與理論檢證，經濟現象的歷史學研究有時也嘗試這些探討，但比一般的經濟學者更留意經濟行為的整體社會意義，即社會對該經濟行為有何影響，該經濟行為對社會又有何影響。如雖為經濟檔案，其中所用的公文體例即涉及不同機構間的權力關係，在研讀檔案的過程中，如能留意及此，一個經濟現象也就可以進行政治經濟方面的探討。又如陳金滿所例示的肥料事業研究，在其爬梳諸多檔案資料之後發現：戰後初期政府介入臺灣肥料事業的程度，要比 1949 年以前在中國大陸上的中國政府及日治時期的臺灣總督府來得深刻，成就也更為突出，也是一種政治經濟史的分析。我指導利用本書所介紹的檔案所完成的學位論文題目及其出版情形如下表所示。希望有更多利用本書所報導的檔案從事將經濟現象與政治、社會、文化結合思考的研究推出。

| 序號 | 年分 | 姓名 | 論文名稱 | 學校 | 學位 | 出版 |
|---|---|---|---|---|---|---|
| 1 | 1993 | 陳兆偉 | 國民政府與臺灣糖業（1945-1953） | 東海大學歷史研究所 | 碩士 | 北縣：稻鄉出版社，林滿紅主編「一八九五系列」，2003年。 |
| 2 | 1994 | 陳勇志 | 美援與臺灣之森林保育（民國三十九-五十四年）：美國與國府關係之個案研究 | 國立臺灣師範大學歷史研究所 | 碩士 | 北縣：稻鄉出版社，林滿紅主編「一八九五系列」，1999年。 |
| 3 | 1995 | 李君星 | 經安會與臺灣工業的發展（民國42-47） | 中國文化大學史學研究所 | 碩士 | |
| 4 | 1995 | 陳金滿 | 臺灣肥料的政府管理與配銷（1945-1953）—國家與社會關係之一探討 | 國立臺灣師範大學歷史研究所 | 碩士 | 北縣：稻鄉出版社，林滿紅主編「一八九五系列」，1999年。 |
| 5 | 1996 | 鍾艷攸 | 政治性移民的互助組織——臺北市之外省同鄉會 | 國立臺灣師範大學歷史研究所 | 碩士 | 北縣：稻鄉出版社，林滿紅主編「一八九五系列」，1999年。 |
| 6 | 1997 | 陳淑芬 | 戰後之疫：臺灣的公共衛生問題與建制（1945-1954） | 國立臺灣師範大學歷史研究所 | 碩士 | 北縣：稻鄉出版社，林滿紅主編「一八九五系列」，1999年。 |
| 7 | 1997 | 陳秀珠 | 清末民初商業法規制定之研究（1901-1944） | 國立臺灣師範大學歷史研究所 | 碩士 | |
| 8 | 1998 | 林美伶 | 政治力與經濟力之間：戒嚴時期大陸貨在臺灣之走私 | 國立臺灣師範大學歷史研究所 | 碩士 | 局部發表為：〈政治力與經濟力的競爭：戒嚴時期大陸貨走私臺灣地區問題之研究（1949-1987）〉，中央研究院近代史研究所社會經濟史組編，《財政與近代歷史》，1999年。 |
| 9 | 1998 | 安後暐 | 美援對臺灣職業教育的影響 | 國立臺灣師範大學歷史研究所 | 碩士 | 臺北：國史館，2010年。 |
| 10 | 1998 | 江長青 | 臺灣的外匯改革——管理機構與制度變遷之研究（1949-1963） | 國立臺灣師範大學歷史研究所 | 碩士 | |

| 序號 | 年分 | 姓名 | 論文名稱 | 學校 | 學位 | 出版 |
|---|---|---|---|---|---|---|
| 11 | 2000 | 廖鴻綺 | 貿易與政治：臺日間的貿易外交（1950-1961）——以臺灣所藏外交部檔案等為中心之探討 | 國立臺灣師範大學歷史研究所 | 碩士 | 北縣：稻鄉出版社，林滿紅主編「一八九五系列」，2000年。 |
| 12 | 2001 | 劉淑靚 | 臺日蕉貿網絡與臺灣的經濟精英（1945-1971） | 國立臺灣師範大學歷史研究所 | 碩士 | 北縣：稻鄉出版社，林滿紅主編「一八九五系列」，2002年。 |
| 13 | 2003 | 陳怡文 | 亞太政治經濟結構下的臺日鳳罐貿易（1945-1972） | 國立臺灣師範大學歷史研究所 | 碩士 | 北縣：稻鄉出版社，林滿紅主編「一八九五系列」，2005年。 |
| 14 | 2009 | 彭琪庭 | 香港僑資與臺灣紡織業（1951-1965） | 國立臺灣師範大學歷史研究所 | 碩士 | 臺北：國史館，2011年。 |
| 15 | 2013 | 蘇珈瑤 | 從「地方貨幣」到「國幣」：新臺幣相關地位爭議及其影響（1949-2000） | 國立臺灣師範大學歷史研究所 | 碩士 | |

資料來源：作者整理。

在強調專業化的現代社會，學問分門別類，各自了解人類行為之一側面，造成頗多流弊。追求整體性知識的建構也就成為走入21世紀之際的一個重要使命。德國哲學家 Karl Jaspers（1883-1969）指出：「當代教育有下列不穩定的徵兆：……每年出版數不清的文章、書籍，教學技巧亦不斷地增加……但因缺乏一個結合的整體，卻讓人有無力感之印象」。[5]當前極具影響力的管理理論是美國麻省理工學院 Peter Senge 所提倡著重整體的管理哲學，在他看來，整體不是部分的集合，整體的品質取決於組成分子之間關係的品質，而不是組成分子的品質。[6]在這樣一個知識由專業化走向整體化的時代，歷史學可以補當代其他學科之不足，提供了解人類行為整體的一種思考訓練。

[5] 中國歷史學會、中國文化大學史學系、史學研究所編，《全國大專院校中國歷史教學研討會記錄》（臺北：歷史月刊雜誌社，1993），非賣品，頁63，黃俊傑教授引語。
[6] 〈經濟史史料的整理以及對史料的蒐尋，可說是目前從事臺灣經濟史研究的學者所面臨的最大挑戰〉，《工商時報》，1995年4月7日，版33。知識贏家，http://kmw.chinatimes.com/，2021年5月13日檢閱。

　　在歷史學當中，雖然古史研究曾經是當代臺灣歷史學的主流，然據一位傑出研究者指出，臺灣的古史研究與社會相當脫節，二者似有愈離愈遠的趨勢。[7] 由於史學在各門知識當中，最具有整體通貫的性質，透過歷史的探討，即使該歷史問題與當代不相關聯，也可以藉此增進國民的整體思考習慣，如同數學演練，可以使我們的思考更加精密。但相對地，近現代史研究除更可協助當代社會了解現狀的淵源之外，在增進國民知識方面，另有相對於古史的優勢。因為任何知識，只有資料豐富、論證嚴謹，才能提供國民良好的思考訓練，從而獲得人們的尊重。在目前各門學科都更追求整體性知識的今天，資料豐富而較能從事嚴謹論證的近現代史研究，有與古史等量齊觀的必要。

　　本書係由經濟現象切入調查臺灣所藏中華民國的有關檔案，但調查工作是以整體的角度進行，因此本書除可供經濟史學者參用之外，也可為一般歷史學者以及政治、社會、企管、法律等社會科學家提供資料線索。在社會科學普遍有由量化留意到質化的今天，本書希望對這樣的發展也能略盡棉薄。期盼此種重視整體的質化研究，對培育 21 世紀人類亟需建立的整體性思考習慣，將有所助益。

---

7　杜正勝，〈古史鑽研二十年〉，《中國歷史學會會訊》，期 47（1994 年 6 月），頁 7。

# 索引

**國家圖書館出版品預行編目資料**

林滿紅臺灣史研究名家論集 / 林滿紅　著者. -- 初版. –
臺北市：蘭臺, 2021.06
面；　公分. -- (臺灣史研究名家論集；3)
ISBN 978-986-06430-4-6(全套：精裝)

1.臺灣研究　2.臺灣史　3.文集

733.09　　　　　　　　　　　　　　110007832

臺灣史研究名家論集 3

# 林滿紅臺灣史研究名家論集

著　　者：林滿紅
主　　編：卓克華
編　　輯：楊容容、沈彥伶、陳嬿竹
封面設計：塗宇樵
出 版 者：蘭臺出版社
發　　行：蘭臺出版社
地　　址：台北市中正區重慶南路 1 段 121 號 8 樓之 14
電　　話：(02)2331-1675 或(02)2331-1691
傳　　真：(02)2382-6225
E—MAIL：books5w@gmail.com 或 books5w@yahoo.com.tw
網路書店：http://5w.com.tw/、https://www.pcstore.com.tw/yesbooks/
　　　　　https://shopee.tw/books5w
　　　　　博客來網路書店、博客思網路書店
　　　　　三民書局、金石堂書店
經　　銷：聯合發行股份有限公司
電　　話：(02) 2917-8022　　　傳 真：(02) 2915-7212
劃撥戶名：蘭臺出版社　　　　帳號：18995335
香港代理：香港聯合零售有限公司
電　　話：(852)2150-2100　　　傳真：(852)2356-0735
出版日期：2021 年 6 月 初版
定　　價：新臺幣 30000 元整（套書，不零售）
ISBN：978-986-06430-4-6

# 《臺灣史研究名家論集》

## 這套叢書是研究台灣史的必備文獻！

　　這套叢書是兩岸台灣史的權威歷史名家的著述精華，精采可期，將是臺灣史研究的一座豐功碑及里程碑，可以藏諸名山，垂範後世，開啟門徑，臺灣史的未來新方向即孕育在這套叢書中。展視書稿，披卷流連，略綴數語以說明叢刊的成書經過，及對臺灣史的一些想法，期待與焦慮。

三編
尹章義、林滿紅、林翠鳳、武之璋、孟祥瀚、洪健榮、
張崑振、張勝彥、戚嘉林、許世融、連心豪、葉乃齊、
趙祐志、賴志彰、闞正宗

二編　ISBN：978-986-5633-70-7

9 789865 633707　30000

臺灣史名家研究論集二編　(精裝) NT$：30000

尹章義、李乾朗、吳學明、
周翔鶴、林文龍、邱榮裕、
徐曉望、康　豹、陳小沖、
陳孔立、黃卓權、黃美英、
楊彥杰、蔡相輝、王見川

一編　ISBN：978-986-5633-47-9

9 789865 633479　28000

臺灣史研究名家論集　(套書)　定價：28000

王志宇、汪毅夫、卓克華、
周宗賢、林仁川、林國平、
韋煙灶、徐亞湘、陳支平、
陳哲三、陳進傳、鄭喜夫、
鄧孔昭、戴文鋒

100台北市重慶南路一段121號8樓之14
TEL：(8862)2331 1675　FAX：(8862)2382 6225

E-mail：books5w@gmail.com
網址：http://5w.com.tw/